Das Insider-Dossier:
Bewerbung in der Konsumgüterindustrie

mit Trainingsaufgaben für das Assessment Center

Das Insider-Dossier:
Bewerbung in der Konsumgüterindustrie
mit Trainingsaufgaben für das Assessment Center

1. Auflage (2006)

squeaker.net GmbH

http://www.squeaker.net
kontakt@squeaker.net

Verlag:	squeaker.net GmbH
Herausgeber:	Stefan Menden
Autoren:	Jan-Philipp Büchler, Carsten Greiwe (Co-Autor)
Projektleitung:	Jonas Seyfferth
Lektorat:	Katharina Gatzsche
Titelgraphik:	Alexander Hahn | hahn-alexander.de
Bestellung:	Über den Fachbuchhandel oder versandkostenfrei unter: → www.squeaker.net
Preis:	EUR 19,90
ISBN:	3-9809074-5-7

Inhaltsverzeichnis

Vorwort

Sie halten den squeaker.net-Ratgeber „Bewerbung bei Konsumgüterunternehmen" in Händen. Wir bieten Ihnen mit diesem Insider-Dossier praktische Empfehlungen für den gesamten Bewerbungsprozess in der Konsumgüterindustrie und im Detail für die Top-Player dieser Industrie mit speziellen Insider-Informationen. Dazu zählen unter anderem Ausführungen zu Testverfahren und Beispielaufgaben, simulierte Interviews und Fallfragen für Fachinterviews verschiedener Funktionsbereiche, insbesondere mit Fokus auf Marketingfunktionen.

Darüber hinaus verschaffen wir Ihnen einen Einblick in die Branche, der in Kombination mit den Unternehmensprofilen der führenden Konsumgüterhersteller als Orientierungsgrundlage für Ihre Bewerbung dienen soll. So werden verschiedene Abteilungen, Funktionen und entsprechende Anforderungsprofile besprochen sowie Entwicklungen im Markt thematisiert, die Ihnen dabei behilflich sein werden, sich gezielt zu bewerben.

Das Insider-Dossier wird abgerundet durch Erfahrungsberichte von Bewerbern und Tipps von erfahrenen Personalern, so dass Sie einen umfassenden Eindruck von der Branche und ihren attraktivsten Unternehmen gewinnen. Sie erhalten mit diesem Insider-Dossier eine gezielte Vorbereitung, speziell auf die vielfältige und spannende Branche der Konsumgüterindustrie.

Derweil wünschen wir Ihnen viel Spaß mit unserem Buch und vor allem Erfolg bei Ihrer Bewerbung!

Jan-Philipp Büchler

Feedback: Wie ist Ihr Interview gelaufen? Damit wir dieses Buch stets weiter verbessern können, freuen wir uns über Ihr Feedback und Ihre eigenen Erfahrungen aus dem Bewerbungsgespräch bei einem Konsumgüterhersteller. Bitte berichten Sie in einem Erfahrungsbericht auf → www.squeaker.net über den Ablauf Ihres Bewerbungsgespräches und helfen Sie somit, dieses Werk weiterzuentwickeln.

A. Die schillernde Welt der Marken

Konsumgüter sind Güter des täglichen Bedarfs, angefangen von Nahrungsmitteln über Kosmetika und Waschmittel bis hin zu Sportartikeln und Textilien. Konsumgütermärkte sind heiß umkämpfte Massenmärkte, in denen die Konsumenten in großer Zahl auftreten und meist Standardprodukte, die sich hinsichtlich Qualität und Preis ähnlich sind - sogenannte commodities - nachfragen. Meist können wegen des hohen Wettbewerbsdrucks keine individuellen Produktlösungen angeboten werden, dennoch hält, ähnlich wie in der Automobilindustrie schon des längeren üblich, das so genannte Mass Customization Einzug. Konsumenten können Produkte nach eigenem Geschmack hinsichtlich Farbe, Duft et cetera aus einem vorgegebenen Alternativenkatalog zusammenstellen. Diese spannende Entwicklung ist gerade aus Marketingsicht hochinteressant und wird wahrscheinlich in den kommenden Jahren die Differenzierungsstrategien der Markenartikler beeinflussen.

Konsumgüter lassen sich unter Marketinggesichtspunkten vor allem nach den Kaufgewohnheiten der Konsumenten einordnen. So gibt es die so genannten **convenience goods**. Das sind Güter des täglichen Bedarfs, die beim Kauf ein Minimum an Aufwand verursachen wie beispielsweise Butter, Brot, Zeitungen oder Zigaretten. So genannte **shopping goods** sind relativ selten gekaufte Güter wie ein Anzug oder ein Paar Schuhe. Bei ihnen nimmt der Kunde sich Zeit, um Qualität und Preise zu vergleichen. Die so genannten **specialty goods** sind solche Güter, die mit hohen Informations- und Suchkosten verbunden sind, also unter großen Kaufanstrengungen erworben werden. Dazu können beispielsweise sehr spezielle Sportausrüstungen zählen. Schließlich existieren noch die so genannten **unsought goods**. Das sind Güter, die der Verbraucher nicht kennt oder die ihm zwar bekannt sind, an deren Anschaffung er im Normalfall jedoch nicht denkt. Auf diese Güter wird er erst durch Werbung in jeder Form gesondert aufmerksam gemacht.

Karriere
mit Erfrischung!
Studenten, Hochschulabsolventen & Young Professionals, die neue Ideen, Eigeninitiative, Flexibilität und Teamgeist mitbringen, bieten wir interessante Einstiegsmöglichkeiten.
Beginnen Sie Ihre Karriere mit Erfrischung!
Weitere Informationen unter www.cceag.de
Schutzmarken koffeinhaltig
Coca-Cola

I. Top-Unternehmen und ihr Produktportfolio

Die Konsumgüterindustrie ist breit gefächert und verzweigt. Zu ihr gehören große Industriezweige, die in Deutschland eine zentrale volkswirtschaftliche Rolle spielen wie beispielsweise die Nahrungs- und Genussmittelindustrie oder die Textil- und Bekleidungsbranche. Daneben tritt die chemische Industrie, die zumindest die meisten Vorprodukte oder sogar gänzlich Konsumgüter herstellt, vor allem Wasch- und Reinigungsmittel oder Kosmetika. Zu den klassischen Gütern dieses Zweiges zählen basischemische Vorprodukte, aber auch fertige Endprodukte wie Klebstoffe, Waschmittel, Seifen oder Cremes.

In den vergangenen Jahren hat die Konsumgüterindustrie einen tief greifenden Strukturwandel erlebt. Neue Herausforderungen haben sich durch die globalen Wertschöpfungsstrukturen und neuen Wettbewerber aus Fernost – zu nennen ist insbesondere China – längst eingestellt. In den folgenden Abschnitten geben wir Ihnen eine Übersicht über die Industriezweige, in denen die Top-Player der Konsumgüterindustrie aufgestellt sind sowie die darin häufig anzutreffenden und charakteristischen Tätigkeitsfelder. Außerdem erhalten Sie Einblicke in die aktuellen Entwicklungen der Branche, die Sie für Ihre Bewerbung kennen sollten.

Immer up-to-date
„Seien Sie über die neuesten Entwicklungen und Herausforderungen der Branche Ihres Wunscharbeitgebers und der daraus erwachsenden Aufgaben in Ihrer Funktion auf dem Laufenden"

Esther-Lea Limburg, Recruiting Manager, **Procter&Gamble**

squeaker.net-Tipp: Wir raten Ihnen, die hier angesprochenen Entwicklungen in den einschlägigen Branchenmagazinen wie zum Beispiel Absatzwirtschaft, Lebensmittelzeitung, Brand Eins, Werben&Verkaufen oder Betriebswirtschaftliche Forschung und Praxis nachzulesen. Diese erhalten Sie kostenlos an den meisten Lehrstühlen oder in der Universitätsbibliothek. Egal ob Sie im Marketing oder in der Logistik beginnen werden – über ein hochaktuelles Thema wie RFID-Chips sollten Sie wenigstens in Grundzügen Bescheid wissen. Verfolgen Sie außerdem die Branchenentwicklung insgesamt aufmerksam. Gab es größere Akquisitionen oder Produktinnovationen? Welches sind die treibenden und prägenden Marktkräfte und welche Trends zeichnen sich ab?

1. Unternehmen, Märkte, Kunden

Home & Personal Care

Die Top-Player im Konsumgütersektor für Home & Personal Care (HPC) sind eng mit der chemischen Industrie verbunden oder selbst aus ihr hervorgegangen. Diese Entwicklung liegt in den Herstellungs- und Produktionsverfahren begründet. Im Segment Home Care umfasst die Produktpalette alle Arten von Wasch- und Reinigungsmitteln sowohl für private als auch für institutionelle Anwender;

hierzu gehören Pulver-, Flüssig-, Tablettenwaschmittel und Reiniger für alle Oberflächenarten (Glas, Ceran, Aluminium, Holz, PVC, Keramik).

Zum Marktsegment Personal Care - synonym Beauty Care - gehören sämtliche kosmetischen Produkte, angefangen von Haar- und Körperpflegeprodukten aller Art über dekorative Kosmetik und Parfums bis hin zu Mund- und Gesichtspflege. Vor allem das Geschäft mit der Schönheit boomt und ist emotional stark aufgeladen. Daher ist insbesondere im Produktmanagement für Personal Care eine permanente und intensive Führungsnachwuchssuche festzustellen. Absolventen mit Marketingbackground und dem Blick für Ästhetisches und modischen Chic sind hier besonders gefragt.

Die Top-Konzerne sind alle global aufgestellt und fokussieren ihre Aktivitäten zunehmend auf die Wachstumsregionen, die so genannten BRIC-Länder (Brasilien, Russland, Indien, China), um an dem hohen Wachstum der Zukunftsmärkte teilzuhaben. Mit dieser Entwicklung einhergehend verlagern sich auch große Teile der Wertschöpfungskette in diese Regionen, allen voran die Produktion. Im Rahmen dieser Verlagerung sind insbesondere Wirtschaftsingenieure, Supply-Chain- und Logistikmanager gefragt. Der HPC-Markt zeigt eine starke Konsolidierung, der von den globalen Marktführern vorangetrieben wird. Die Akquisitionen Wella AG und Gillette durch Procter&Gamble sowie der Dial Corporation durch die Henkel KGaA zeugen von der zunehmenden Konzentration des Marktes. Die weltweit fünf größten Hersteller aus Home & Personal Care vereinigen nahezu die Hälfte des Weltmarktes auf sich.

Henkel

Die Henkel KGaA, gegründet 1876, gehört weltweit zu den führenden Herstellern von Wasch- und Reinigungsmitteln sowie von Körperpflege- und Kosmetikprodukten. Das heutige Produktportfolio umfasst darüber hinaus Kleb- und Dichtstoffe sowie Oberflächentechnik, in denen Henkel Weltmarktführer ist. Die Henkel KGaA ist seit 1985 börsennotiert und mehrheitlich in Familienbesitz.

Die 129-jährige Geschichte des Unternehmens mit Stammsitz in Düsseldorf beginnt mit der Waschmittelproduktion - Persil, Weißer Riese und Spee sind die etablierten Vorzeigemarken des Konzerns mit einer langen Markengeschichte. Die Innovationen ATA (1920 - erster Haushaltsreiniger als Scheuerpulver), Fa (1954 - Körperseife), Pril (1959 - flüssig Spülmittel) und Pritt (1969 - Klebestift) sind im deutschsprachigen Raum als generische Produkte in den Sprachschatz eingeflossen. Seit 1975 ist die Henkel KGaA Dachgesellschaft der Henkel-Gruppe. Die Ausgliederung der Chemiegeschäfte erfolgte 1999 und wurde als neues unabhängiges Unternehmen mit Namen Cognis geführt und 2001 an eine Investorengemeinschaft verkauft. Die größte Übernahme der Firmengeschichte liegt gerade zwei Jahre zurück, als Henkel den US-Seifen- und Waschmittelhersteller, Dial Corporation, für 2,9 Milliarden US-Dollar erwarb. Der Schwerpunkt der Geschäftstätigkeit außerhalb Europas liegt in Nordamerika. Die Henkel Gruppe erwirtschaftete im Jahr 2004 in über 120 Ländern mit rund 50.000

Mitarbeitern, davon 79 Prozent außerhalb Deutschlands, fast elf Milliarden Euro Umsatz und einen Jahresüberschuss in Höhe von 544 Millionen Euro.

Johnson & Johnson

Johnson & Johnson ist als eines der führenden internationalen Unternehmen im Bereich Gesundheitspflege und -vorsorge unter anderem mit Markenartikeln im Bereich Frauenhygiene, Baby- und Körperpflege vertreten. Zu seinen Marken gehören beispielsweise: Bebe, Carefree, Compeed, Fenjal, Neutrogena, o.b., Penaten, RoC. Die Johnson & Johnson Unternehmensgruppe steht in über 60 Ländern für höchste Produktqualität zum Nutzen ihrer Kunden. Weltweit erwirtschaftet das Unternehmen in 2004 mit mehr als 104.000 Mitarbeitern in 197 Unternehmen einen Umsatz von 47,4 Mrd. US-Dollar. Durch das Vertrauen seiner Verbraucher will Johnson & Johnson die erste Wahl sein für beste Körperpflege – und das jeden Tag.

L'Oréal

L'Oréal ist mit rund 14 % Marktanteil der weltweit führende Kosmetikhersteller in einer Branche, die jährlich fast 100 Milliarden Euro umsetzt. Das 1907 in Paris gegründete Unternehmen ist heute als internationaler Konzern in über 130 Ländern vertreten und nimmt eine herausragende Stellung in den vier wichtigsten Kosmetiksparten Haarpflege, dekorative Kosmetik, Parfümerie und Hautpflege ein. Als einziger Kosmetikhersteller nutzt L'Oréal dabei sämtliche Vertriebskanäle und ist in allen Segmenten vertreten. Durch gezielte Zukäufe konnte der Konzern sein Markenportfolio auf 17 internationale Top-Marken erweitern, ohne dabei deren individuelles Markenwesen zu gefährden. So kann eine besonders breite und kulturell vielfältige Zielgruppe angesprochen werden – statistisch gesehen verkauft L'Oréal in jeder Sekunde 137 Produkte. Seine Position als Spitzenreiter sichert sich das Unternehmen auch durch wissenschaftlichen Vorsprung, 2004 flossen 507 Mio. Euro in Forschung und Entwicklung. Mit den mehr als 50.000 Mitarbeitern konnte so im letzten Jahr ein Umsatz von 14,53 Mrd. Euro erwirtschaftet werden.

Nach den USA und Frankreich ist Deutschland mit rund einer Milliarde Euro Umsatz der drittstärkste Absatzmarkt für das Unternehmen. Unter der Leitung von Rolf Sigmund und Alexis Perakis-Valat werden die verschiedenen Bereiche in der L'Oréal Deutschland GmbH als Holding zusammengefasst. Rund 2.000 Menschen aus 30 Nationen sind hierzulande bei L'Oréal beschäftigt. In Karlsruhe sind ein großes Produktionszentrum und ein Teil der Logistik angesiedelt. In Kaarst und Bruchsaal befinden sich weitere Logistikzentren. Der Großteil der Verwaltung sitzt in Düsseldorf. Als dynamischer Global Player sucht L'Oréal ständig talentierte Führungskräfte aus allen Bereichen, insbesondere dem Vertrieb, Marketing und Controlling. Durch gezielte Förderung des Einzelnen unterstützt das Unternehmen die Vielfalt seiner Mitarbeiter und profitiert auch gleichzeitig davon.

Procter & Gamble

„Der Verbraucher ist der Boss. Diese Überzeugung hat dazu geführt, dass Procter & Gamble zu einem der weltweit führenden Unternehmen der Konsumgüterindustrie heranwachsen konnte"

Klaus Schuhmann, Vorsitzender der Geschäftsführung, **Procter & Gamble**

Die Procter & Gamble (P&G) Gruppe ist ein Konsumgüterkonzern mit Stammsitz in Cincinnati, Ohio (USA). Das Unternehmen erwirtschaftete im Geschäftsjahr 2004/2005 einen Nettogewinn von etwa 7,3 Milliarden Dollar bei einem Umsatz von zirka 57 Milliarden Dollar. P&G wurde 1837 in den USA von William Procter, einem Kerzenzieher aus England, und James Gamble, einem Seifensieder aus Irland, gegründet und hat seitdem innovative Wege beschritten. P&G hat als erstes Unternehmen das Brand-Management-Konzept eingeführt und den Begriff des Marketings dadurch nachhaltig geprägt. Außerdem hat P&G als erstes Unternehmen Radio- und TV-Soaps (seit 1933) sowie TV-Spots (seit 1939) zur gezielten Markenwerbung mit großer Reichweite eingesetzt. Zahlreiche weltweite Innovationen (wie beispielsweise das erste Waschpulver Tide oder die erste Babywindel für den Einmalgebrauch Pampers) stammen von P&G und sind sogar zu generischen Produkten geworden wie etwa Pampers und Tempo.

Das Unternehmen stellt globale Markenprodukte wie Tempo-Taschentücher, Mr. Proper-Haushaltsreiniger, Ariel-Waschmittel, Lenor-Weichspüler, Blend-a-med-Zahnpasta oder Wick-Erkältungsprodukte, Schönheitspflegeprodukte wie Pantene, Wella oder Oil of Olaz her, die jeweils mindestens eine Milliarde Dollar Umsatz einbringen. Insgesamt vertreibt P&G nahezu 300 Produkte in über 160 Ländern und beschäftigt zirka 110.000 Mitarbeiter in 80 Ländern. P&G wächst sowohl organisch aus eigener Kraft als auch durch Großakquisitionen. Insbesondere der Geschäftsbereich Beauty Care wird durch die Akquisitionen Clairol (2001) und Wella (2003) und die bevorstehende Übernahme von Gillette (2005) stetig erweitert. Durch letztere wird P&G der weltweit zweitgrößte Konsumgüterkonzern nach dem auf Nahrungsmittel spezialisierten Nestlé-Konzern.

Unilever

Unilever zählt zu den weltweit größten Anbietern von Markenartikeln der Bereiche Ernährung, Körperpflege sowie Wasch- und Reinigungsmittel. Dabei profitiert Unilever von der Verbindung globaler Stärke mit der Kenntnis lokaler Märkte und Verbraucherwünsche. Zu den Marken gehören Rama, Lätta, Liptonice, Du darfst, Knorr, Pfanni, Bifi, Bertolli, Magnum, Solero, Iglo, Sunil, Domestos, Axe, Dove, Rexona und viele mehr. Die Hauptsitze des Konzerns befinden sich in Rotterdam und London. Unilever beschäftigt 227.000 Mitarbeiter in rund 100 Ländern der Erde. Weltweit betrug der Umsatz des Unternehmens 2004 40,4 Milliarden Euro. In Deutschland hat Unilever neben dem Hauptsitz in Hamburg zehn Produktionsstandorte. Insgesamt beschäftigt Unilever in Deutschland rund 8.000 Mitarbeiter.

Die beständige Wettbewerbsfähigkeit der Unilever-Marken beruht auf der hohen Qualität und den innovativen Produktkonzepten, die sie repräsentieren. Viele von ihnen nehmen in ihren Segmenten Spitzenpositionen ein. Hinter dem nachhaltigen Erfolg Unilevers stehen Mitarbeiter, die persönliches und unternehmerisches Engagement, individuelle Leistung und Teamwork verbinden. Sie prägen das Unternehmen und bringen es mit Kompetenz, Kreativität und dem Willen zum Gewinnen voran.

Reckitt Benckiser

Die Reckitt Benckiser plc ist ein Unternehmen, das 1999 aus der Fusion der britischen Reckitt & Colman plc mit der Benckiser-Gruppe hervorgegangen ist, und einer der größten Hersteller von Haushaltsreinigern mit einer 150-jährigen Firmengeschichte. Reckitt Benckiser verkauft seine Markenprodukte in 180 Ländern und unterhält Niederlassungen in über 60 Ländern auf allen Kontinenten. Vom deutschen Standort Mannheim werden die Geschäfte in Deutschland, Österreich, der Schweiz und Holland koordiniert, die ein starkes Markenportfolio umfassen - wie etwa Calgon, Calgonit, Vanish, Bang Cillit, Airwick und Kukident. Der Gesamtumsatz des Konzerns betrug im Jahre 2004 knapp vier Milliarden Pfund bei einem Gewinn nach Steuern von 586 Millionen Pfund. Der Schwerpunkt des Geschäfts liegt in Europa, wo die Hälfte des Umsatzes erzielt wird, gefolgt von Nordamerika.

Food

Die Produktpalette reicht von Backwaren, Milchprodukten, Getränken und Kaffee bis hin zu Tiefkühlkost aller Arten oder Süßwaren. Die Branche ist stark von den konjunkturellen Zyklen der Binnennachfrage abhängig - bei gleichzeitig hohem Wettbewerbsdruck und Konzentration auf der Anbieterseite. Demgegenüber steht die starke Machtstellung des konzentrierten Handels, der die Hersteller zu effizienzsteigernden Maßnahmen durch Optimierung der Logistik und Vertriebssysteme wie beispielsweise Efficient Consumer Response (ECR) zwingt.

Die Nahrungs- und Genussmittelindustrie hat einen permanent hohen Bedarf an Wirtschaftswissenschaftlern und Wirtschaftsingenieuren. Insbesondere Markenhersteller bieten beste Einstiegsmöglichkeiten für Hochschulabsolventen im Marketing - sowohl operativ auf einer Marke in einem nationalen Markt als auch strategisch auf einem Markenportfolio in einem internationalen Markt. Ebenso attraktive Einstiegsmöglichkeiten bieten Sales beziehungsweise Vertrieb im Bereich Category Management oder Key Account Management.

Die Top-Player bieten gut strukturierte Einstiegsprogramme an und garantieren eine gute Ausbildung. Da sich diese Programme über einen Zeitraum von zwei Jahren erstrecken, ist es bei vielen Unternehmen Politik, die Führungspositionen mit langjährig erfahrenen internen Mitarbeitern zu besetzen. Zu den Top-Unternehmen der Nahrungs- und Genussmittelindustrie zählen:

Coca-Cola

The Coca-Cola Company ist der größte Softdrinkhersteller weltweit mit Stammsitz in Atlanta, USA. Coca-Cola ist ein generisches Produkt, nämlich der als Warenzeichen eingetragene Name für das weltbekannte koffein- und kohlensäurehaltige Erfrischungsgetränk. Es ist die weltweit erste und umsatzstärkste Cola-Marke. Zum Erfolg tragen bis heute die hohe Expertise und Aktivität im Marketing als auch das mittlerweile legendäre Design der Flaschen von Raymond Loewy bei. Die 1916 eingeführte bauchige Form entwickelte sich - neben Namen und Schriftzug - schnell zu einem eigenständigen Kennzeichen für das Produkt. Coca-Cola ist heute eine der weltweit bekanntesten Marken - damit dürfte sie auch beim Markenwert mit geschätzten 70 Milliarden US Dollar an der Spitze liegen. Die Coca-Cola GmbH ist die deutsche Tochtergesellschaft von The Coca-Cola Company, die die Rechte an weltweit fast 400 Marken im Segment der alkoholfreien Getränke hat. Dazu zählen Erfrischungsgetränke (Flirt) und Wasser (Bonaqua), Sportgetränke (Aquarius), Säfte und Nektare sowie Kaffee- und Teegetränke. In über 200 Ländern trinken die Menschen täglich mehr als eine Milliarde Mal Produkte aus dem Hause Coca-Cola. Insgesamt sind das jährlich rund 110 Milliarden Liter.

Danone

Fast 70 Millionen Menschen auf der ganzen Welt genießen täglich ein Danone-Produkt. Der erste bekannte Markenjoghurt stammte von Danone und heute ist Danone die meistgekaufte Joghurtmarke der Welt. Als Teil der internationalen Firmengruppe erwirtschaftete die Danone GmbH in Deutschland mit rund 800 Mitarbeitern einen Umsatz von 514 Mio. Euro in 2004. Damit ist das Unternehmen, das seinen Sitz in München hat, weiter auf Erfolgskurs und konnte seinen Wachstumstrend kontinuierlich fortsetzen. Heute umfasst das Angebot von Danone neben Joghurt auch Frischkäse, Quark, Desserts und Kinderprodukte. An den Produktionsstätten Hagenow, Ochsenfurt und Rosenheim werden pro Jahr mehr als 200.000 Tonnen oder über eine Milliarde Becher Joghurt, Quark und Frischkäse produziert. Jedes der drei Danone-Werke steht für eine Kernkompetenz: Am Standort Rosenheim bei München konzentriert man sich auf die Herstellung von hochwertigem Frischkäse. In Ochsenfurt bei Würzburg werden in der Hauptsache Joghurt und Dessert hergestellt, während die FruchtZwerge aus Hagenow in Mecklenburg-Vorpommern stammen. Die internationale Danone-Gruppe hat ihren Sitz in Paris. Das Unternehmen ist in insgesamt 120 Ländern der Welt vertreten. Fast 92.000 Mitarbeiter erwirtschaften weltweit einen Umsatz von rund 13,7 Milliarden Euro pro Jahr.

Dr. Oetker

Die Oetker-Gruppe ist eines der größten deutschen Familienunternehmen, gegründet durch Dr. August Oetker, dem Erfinder des Backpulvers (1891). Die Holding der Gruppe ist die Dr. August Oetker KG mit Stammsitz in Bielefeld. Die

Familie Oetker hat bis heute maßgeblichen Einfluss im Unternehmen. Markenartikelunternehmen und Firmen, die das Großverbrauchergeschäft betreiben, bilden den Oetker-Geschäftsbereich Nahrungsmittel.

Die Kunden im Großverbrauchergeschäft sind vor allem Bäckereien und Konditoreien, Gastronomie und Kantinen. Mit der Radeberger Gruppe sowie Brau & Brunnen befinden sich zwei große Brauereigruppen unter dem Dach der RB Brauholding. Sie bieten Premiumbiere wie Radeberger und Jever, Bierspezialitäten wie Clausthaler und Schöfferhofer Weizen sowie bekannte Regionalmarken an. Henkell & Söhnlein Sektkellereien KG ist ebenfalls Bestandteil des Konglomerats. In Deutschland, Österreich, Ungarn, Tschechien, Polen, Slowakei und Frankreich nehmen die Marken der Tochterunternehmen meist marktführende Positionen ein. Zu dem Industriekonglomerat gehören außerdem eine Reederei, eine Versicherungsgruppe, das Bankhaus Lampe, chemische Industrieunternehmen und Luxushotels. Auf das Konsumgütergeschäft entfallen dabei rund 2,7 Milliarden Euro und 12.000 der insgesamt 17.600 Mitarbeiter.

Ferrero

Ferrero ist ein Markenartikler par execellence mit Expertise in erfolgreicher Markenführung. Die Ursprünge der weltweit tätigen Ferrero Gruppe liegen in Italien. In den vierziger Jahren des vorigen Jahrhunderts stellte der Konditor Pietro Ferrero aus gerösteten Haselnüssen und Kakao einen süßen Brotaufstrich her. Diese neue Creme mit Namen „Pasta Gianduja" war auf Anhieb erfolgreich und schuf nach vielen Verfeinerungen der Rezeptur 1951 als „Supercrema" den Markt für Nuss-Nougat-Cremes.

Im Laufe der 50er Jahre wurde dieser Vorgänger der berühmten Nutella immer beliebter, und das Unternehmen begann als First Mover der Süßwarenindustrie, seine Geschäfte erfolgreich zu internationalisieren. Mit der Kirschpraline Mon Chérie gelang dem Unternehmen 1957 ein Traumstart in Deutschland. Die Etablierungen von Nutella (1964), Kinder-Schokolade (1967) und Kinder-Überraschung (1974) waren weitere Meilensteine. Mit der Einführung der Milch-Schnitte im Jahr 1979 wurde der Markt der Backwaren im Kühlregal geschaffen. Raffaello, Duplo, Giotto, Hanuta, Rocher, tic tac und Yogurette sind nur einige der insgesamt 26 Marken, die Ferrero im Laufe der Jahrzehnte kreiert hat.

Heute beschäftigt das Unternehmen in Deutschland rund 3.600 Mitarbeiter, weltweit sind es inzwischen über 16.600. Ferrero ist auf allen fünf Kontinenten vertreten und generierte einen Jahresumsatz von 4,7 Milliarden Euro im Jahre 2004.

Nestlé

Die Nestlé S.A. ist der größte Nahrungsmittel-Konzern der Welt und das größte Industrieunternehmen der Schweiz. Der Schweizer Apotheker Henri Nestlé gründete 1867 das Unternehmen und spezialisierte sich auf die Herstellung von löslichem Milchpulver für Säuglingsnahrung. Die Erfindung und Vermarktung von löslichem Kaffee seit 1938 brachte dem Unternehmen große Gewinne. Eine Reihe von Akquisitionen und Fusionen weitete das Produktportfolio vor allem in Europa und Nordamerika aus (beispielsweise Maggi AG, Rowntree & Mackintosh, oder Wagner Tiefkühlprodukte) und verstärkte die dominante Marktstellung. Der Lebensmittelkonzern erwirtschaftet global etwa 58 Milliarden Euro Umsatz mit 247.000 Mitarbeitern, davon allein in Deutschland mit rund 14.548 Mitarbeitern. Die Produktpalette umfasst heute Kaffee und Milchprodukte aller Art, Süßwaren, Fertiggerichte, Würzen, Pasta sowie Tiernahrung. Nestlé bietet aufgrund der diversifizierten und globalen Geschäftstätigkeit interessante Einstiegspositionen in allen Funktions- und Unternehmensbereichen an.

Kraft Foods

Die Ursprünge von Kraft Foods Deutschland reichen weit zurück: Die Unternehmer Johann Jacobs, Philippe Suchard und James Lewis Kraft schufen Marken, die heute weltweit bekannt sind. Suchard begann 1825 in der Schweiz mit der Produktion von Schokolade. Der Bremer Kaffeeröster Jacobs öffnete sein erstes Geschäft im Jahr 1895. Kraft startete 1903 in Chicago und konzentrierte sich zunächst auf Käseprodukte. Inzwischen sind diese Unternehmen zu Kraft Foods Deutschland zusammengewachsen. Der Konzern führt damit drei Unternehmenszweige: Getränke, Süßwaren und Nahrungsmittel. Darunter sind bekannte Marken wie Jacobs, Kaffee HAG, Onko, Milka, Toblerone, Daim, Philadelphia, Miracel Whip und Mirácoli. 1982 fusionierten der Bremer Kaffeeröster Jacobs und das Süßwarenunternehmen Suchard/Tobler (Interfood) zu Jacobs Suchard. Neben Jacobs Krönung entstanden im Laufe der Jahre neue, erfolgreiche Kaffeeprodukte wie Krönung Balance, Krönung Free, Krönung Mild und Jacobs Milea. Parallel zu der Unternehmensentwicklung von Jacobs Suchard führte das US-Unternehmen Kraft kontinuierlich Markenprodukte seit 1927 in Europa ein: Velveta-Schmelzkäse (1937), Mirácoli, Philadelphia (1960), Miracel Whip (1973). Das Sortiment an Grillsaucen, Dressings und Ketchup rundet das Portfolio von Kraft ab.

Die Firmenzentrale ist in Northfield, Illinois (USA). Kraft verfügt über 192 Produktionsstätten weltweit und ist eines der weltweit führenden Markenartikelunternehmen in der Nahrungsmittelindustrie mit einem Jahresumsatz von etwa 32 Milliarden Dollar im Jahre 2004 und Geschäftsaktivitäten in 155 Ländern. Seit Juni 2000 firmiert Kraft Jacobs Suchard unter dem Namen Kraft Foods Deutschland. Das Nahrungsmittelunternehmen ist eine Tochter der Altria Group, Inc. mit rund 98.000 Mitarbeitern weltweit, davon 3.600 Mitarbeiter in Deutschland.

Sportartikelindustrie

Die Sportartikelindustrie verkauft vor allem Emotionen. Mit den meisten Sportarten - in Freizeit und Vereinen - werden Wettkämpfe, Idole, Spitzenleistung und Selbstbestätigung in Verbindung gebracht. Hinzu kommt die inzwischen weit verbreitete Sportmode, die Multifunkionswäsche und modische Sportdesigns zum Alltagsoutfit erhebt. Daher ist diese Industrie sehr stark von Marken und Marketing getrieben. Die weltweit führenden Unternehmen agieren global und haben aufgrund ihrer lohnintensiven Produktionsstrukturen (vor allem Näherei, Stickerei) größte Teile ihrer Produktion frühzeitig nach Asien verlagert, um unter dem immensen Wettbewerbsdruck effizient zu produzieren. Neben schlanken Produktionsstrukturen sind vor allem die Entwicklung von Design und Material sowie das Marketingmanagement die entscheidenden Steuerungseinheiten der Konzerne. Die Sportmode - in den letzten Jahren vor allem die Retromode - verlangt von den Konzernen eine hohe Innovationsrate. Das bedeutet, sie müssen alte Designs auffrischen und auf neuer Technologie aufsetzen und sich darüber hinaus wegen der kurzen Lebenszyklen der einzelnen Produkte ständig neu erfinden.

Adidas-Salomon

Die Adidas-Salomon AG im bayerischen Herzogenaurach, ursprünglich benannt nach ihrem Gründer Adolf Dassler (nach seinem Spitznamen "Adi" und den ersten drei Buchstaben seines Nachnamens), ist der zweitgrößte Sportartikelhersteller der Welt. Die Marke Adidas wurde mit dem Gewinn der deutschen Mannschaft bei der Fußballweltmeisterschaft 1954 in Bern weltweit bekannt. Der Firmensitz des Konzerns ist in Deutschland, während die Produktion größtenteils nach Südostasien verlagert wurde, von wo aus die weltweite Beschaffung gesteuert wird. Adidas hat sein Stammportfolio - Sportschuhe und -bekleidung für sämtliche Sportarten - durch internationale Zukäufe erweitert, wie beispielsweise durch die 1997 akquirierte Salomon Gruppe.

Von Herzogenaurach aus wird das Unternehmen mit seinen 110 Tochterunternehmen durch die strategischen Geschäftseinheiten (SGE) Running, Fußball und Tennis weltweit geführt. Die weiteren SGE Basketball, Adventure, Golf und Alternative Sports werden von den USA aus gesteuert. Im Geschäftsjahr 2004 erzielte Adidas, dessen Aktien im Streubesitz liegen, einen Umsatz von etwa 6,5 Milliarden Euro, der zu mehr als der Hälfte in Europa erwirtschaftet wird. Ein besonderer Wachstumsfokus liegt auf den BRIC-Ländern.

Puma

Die Puma AG mit Sitz im bayerischen Herzogenaurach wurde 1948 von Rudolf Dassler nach Meinungsverschiedenheiten mit seinem Bruder Adolf, der von da an Adidas allein weiterführte, als „Puma Schuhfabrik Rudolf Dassler" gegründet. Die Gesellschaft produziert heute in über 30 Ländern und hat mehr als 3.900

Mitarbeiter. Das Produktportfolio konzentriert sich auf drei Geschäftsfelder: Sportschuhe (60 Prozent Umsatzanteil), Sporttextilien (knapp 30 Prozent Umsatzanteil) und Sportaccessoires, die unter der Marke Puma laufen. Puma hat in den vergangenen Jahren dank seiner Innovationskraft und Designavantgarde überdurchschnittliche Umsatz- und Gewinnsteigerungen vor allem durch die Retro-Modewelle erzielt. Daher liegt der Fokus vor allem auf kreativen, modischen Designs sowie auf intensiven Marktforschungs- und Marktaktivitäten. Das Puma-Design wird vor allem in der Markenwelt der Puma-Flagship-Stores den Kunden näher gebracht und gleichzeitig dort am Puls der Zeit weiterentwickelt.

Das Jahr 2004 war für Puma ein Rekordjahr. Das Unternehmen konnte seinen Umsatz über dem Branchendurchschnitt steigern und liegt mit 1,53 Milliarden Euro um 20 Prozent und im Gewinn sogar 43 Prozent über dem Vorjahr mit Geschäftschwerpunkten in Europa und Amerika.

Nike

Nike ist der größte Sportartikelhersteller der Welt mit einer relativ jungen Historie, die mit der Gründung 1962 durch Bill Bowerman und Philip Knight unter dem Namen Blue Ribbon Sport begann. Erst 1971 folgte die Umbenennung nach der griechischen Siegesgöttin Nike. Das Unternehmen verdankt seinen Erfolg vor allem einem Athleten: Michael Jordan. Dank dieser Ikone und der Einführung der luftgepolsterten Sportschuhe (Nike Air) wuchs Nike zum Weltkonzern und überflügelte die einstige Konkurrenz Converse. Heute heißen die Hauptkonkurrenten Adidas und Puma. Die Firma mit Sitz in Beaverton, Oregon (USA) beschäftigt derzeit rund 23.000 Mitarbeiter, produziert mittlerweile jedoch nicht mehr selbst, sondern lässt in Billiglohnländern produzieren und widmet sich stattdessen vielmehr dem Marketing für die Marke Nike, die über Sportikonen als Werbeträger sorgsam gepflegt wird (Tiger Woods, LeBron James, Lance Armstrong).

Das Logo der Firma, der Nike-Haken („Swoosh"), ist eines der bekanntesten Markenzeichen der Welt; er wurde 1971 von der Graphikdesign-Studentin Carolyn Davidson auf Knight's Anfrage hin entworfen und etwas später als Logo eingeführt - anfangs noch mit dem Schriftzug Nike versehen, mittlerweile allein stehend. Der Gesamtumsatz des Konzerns wird fast zur Hälfte im Heimatmarkt USA erwirtschaftet.

Beliebteste Arbeitgeber

Die dargestellten Konsumgüterunternehmen sind für Wirtschaftswissenschaftler als auch für Ingenieure attraktive und beliebte Arbeitgeber. Die Top-Player der Branche belegen in Rankings immer wieder gute Plätze bei Befragungen von Studenten und Absolventen. Je nach Umfrage ändert sich zwar die Position und exakte Rangliste, jedoch gehören die Top-Unternehmen durchweg zu den 50 beliebtesten Arbeitgebern in Deutschland. Die Umfrage von Trendence und

Wirtschaftswoche in 2005 zeigt, dass das „Who is who" internationaler Spitzenunternehmen aus der Konsumgüterindustrie stammt. Die Tabelle zeigt den für die Konsumgüterindustrie relevanten Ausschnitt aus dem Gesamtranking. Die Rangfolge entspricht einem internen Ranking der Konsumgüterunternehmen.

Rang	Unternehmen
1	Puma
2	L'Oréal
3	Procter&Gamble Deutschland
4	Coca-Cola
5	Unilever
6	Henkel
7	Nestlé
8	Kraft Foods Deutschland

Quelle: Auszug aus dem Trendence & Wirtschaftswoche Ranking „Beliebteste Arbeitgeber" in Deutschland (Wirtschaftswoche 04.08. 2005).

2. Berufsprofile

Die Konsumgüterindustrie bietet vielfältige Berufsfelder und wegen Ihrer Schnelllebigkeit abwechslungsreiche und spannende Aufgaben. Die Top-Player der Branche sind global aufgestellte und strategisch agierende Konzerne, die Wirtschaftswissenschaftler mit jeglichen Vertiefungsfächern für die große Brandbreite an betriebswirtschaftlichen Funktionen einstellen. Einen besonderen Schwerpunkt bilden jedoch Absolventen der Fachrichtung BWL, mit den Schwerpunkten Marketing, Produktpolitik, Handel, Distribution oder Wirtschafspsychologie, da das meistverbreitete Berufsprofil dasjenige des Marketing Managers ist. Daher haben wir auf dieses im Folgenden einen besonderen Fokus gelegt.

Marketing Management

Die klassische Marketinglaufbahn beginnt in der Regel als Assistant Product Manager, der das jüngste Mitglied in einem Marken- oder Produktteam ist. Er unterstützt die laufenden produktpolitischen Maßnahmen in der Phase seiner Einarbeitung und bereitet Marketingentscheidungen inhaltlich vor. Die nächste Karrierestufe ist nach zirka ein bis zwei Jahren der Junior Product Manager, der bereits eigene Projekte verantwortet und koordiniert, Agenturkontakt hält sowie ein eigenes Produkt im Markt verantwortet. Die Hierarchieebene des Product Managers ist nach weiteren zwei Jahren erreicht und beinhaltet die Verantwortung für eine nationale oder gar internationale Marke und den gesamten dazugehörigen Marketing Mix zur Markensteuerung. Der Group Brand Manager oder Marketing Manager steuert wiederum eine einzelne Marketing Group oder ein Team, das für eine Markengruppe oder eine Produktkategorie verantwortlich ist. In der Marketingkarriere lernt man bei fast jedem Karrieresprung ein neues Produkt beziehungsweise eine neue Produktgruppe kennen und wechselt häufig die Teams. Daher ist eine große Rotation und Fluktuation in Marketingorganisationen üblich.

Das Marketing ist klassischerweise eine Schnittstelle zwischen zahlreichen internen und externen Funktionen. In den Marketingabteilungen wird das absatzmarktgerichtete Handeln koordiniert, das heißt der Marketing Mix (Produkt, Preis, Service, Distribution, Kommunikation) geplant, gesteuert und kontrolliert. Für die Steuerung und Kontrolle der Marktaktivitäten ist eine kontinuierliche Beobachtung des Marktes anhand von Marktanteilsveränderungen, Preisentwicklung und Wettbewerbsverhalten erforderlich. Außerdem ist das Marketing an der Produktentwicklung auf Basis von Marktforschungsergebnissen und Kundenwünschen maßgeblich beteiligt, testet Prototypen („Mock-ups") mittels Fokusgruppen vor dem Launch und koordiniert die Markteinführung. Ein besonderer Schwerpunkt liegt auf der Kommunikation im Markt und zum Kunden, die viel Abstimmung mit externen Agenturen und mit internen Abteilungen wie Sales oder Category Management erfordert.

Als zentrale Voraussetzung müssen angehende Marketing Manager vor allem ein gutes „Brand Feeling" sowie Marketingkenntnisse und -erfahrungen durch

Praktika besitzen. Darüber hinaus sind gute Kenntnisse aus den Vertiefungsfächern Statistik, Marktforschung, Kommunikationswissenschaften und Psychologie sowie Verständnis des Konsumentenverhaltens zusätzliche wichtige Grundvoraussetzungen.

Des Weiteren ist eine hohe Koordinations- beziehungsweise Organisationsfähigkeit unabdingbar, um nicht im Chaos der kurzfristigen Abstimmungen und Wettbewerbsreaktionen unterzugehen. Daraus leitet sich eine relativ hohe Stressresistenz ab, die Sie unbedingt mitbringen sollten, um im Marketing erfolgreich zu sein. Die Arbeitszeiten sind relativ konstant auf hohem Niveau von 50 bis 60 Stunden pro Woche, können aber in Zeiten von Produkteinführungen durchaus mehr betragen. Aus dieser Schnittstellenfunktion heraus ergibt sich die hohe Anforderung an die soziale Kompetenz. Wenn man unter Zeitdruck viele verschiedene Beteiligte mit durchaus divergierenden Interessen in einem Projekt koordiniert, muss man teamfähig sein und Konflikte diplomatisch lösen. Vor allem aber gilt es im Stress die Contenance zu wahren. Die Arbeit findet bevorzugt in Großraumbüros statt, die häufig der Hektik des Marktes in keiner Weise nachstehen und ein entsprechend „lebhaftes" Arbeiten mit sich bringen.

Sales Management

In enger Abstimmung mit dem Marketing agiert der Verkauf oder die Sales-Abteilung. Hier liegt der Schwerpunkt auf der operativen Umsetzung der von den Marketingabteilungen geplanten Marktaktivitäten. In der Verkaufsabteilung findet sich das Category Management, das insbesondere für die Key Accounts die Produktgruppen- und Regaloptimierung steuert. Darüber hinaus verantwortet es im Rahmen von Efficient Consumer Response die unternehmensübergreifende Koordination von Warenströmen zusammen mit dem Supply Chain Management und der Produktion. Des Weiteren gehören die Sales Force, vor allem die Außendienstmitarbeiter, als Rückgrat im Markt zu der Verkaufsabteilung. Im Sales sind wie im Marketing eher extrovertierte Charaktere zu Hause, die gerne und viel den Kontakt mit Kunden suchen und ein Gefühl für den Puls des Marktes haben. Vertiefungsfächer und Schwerpunkte sind denen des Marketing sehr ähnlich.

Finanzmanagement

Die Aufgaben und Abteilungen – meist Stabsabteilungen mit relativ nahem Vorstandskontakt – sind so zahlreich wie ihre meist komplexen Aufgaben. Daher sind hier diverse Berufsprofile anzutreffen. Das Finanzwesen plant, analysiert und steuert die Kapitalbeschaffung, erstellt und koordiniert die Finanzberichterstattung im Accounting, garantiert die Liquidität und optimiert kennzahlenbasiert die Finanz- und Cashstrukturen im Unternehmen. Währungskursanalysen, Rohstoff-Hedging und Optimierung der Vermögenswerte werden vom Treasury Management ausgeführt. Außerdem gehören Risiko- und Sensitivitätsanalysen, Wettbewerbsstudien, Analyse makroökonomischer Indikatoren und die Planung, Steuerung und Kontrolle der Unternehmensbereiche zu den Aufgaben des strategischen Controllings oder Business Development. Das Rechnungswesen erfasst, verdichtet und analysiert vergangene und zukünftige Informationen und bereitet für das Accounting Daten für die Jahresabschlüsse und Bilanzen vor und erstellt Berichte aus der Kostenrechnung zur Effizienzbeurteilung.

Diese Tätigkeiten eignen sich besonders gut für Betriebs- und Volkswirte mit guten Kenntnissen in Unternehmensfinanzierung, Controlling, Accounting, Bankenbetriebslehre, Organisation, Steuern oder strategischer Planung. Entsprechende berufliche Erfahrung in Form von Praktika vor allem in Unternehmensberatungen und bei Wirtschaftsprüfern bringen gute Pluspunkte in der Bewerbung. Zusätzliche Qualifikationen wie MBA oder Promotion sind ebenfalls wertvoll, für manche Funktionen sogar Zugangsvoraussetzung.

Die Aufgaben im Finanzwesen sind sehr vielfältig und abwechslungsreich mit hoher intellektueller und analytischer Anforderung. Daher werden Excel und andere Rechen-, Daten- und Analyseprogramme zu Ihrem ständigen Begleiter. Bunte Powerpointcharts gehören nicht zur Tagesordnung, dafür aber ausführliche quantitative Analysen, die häufig auch als Grundlage zur Entscheidungsvorbereitung dienen. Die Arbeitszeiten sind in der Regel etwas weniger intensiv als im Marketing; Schwankungen in der zeitlichen Belastung ergeben sich meist zu absehbaren und geplanten Berichterstattungsterminen. Die Abteilungen sind meist kleiner, ebenso wie die Büros. Dadurch gibt es eine etwas ruhigere Atmosphäre im Vergleich zum Marketing. Der meist enge Vorstandskontakt verlangt eine strengere Kleiderordnung: Anzug ist hier häufig Pflicht und unterstreicht gleichsam die Korrektheit und Genauigkeit des Finanzers, an der es in keinem Fall mangeln darf.

Eine der Stabsabteilungen ist die interne Revision, die meist zentral in einem Vorstandsressort angesiedelt ist. Sie analysiert und prüft alle Aktivitäten und Prozesse unter Effizienzgesichtspunkten und Standardmäßigkeit mit dem Ziel, die Wirtschaftlichkeit und Früherkennung von Risiken sicherzustellen. Typischerweise erstellen Revisoren daher Wirtschaftlichkeitsanalysen, untersuchen Verlustgesellschaften und überprüfen die „strategischen Baustellen" des Konzerns. Die Anforderungen sind fachlicherseits identisch mit denen im Finanzbereich. Hinzu kommt eine hohe Flexibilität und Mobilität, da die zu prüfenden Unternehmensbereiche nicht nur schnelles und intensives Einarbeiten bei relativ kurzer Projektdauer erfordern, sondern auch Vor-Ort-Präsenz mit entsprechend häufiger Reisetätigkeit. Die Arbeitszeiten sind sehr intensiv und ähnlich denen in Beratungshäusern. Vielen Revisoren kommt die Rolle eines Inhouse-Consultants zu. Entwicklungsmöglichkeiten gibt es beispielsweise nach einer zirka drei- bis fünfjährigen Tätigkeit in der Revision als Führungskraft im Finanzbereich.

Supply Chain Management

Das Supply Chain Management optimiert Material-, Produktions-, und Informationsflüsse in Unternehmen und nimmt somit eine Querschnittsfunktion ein, die unterstützend im Einkauf, Produktion, Sales und Marketing wirkt. Der Logistik Manager hat daher mit vielen internen Kunden zu tun und muss vor allem die Fähigkeit zur Konfliktlösung besitzen. Bevorzugte Studienschwerpunkte sind Produktion und Logistik, Beschaffung, Operations Research, Controlling und Absatzmarketing. Neben dem wirtschaftlichen Verständnis kann eine technische Affinität von Nutzen sein. Logistische Funktionen gibt es natürlich auch in den Linien, und sie haben dann häufig operative Aufgabenstellungen zu lösen wie etwa die Koordination von Transport-, Lager- und Umschlagsvorgängen. Die Arbeitsweise ist stark projektbezogen und kann daher erheblich variieren.

Als operativer Logistiker sorgen Sie dafür, dass alle logistischen Prozesse effizient ablaufen, indem Sie diese planen und steuern. Die Aufgaben können mit dem Einkauf, mit der Lagerverwaltung, der Prozesssteuerung und dem Vertrieb der Ware zum Kunden befasst sein.

Als Projektmanager leiten Sie Projekte zur Restrukturierung und Effizienzsteigerung, wie beispielsweise die Auswahl und Implementierung logistischer Software, den Neu- oder Umbau eines Logistikzentrums oder eines Produktionsstandortes, die Verbesserung der Distributionsstruktur, die Beurteilung von Lieferanten oder Spediteuren, kurzum: Projekte, die die logistische Organisation verbessern und Erneuerungen realisieren. Im Rahmen Ihrer Tätigkeiten werden Sie mit verschiedenen Methoden zur Effizienzsteigerung wie etwa Six Sigma arbeiten.

Als (interner) Berater oder Logistic Consultant untersuchen und beraten Sie das Management: „Was machen wir gut, was läuft falsch und was muss getan werden, um den logistischen Prozess zu optimieren?" Sie führen verschiedene Projekte durch und lernen auf diese Art und Weise meist den gesamten Konzern aus vielen verschiedenen Blickwinkeln kennen. Das Aufgabenspektrum ist dem in einer klassischen Unternehmensberatung sehr ähnlich. Der Unterschied ist, dass Sie in der Regel nicht nur analysieren und beraten, sondern auch implementieren, das heißt, die Umsetzung steuern. Im Falle einer Ausschreibung eines Beratungsprojektes stehen Sie manchmal sogar im Wettbewerb mit externen Beratern. Diese Position eignet sich vor allem für diejenigen, die strategische Analyse und Umsetzung als Berater bei deutlich geringerer zeitlicher Belastung als in der klassischen Unternehmensberatung suchen.

Human Resources Management

Das Human Resources Management bietet ebenfalls ein umfangreiches Aufgabenfeld von Personalplanung, -verwaltung, Recruiting und Personalentwicklung an. Die Aufgaben umfassen die Ausarbeitung von Weiterbildungs- und Kompetenzentwicklungsprogrammen, Managementfortbildungen, Entlohnungssystemen,

Mitarbeiterbefragungen und dergleichen mehr. Dafür benötigen die Personalabteilungen Human Resources Manager mit entsprechenden Kenntnissen in der Mitarbeiterführung, im Personalwesen und im Controlling.

Die beschriebenen Berufsbilder sind in allen Konsumgüterunternehmen zu finden und entsprechen auch der von uns beschriebenen Gewichtung. Die Markenartikler gewichten in immer stärkerem Maße die Bedeutung des Marketings, um ihr Brandportfolio als strategische Assets zu pflegen und zu entwickeln.

II. Recruitingstrategie und Einstellungspolitik

Die Unternehmen der Konsumgüterindustrie suchen Top-Absolventen mit internationaler Ausrichtung und Praxiserfahrung. Die Studienzeit spielt zwar nicht die allergrößte Rolle, sollte aber im Regelfall unter zwölf Semestern liegen. Grundsätzlich sind Semester, die über die Regelstudienzeit hinausgehen, zu erklären, beispielsweise durch Auslandsemester, Praktika oder besonderes außeruniversitäres Engagement. Wichtiger als die Studienzeit sind sehr gute akademische Leistungen als Indikator für die fachliche Qualifikation, wobei hier zwischen den Universitäten differenziert wird. Die Reputation der Universitäten spielt also eine erhebliche Rolle. Personaler wissen, was ein „Sehr gut" einer zweitklassigen Universität und ein „Gut" einer Top-Universität bedeuten.

Eventuelle Nachteile hinsichtlich Noten beziehungsweise Ruf der Universität können jedoch durch herausragende Praktika, außeruniversitäre Aktivitäten, Auslandsaufenthalte, also mit einem charakterstarken Profil mehr als ausgeglichen werden. Die Examensnoten sind daher kein alleiniges Kriterium, sondern werden in Beziehung zu Studienzeit und Alter des Bewerbers, Praxiserfahrung und Engagement sowie speziellen Kenntnissen und Erfahrungen gesetzt. Letztendlich sind den meisten Unternehmen der Konsumgüterindustrie das Gesamtprofil und die Persönlichkeit des Bewerbers am wichtigsten.

Ein ebenfalls sehr wichtiges Kriterium in der Konsumgüterindustrie – und vor allem im Marketing – ist die Affinität zu den Marken und Produkten. Daher achten viele Unternehmen zunehmend auf ein entsprechendes Profil ihrer Bewerber, insbesondere auf praktische Erfahrungen im Produktmarketing im eigenen Unternehmen und bei Wettbewerbern.

„Erste praktische Erfahrung während des Studiums konnte ich im Produktmanagement bei Nestlé gewinnen und auf dieser im Rahmen meines zweiten Marketing-Praktikums bei L'Oréal sehr gut aufbauen. Am Konsumgütermarketing haben mich vor allem die Vielfalt der Aufgaben und die Nähe zum Puls des Marktes fasziniert. Während der Praktika habe ich fast hundertprozentigen Einblick in die Strukturen und die Markenstrategie bekommen und bin perfekt in die Markenteams integriert worden. Diese gute Erfahrung hat sich beim Berufseinstieg im Marketing bei Henkel fortgesetzt. Gerade beim Berufseinstieg

war mir wichtig, eine Top-Marketingausbildung in der Konzernzentrale eines globalen Unternehmens zu erhalten. Aufgrund meiner positiven Erfahrung empfehle ich, frühzeitig Erfahrungen in der Konsumgüterbranche zu sammeln und dadurch ein persönliches Profil aufzubauen. Der Erfahrungsschatz und die Branchenkenntnis helfen nicht nur im Bewerbungsprozess, sondern auch beim Berufseinstieg."

Caroline, 26, ist Marketingassistentin für Reinigungsmittel. Nach ihrem Studium (BWL) an der Universität zu Köln, Hochschule St. Gallen und ESADE, Barcelona hat sie eine klassische Marketinglaufbahn eingeschlagen und arbeitet seit fast zwei Jahren bei Henkel im Waschmittelmarketing.

In der Flut an Bewerbungen, die täglich bei den Top-Unternehmen eingehen, achten Personaler im Screeningprozess auf besondere Lebensläufe und herausstechende Qualifikationen. Daraus leitet sich vor allem der Bedarf nach Differenzierungsmerkmalen ab, was jedoch nicht als „Auffallen um jeden Preis" zu verstehen ist. Beherzigen Sie folgende Grundregeln:

- Stellen Sie Ihre Fähigkeiten und Qualifikationen möglichst prägnant und verständlich dar.
- Erklären Sie außergewöhnliche Stationen und Leistungen in Ihrem Lebenslauf und begründen Sie Ihre Motivation dafür.
- Zeigen Sie dem Personaler den roten Faden in Ihrem Lebenslauf und machen Sie es dem Leser so komfortabel und einfach wie möglich, das Wesentliche zu erkennen.
- Erklären Sie Ihre individuelle Motivation und verzichten Sie auf Floskeln und Standardformulierungen.
- Weitere Tipps und Informationen finden Sie darüber hinaus kostenlos unter → www.squeaker.net/consumergoods.

Wenn Sie diese Grundregeln beherrschen, sind Sie nicht mehr austauschbar, sondern stechen positiv heraus und besitzen dadurch vielen anderen gegenüber einen Wettbewerbsvorteil. Wie Sie diese Ratschläge in den unterschiedlichen Stufen des Bewerbungsprozesses effektiv beachten, erfahren Sie ausführlich im zweiten Kapitel.

1. Direkteinstieg versus Traineeprogramm

Hochschulabsolventen stehen zum Berufseinstieg zwei grundsätzliche Möglichkeiten zur Wahl. Viele Unternehmen haben sich je nach Philosophie und Kultur für ein Modell entschieden.

Der Direkteinstieg bindet Sie fest in eine konkrete Position innerhalb einer Unternehmensorganisation ein. Damit werden Ihnen definierte Aufgaben, individuelle Projekte und eigene Verantwortlichkeiten für einen längeren, festen Zeitraum übertragen. Sie übernehmen damit die vollen Rechte und Pflichten eines festangestellten Mitarbeiters inklusive vollem Gehalt und Bonus und arbeiten sich vom ersten Tag an kontinuierlich und mit klaren Zielen in Ihren spezifischen Bereich und Ihre speziellen Aufgaben ein. In der Regel bieten die meisten Unternehmen eine Einarbeitungsphase begleitet von Trainings- und Weiterbildungsprogrammen sowie einer umfassenden Vorstellungsrunde über die Abteilungsgrenzen hinaus an. Viele Unternehmen bezeichnen diese Form der Einarbeitung auch als „Training on-the-job".

Das Traineeprogramm ist eine Ausbildung nach dem Studium und bietet Ihnen die Möglichkeit, in relativ kurzer Zeit verschiedene Abteilungen und Funktionsbereiche innerhalb eines definierten Ausbildungsprogramms zu durchlaufen. Traineeprogramme haben meist eine Dauer von sechs Monaten bis zu zwei Jahren und zielen darauf ab, Sie mit dem Unternehmen generell vertraut zu machen und Sie auf die eigenverantwortliche Übernahme von Aufgaben vorzubereiten. Die selbständige Betreuung eigener Projekte steht während des Programms eher im Hintergrund. Dafür haben Sie eine eher generalistische Grundausbildung im Unternehmen, bauen während Ihrer „Job Rotation" ein wertvolles Netzwerk an Kontakten auf, die Ihnen zu einer optimalen Startposition nach Ende des Programms verhelfen. Sie haben zudem häufig die Möglichkeit, eine Station Ihres Programms im Ausland zu absolvieren.

Direkteinstieg	**Traineeprogramm**
• Integration in eine feste Organisationseinheit	• Job Rotation
• Funktionsspezifische Einarbeitung	• Generalistische Ausbildung
• Übernahme eigenverantwortlicher Aufgaben	• Vorbereitung zur Übernahme von eigenverantwortlichen Aufgaben
• Volles Gehalt + Bonus	• Trainee-Gehalt
• Keine Altersbeschränkungen	• Altersobergrenze meist Ende 20

Wofür Sie sich entscheiden ist letztlich abhängig von Ihren Präferenzen sowie der Genauigkeit Ihrer Vorstellungen und Zielsetzungen und nicht zuletzt von der Wahl Ihres Arbeitgebers. Wer sich noch nicht auf eine Karriere in einem bestimmten Funktionsbereich festlegen möchte und einen umfassenden Überblick über das jeweilige Unternehmen bevorzugt, der sollte die generalistische Ausbildung des Traineeprogramms wählen. Sollten Sie jedoch genau wissen, wohin Sie möchten, dann verlieren Sie keine Zeit, Ihre Pläne konsequent umzusetzen. Außerdem bieten viele Unternehmen Karrierepfade an, die mehrfache

Wechsel zwischen Funktions- und Unternehmensbereichen vorsehen. Informieren Sie sich also gut über die Ihnen offen stehenden Möglichkeiten im dritten Teil dieses Dossiers.

2. Gehalt und Vergütungen

Die Anfangsgehälter für Hochschulabsolventen liegen im durchschnittlichen Gehaltsband der Konsumgüterindustrie zwischen 38.000 Euro und 42.000 Euro brutto jährlich, wobei viele der Top-Unternehmen über dem Durchschnitt liegen. Das Jahresbruttogehalt kann in Abhängigkeit von Funktion, Unternehmensgröße, Standort und Art der Anstellung, aber auch fachlicher Ausbildung und praktischer Erfahrungen, Alter und Zusatzqualifikationen deutliche Schwankungen aufweisen. Insbesondere die letztgenannten Kriterien erlauben gegebenenfalls eine Gehaltsverhandlung.

Während Sie im Marketing und Sales tendenziell am oberen Ende der Gehaltsskala für Absolventen liegen, finden sich Finanzfunktionen, Logistik, Einkauf und Supply Chain sowie Personalmanagement im mittleren bis unteren Abschnitt der Skala wieder. Einige Unternehmen differenzieren jedoch gar nicht im Einstiegsgehalt für Absolventen. In diesem Fall sollten Sie auf Gehaltsverhandlungen besser gänzlich verzichten. Wenn Sie zur Äußerung eines Gehaltswunsches aufgefordert werden, empfiehlt es sich eine Gehaltsspanne um den Median der branchenspezifischen Summe anzugeben; so signalisieren Sie Kenntnis und können auch Incentives und sonstige Extras und Sonderleistungen flexibel mit in die Verhandlung einbringen.

Im dritten Teil unseres Dossiers erfahren Sie, welche Unternehmen genaue Gehaltsangaben machen und ob diese eine Gehaltsspanne inklusive Verhandlungsspielraum angeben oder nicht. Ebenfalls bieten einige Unternehmen bereits für Hochschulabsolventen ein Incentive-Vergütungssystem an, mittels dessen Sie Ihr Gehalt beziehungsweise die Bonuszahlung direkt über Ihre Leistung positiv beeinflussen können. Außerdem sollten Sie darauf achten, welche Zusatz- und Sozialleistungen Ihnen geboten werden (Weihnachtsgeld, Urlaubsgeld, vermögenswirksame Leistungen, betriebliche Altersvorsorge). Klären Sie insbesondere die Konditionen dieser Sonderleistungen ab. Des Weiteren bieten viele Unternehmen geldwerte Leistungen wie zum Beispiel verbilligte Mittagessen, verbilligter Produktkauf oder Weiterbildung an.

3. Karriereentwicklung

In der Konsumgüterindustrie gibt es differenziertere Managementlevel oder Hierarchiestufen als in Banken oder Beratungen. Hochschulabsolventen steigen in der Regel auf dem untersten Managementlevel ein. Im Marketing ist das der Assistant Product Manager. Andere Funktionen steigen direkt auf dem Junior Level ein, was jedoch im Hinblick auf das Gehalt selten einen Unterschied macht. Universitätsabsolventen werden tendenziell leicht höher eingestuft als

FH-Absolventen, was jedoch auch von Universität, Studienprogramm, Note, Auslandserfahrung und weiteren Qualifikationen abhängig ist.

Die nachfolgende Tabelle fasst die typischen Karrierestufen im Marketing zusammen:

<table>
<tr><th>Titel</th><th>Assistant Manager</th><th>Junior Manager</th><th>Manager</th><th>Senior Manager</th><th>Director</th><th>VP</th></tr>
<tr><td>Dauer</td><td>1 Jahr</td><td>1-2 Jahre</td><td>3-4 Jahre</td><td>3+ Jahre</td><td colspan="2" rowspan="4">Diese Managementlevel erfordern eine langjährige und umfassende Berufserfahrung sowie den ernsthaften Willen und die unabdingbaren Managementskills zur strategischen Führung von Ressorts, Unternehmensbereichen oder Firmen.</td></tr>
<tr><td>Voraussetzung (Einstieg)</td><td>Diplom (BWL)</td><td>Diplom (BWL) oder MBA, Auslandserfahrung</td><td>Promotion, Postgraduate MBA, Berufserfahrung</td><td>Signifikante Berufserfahrung</td></tr>
<tr><td>Aufgaben</td><td>Einarbeitung, Unterstützung</td><td>Projektarbeit, Entscheidungsvorbereitung</td><td>Projektverantwortung, erste Personalführung</td><td>Abteilungsleitung, umfassende Personal-Verantwortung</td></tr>
<tr><td>Gehalt</td><td>~ 40.000 €</td><td>40–50.000€</td><td>50-100.000€</td><td>> 100.000€</td></tr>
</table>

Grundsätzlich gilt, dass es für den Karrierepfad keinen Automatismus gibt. In der Regel ist mit jedem Karrieresprung eine neue Position in einem neuen Verantwortungsbereich verbunden. Klare Zielvorgaben müssen erreicht werden, das Profil muss insgesamt mit der neuen Position übereinstimmen. Die meisten Unternehmen haben vor die jeweils nächste Karrierestufe ein erneutes Auswahlverfahren gesetzt, ein so genanntes Management Competencies Assessment, so dass Leistung und Eignung erneut geprüft werden und gegebenenfalls gezielt weiterentwickelt werden können.

Die Verantwortungsbereiche variieren von Karrierestufe zu Karrierestufe. Generell kann man sagen, dass der Manager die meiste fachbezogene Arbeit verrichtet, auf die er vorher als Assistant und Junior Manager vorbereitet worden ist. Als Senior Manager initiiert und steuert man mehrere Projekte und bekommt in der Regel aggregierte Informationen und vorbereitete Analysen zur Beurteilung und Einleitung weiterer Schritte. Im Marketing ist der Senior Manager bereits Group Brand Manager und für ein Portfolio an Marken, beispielsweise ein gesamtes Segment wie etwa Körperpflege verantwortlich und hat meist bereits ein internationales Assignment hinter sich. In aller Regel absolvieren Sie auf diesem Karrierepfad mindestens einen, meist zwei oder mehr Auslandsaufenthalte in

Zweigstellen der Unternehmen. Im Marketing ist dies in der jeweiligen Marketingorganisation üblich. In anderen Funktionen kann es durchaus projektspezifisch und damit funktionsübergreifend sein. Die Ausland-Assignments sind nahezu obligatorisch und dienen der Profilabrundung und dem ganzheitlichen Blick auf das Unternehmen auf dem Weg zum General Management.

Einen typischen Tagesablauf gibt es in aller Regel nicht, vor allem nicht aufgrund der Vielfalt der Abteilungen. Sollte man jedoch die zentralen Aufgaben des Produkt- und Marketingmanagements zusammenfassen, so werden folgende Inhalte und Tätigkeiten immer wieder auftauchen:

- **Marktforschung:** Die MaFo ist Ihr Ohr am Puls des Marktes und bietet sicherlich eine der intensiveren Aufgaben. Viele Unternehmen unterhalten ganze Stäbe an Marktforschern oder kaufen diese Daten bei AC Nielsen, Euromonitor oder GfK hinzu. Sie sollten gegenüber Recherchen unbedingt aufgeschlossen sein und vor allem das notwendige statistische Rüstzeug im Gepäck haben. Die Motivation ist ein wichtiger Faktor im Interview: Sollte man einem Kandidaten anmerken, dass er angesichts von Aussichten auf Datenanalyse schnell resignieren könnte, ist dies ein K.o.-Kriterium. Scheuen Sie sich nicht vor Excel-Abenteuern und der Analyse von Marktdaten.

- **Meetings:** Das Marketing ist wegen seiner koordinierenden Schnittstellenfunktion mit vielen Funktionsbereichen durch Abstimmungsprozesse verbunden. Ohne die zahllosen Besprechungen mit allen Prozessbeteiligten, intern wie extern, geht es im Marketing daher sicher nicht. Zeitmanagement, Geduld und Zuhören sowie diplomatische Fähigkeiten sind daher zentrale Qualifikationsmerkmale, die Sie für diesen Beruf mitbringen sollten. Schließlich sind Begeisterung und Leidenschaft als Koordinator und Organisator - Manager im wahrsten Sinne des Wortes - unabdingbar.

- **Präsentationen:** Sie dachten, Folien werden nur bei Unternehmensberatern gepinselt? Hoffentlich nicht, denn vor allem im Marketing müssen die Produktideen und Werbestrategien überzeugend dargestellt werden. Das Marketing hat daher wohl wahrscheinlich die bunteste Farbpalette und größte Animationsskala für Präsentationen. Gerade die Meetings mit Agenturen oder Consumer Panels bedürfen größter Sorgfalt und Vorbereitung.

Der Job eines Produktmanagers ist dadurch gekennzeichnet, dass kein Tag dem anderen gleicht und es somit eigentlich keinen festgeschriebenen Tagesablauf gibt. Daher haben wir einige Erfahrungsberichte von Berufseinsteigern, die die ersten Sprossen der Marketingleiter erklommen haben, in diesem Insider-Dossier zusammengestellt. Weitere Erfahrungsberichte finden Sie in den jeweiligen Unternehmensprofilen im dritten Kapitel.

Im Management-Alltag im Marketing gibt es selten präzise Verhaltensmaßregeln oder formelle Anweisungen der Vorgesetzten. Der Fortschritt von Projekten wird durch Meetings und kreative Brainstormings mit Kollegen gewährleistet. Die weit reichende persönliche Verantwortung jedes Mitarbeiters und der große Freiraum für eigenständiges Handeln sind charakteristisch für die meisten Marketingjobs in der Konsumgüterindustrie.

„Ich finde es sehr spannend, morgens ins Büro zu kommen und mir meinen Tag weitgehend selbst einteilen zu können. Selbstverständlich gibt es festgesetzte Termine wie Teammeetings oder Agenturbriefings, aber im Großen und Ganzen ermöglicht mir L'Oréal, mich selbst zu organisieren. Dabei ist es natürlich wichtig, die richtigen Prioritäten zu setzen, wie zum Beispiel strenge zeitliche Vorgaben bei manchen Projekten einzuhalten. Doch das lernt man relativ schnell."

Junior-Produktmanagerin, **L'Oréal**

Da die Verbrauchererwartungen aus nächster Nähe analysiert werden sollen, gibt es vielfältige Wege und Möglichkeiten für die Produktmanager ganz nah am Kunden zu sein: Begleitung von Außendienstmitarbeitern, Besuch von Verkaufsstellen, Organisation von Round Tables oder Panels mit Verbrauchern, Kunden und Vertriebsspezialisten. Produktmanager treffen regelmäßig mit zahlreichen Gesprächspartnern zusammen – ihr Terminkalender ist meistens lückenlos voll!

squeaker.net-Tipp: Bringen Sie eine ordentliche Portion Stressresistenz mit. Diese wird allerdings mit einem spannenden, vielseitigen und garantiert nie langweiligen Beruf belohnt!

B. Die harte Welt der Recruitingprozesse

In diesem Kapitel finden Sie neben einer kurzen Beschreibung aller Recruitingprozessbestandteile die wichtigsten Empfehlungen und Tipps in übersichtlicher Form. Dabei gehen wir chronologisch vor, stellen zunächst die unterschiedlichen Formen der Kontaktaufnahme dar und zeigen die zentralen Erfolgsfaktoren zur individuellen Ansprache beispielhaft auf. Hier erhalten Sie Anregungen für Ihren ganz persönlichen und überzeugenden Start in den Bewerbungsmarathon. Anschließend finden Sie ausführliche Beschreibungen sämtlicher Testformate inklusive zahlreicher Beispiel- und Trainingsaufgaben und typischer Fragestellungen. Die einprägsamen Empfehlungen „Do & Don't" geben wertvolle Hinweise zur Vorbereitung auf die Tests und helfen, klassische Fehler zu vermeiden. Abschließend werden wichtige Regeln, Formalien und Rituale für die verschiedenen Gesprächsformate vorgestellt und durch wertvolle Insidertipps komplettiert.

I. Bewerbung

Der erste förmliche Schritt im Auswahlprozess ist die schriftliche Bewerbung - elektronisch oder klassisch. Diese besteht typischerweise aus Anschreiben und Lebenslauf, die sich gegenseitig ergänzen, und den obligatorischen Zeugnissen. Aufgrund der hohen Bewerberzahlen und der frühen und harten Vorauswahl ist es wichtig, sich durch die schriftliche Bewerbung von der Masse abzuheben. Bei der Gestaltung des Anschreibens sollten Sie sich vor allem vergegenwärtigen, dass sich ein Personaler durchschnittlich vier bis fünf Minuten Zeit für die Durchsicht Ihrer Unterlagen nimmt.

Wie viel Zeit nimmt sich ein Personler durchschnittlich für Ihre Bewerbung?

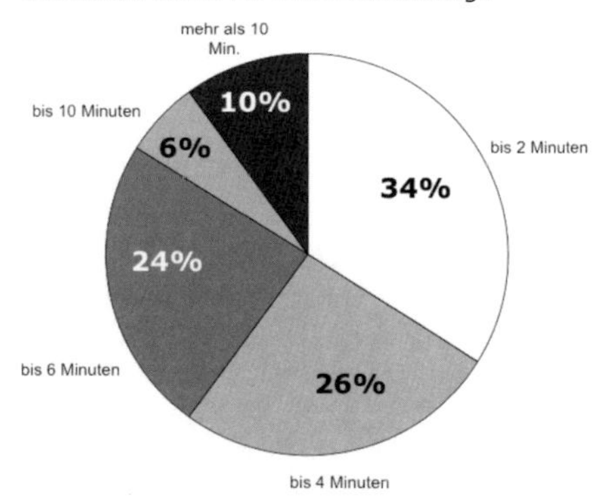

Ein Drittel aller Recruiter überfliegt Ihre Bewerbung sogar in weniger als zwei Minuten, wie die nebenstehende Grafik zeigt. Daher empfiehlt es sich, dem Anschreiben einen persönlichen Ton zu verleihen. Versuchen Sie, Ihren Ansprechpartner im Unternehmen ausfindig zu machen - so führen Sie in der Regel schon mal ein erstes Telefonat, auf das Sie sich beziehen können - und sprechen ihn im Anschreiben mit seinem Namen an. Des Weiteren kann eine Aufweichung der herkömmlichen Bewerbungsform dabei helfen, sich abzuheben und positiv aufzufallen. Eine wirkungsvolle und schlichte, aber ansprechende Vorgehensweise ist ein Deckblatt mit Bewerbungsfoto, Name, Adresse(n), Geburtstag und -ort sowie Nationalität und Familienstand, das ein großzügiges Layout aufweist und so eine schon für das Auge beruhigende und angenehme Wirkung entfaltet. Außerdem spart es Platz im Lebenslauf.

1. Anschreiben, Motivationsschreiben, CV

Ein auffallend prägnantes und sehr kurzes Anschreiben wird durch ein separates, maximal einseitiges Motivationsschreiben ergänzt. Im Anschreiben werden in maximal zwei bis drei kurzen Sätzen die zwei wichtigsten Aussagen getroffen. Zuerst wird die Bewerbung für eine bestimmte Funktion oder auf eine spezielle Anzeige hin formal ausgesprochen und die zeitliche Verfügbarkeit angegeben. Die zweite wichtige Aussage im Anschreiben ist der Verweis auf das beigefügte Motivationsschreiben für genau diese Position.

Das auf ein Minimum reduzierte Anschreiben fällt dem Recruiter durch die extreme Kürze und Prägnanz sofort auf und unterbricht die Routine. Das Motivationsschreiben wird als erste Seite nach dem Anschreiben beigefügt und besticht durch seinen persönlichen Stil. Auf dieser wichtigen Seite legen Sie die Beweggründe für die gewünschte Position anhand von Erfahrungen und Beispielen dar und können hierdurch gezielt auf besondere Stationen in Ihrem Lebenslauf verweisen. In ihm sollen Sie Ihre Begeisterung für das Unternehmen und die Funktion mitteilen. Die ewige Doppelfrage: „Warum gerade Sie? Warum ausgerechnet wir?" können Sie in diesem Schreiben ausgezeichnet beantworten. Sie bereiten sich außerdem mit dem Motivationsschreiben ideal auf die Auswahlgespräche vor. Stimmen Sie hierbei Ihre Begründungen, Formulierungen und den Kommunikationsstil auf die Unternehmenskultur ab.

Wertvolle Hinweise zur geeigneten Form erhalten Sie auf den Internetseiten der Unternehmen unter Vision&Values. Ein französisches Unternehmen in der Kosmetikbranche hat ein vollkommen anderes Selbstverständnis und verschiedene Zielvorstellungen verglichen mit einem amerikanischen Waschmittelgiganten. Während Sie bei ersterem die starke Anziehungskraft der Marken und Identifikation mit den Produkten begeistert, loben Sie bei der zweiten Firma das Teamwork und den besonders ausgeprägten Unternehmergeist.

Die Unterschiede hinsichtlich des Selbstverständnisses (beispielsweise Exklusivität gegenüber Allgegenwärtigkeit) und des Kommunikationsstils können Sie gar nicht überschätzen. Je nach Funktionsbereich kann ein besonderer Kommunikationsstil gewählt werden. Ein werbender und ausdrucksstarker Stil inklusive eigener „Testimonials" kann für eine Position im Marketing angebracht sein. Ein Motivationsschreiben für den Finanzbereich kann deutlich zahlenlastiger und pointierter sein. Im Motivationsschreiben können graphische Akzente gesetzt und der Persönlichkeit stärkeren Ausdruck verliehen werden. Vergessen Sie jedoch nicht: Genauso wichtig wie das, was Sie motiviert, ist das, was Sie können. Schlagen Sie daher eine elegante Brücke zu den besonderen Fertigkeiten und Eigenschaften, die Sie in Ihrem Werdegang erworben haben und die Sie im Lebenslauf und mit den beigefügten Zeugnissen dokumentieren. Vermeiden Sie es hierbei, nur generelle Qualifikationen aufzuzählen. Diese sind wichtig, jedoch selbstverständlich. Arbeiten Sie klar heraus, was Sie von Ihren Mitbewerbern unterscheidet und aufgrund welcher Erfahrungen Sie sich besser für diese Position eignen.

Nutzen Sie die Möglichkeit der Selbstvermarktung und laden Sie Ihre Bewerbung mit maximaler Bedeutung auf. Vermeiden Sie jedoch Übertreibungen, denn Ihre Qualitäten und Erfahrungen müssen sich in Lebenslauf und Zeugnissen widerspiegeln. Wählen Sie für die Gestaltung des Motivationsschreibens eine großzügige Formatierung; diese Seite darf in keinem Fall gedrängt wirken. Ein Motto (Claim) oder Ihre Kernbotschaft können durchaus als Titel- oder Ergebniszeile hervorgehoben werden.

Elektronisch oder klassisch?

Generell gilt es, hier den Wünschen der Unternehmen zu folgen und den Personalern die Arbeit so einfach wie möglich zu machen. Die Informationen hierzu finden Sie entweder auf der jeweiligen Internetseite des Unternehmens oder in den Unternehmensprofilen in unserem Buch. Der Grundsatz für die Erstellung Ihrer Bewerbung lautet: „Form und Inhalt perfekt, einheitlich und übersichtlich." Für alle Teile der Bewerbung gilt: „Null Toleranz gegenüber Tippfehlern!" Sie können kaum einen schlechteren ersten Eindruck hinterlassen. Tippfehler dokumentieren Oberflächlichkeit und deuten auf Bequemlichkeit des Bewerbers hin. Daher betrachten viele Personaler Tippfehler als K.o.-Kriterium. Außerdem gibt es klare Spielregeln für beide Kommunikationsformate und natürlich auch Möglichkeiten zur Differenzierung.

Bewerbung per E-Mail

Nahezu alle Unternehmen sind Online-Bewerbungen gegenüber aufgeschlossen; viele verlangen diese sogar. Prüfen Sie jedoch vorher die bevorzugte Form. Schicken Sie Ihre E-Mail aber nicht an eine allgemeingültige Info-Mailadresse des Unternehmens, sondern, wenn möglich, an eine konkrete Person. Sollten Sie bereits Arbeitnehmer sein, verwenden Sie nicht Ihre bisherige Dienstmail, sondern Ihre private. Die private Mailadresse sollte vernünftig und seriös sein; am besten eignet sich Vorname.Nachname@...

Die virtuelle Form der Kommunikation verlangt mindestens genauso viel Aufmerksamkeit und Professionalität wie die Papierform. Fehler im E-Mail-Text oder der Betreffzeile sind disqualifizierend. Verwenden Sie daher am besten keine Umlaute und Sonderzeichen wie „ß", da nicht alle E-Mail-Programme diese lesen und darstellen können - insbesondere, wenn Sie sich bei internationalen Konzernen bewerben. Halten Sie dieselben Höflichkeitsregeln wie bei der Papierform ein. Eine professionelle Qualität wird auch von den eingescannten Zeugnissen und Dokumenten erwartet. Achten Sie darauf, dass Sie eine geeignete Auflösung wählen, die hinreichend genau Graustufen und Grafiken wiedergibt (beispielsweise Firmenlogos oder Universitätswappen auf eingescannten Zeugnissen). Das ideale Format für Ihren E-Mail-Anhang ist Adobe-PDF. Mit dem Adobe-Distiller können Sie auch Ihr Anschreiben, Motivationsschreiben und Ihren Lebenslauf aus Word in PDF konvertieren. Fügen Sie, sofern nicht explizit etwas anderes gewünscht wird, Ihre gescannten Dokumente inklusive der Anschreiben zu einem PDF zusammen, damit die zuständigen Recruiter nicht erst zahlreiche Dokumente separat öffnen und drucken müssen. Verwenden Sie für Ihre Dokumente, die nicht im PDF-Format vorliegen, ein gängiges Komprimierungsprogramm wie zum Beispiel WinZip und komprimieren Sie Ihren Anhang, damit Sie nicht unnötig Mailboxen aufblähen, denn das weckt Zweifel an Ihrer Professionalität. Insgesamt sollte Ihre Mail ein Volumen von 1 MB nicht übersteigen. Jede Erleichterung und Vereinfachung im Prozess wird Ihnen gedankt und erhöht das Wohlwollen Ihnen gegenüber.

squeaker.net-Tipp: Tappen Sie nicht in die E-Mail-Datumsfalle. Unter Datei / Eigenschaft kann der Personaler lesen, wann die Datei von wem erstellt wurde. Senden Sie daher stets aktuelle und von Ihrem Rechner zuletzt bearbeitete Dokumente. Außerdem sollten Sie die Copy-Paste-Falle vermeiden. Standardanschreiben sind sowieso bedenklich. Lassen Sie daher gleich die Finger davon!

Bewerbung per Brief

Gestalten Sie Ihre Bewerbung im Papierformat so übersichtlich und handlich wie möglich. Wählen Sie eine einfache Bewerbungsmappe und keine komplexe multidimensionale Klappkladde, die sich nach allen Seiten öffnen lässt oder fest eingeheftete Dokumente beherbergt. Gehen Sie sparsam mit Klarsichtfolien um oder verzichten Sie gänzlich auf diese. Häufig werden Ihre Zeugnisse für die Zeit des Recruitingprozesses eingescannt oder zumindest für die Auswahlgespräche kopiert, so dass jedwedes zusätzliche Heften, Klappen, Sortieren unnötigen Mehraufwand bedeutet. Ordnen Sie die beigefügten Zeugnisse wie in Ihrem Lebenslauf chronologisch. Mit Eselsohren, Kaffeeflecken, Büroklammerrändern und Tackerspuren disqualifizieren Sie sich deutlich.

Das Anschreiben wird vom Unternehmen in jedem Fall einbehalten und liegt daher lose auf den zusammengehefteten Bewerbungsunterlagen auf. Eine schlichte Kopfzeile gehört in jedem Fall auf Ihren Brief. Diese sollte den vollständigen Namen und Anschrift inklusive E-Mail enthalten, denn damit ersparen Sie Ihrem Leser im Zweifel Arbeit. Sie können den Briefkopf selbst erstellen, indem Sie die Funktion „Kopf- und Fußzeile" verwenden. Grundsätzlich empfehlen wir den Brief nach DIN-Norm zu formatieren. Professionell gedrucktes Papier muss nicht sein.

Ein Laserausdruck ist mittlerweile Standard. Unscharfe, verzerrte oder verlaufende Tintenausdrucke sind inakzeptabel. Jeder Copyshop bietet Ihnen die Möglichkeiten des professionellen Ausdrucks, der guten Papiersortenwahl und einer PDF-Konvertierung. Sie müssen also keine großen Investitionen tätigen, sondern nur ein wenig Zeit aufwenden, damit Ihre ganz persönliche Ansprache den gewünschten Erfolg zeigt.

Do	Don't
Erläutern Sie mit Ihren eigenen Worten Ihre Motivation für die Position.	Verwenden Sie keine inhaltlosen Floskeln.
Schreiben Sie strukturiert, klar und prägnant.	Schreiben Sie keine Bandwurmsätze.
Machen Sie alle Angaben so präzise wie möglich und vermeiden Sie jedwede Mehrarbeit für den Personaler.	Begehen Sie keine Rechtschreib-, Interpunktions- oder Flüchtigkeitsfehler.
Verwenden Sie eine übersichtliche Adresszeile, in der Name, Anschrift, Telefon und E-Mail durch Trennzeichen klar zu erkennen sind.	Benutzen Sie keine unbekannten Abkürzungen.

Lebenslauf

Wählen Sie für Ihren Lebenslauf ein internationales Format, das heißt, dass Sie mit den aktuellsten Daten beginnen und auch im Anhang die Zeugnisse in gleicher Reihenfolge beifügen. Diese Struktur nennt man gegenchronologisch. Natürlich können Sie Ihren Werdegang auch chronologisch aufbauen. Die Hauptsache ist, dass die Darstellung einheitlich ist! Beachten Sie die squeaker.net-Faustregel: Je mehr Berufserfahrung Sie besitzen, desto wichtiger ist, dass Sie Bedeutsames und Zentrales voranstellen. Wir empfehlen Ihnen daher eher den gegenchronologischen Stil.

Zentral für die Lesbarkeit sind eine klare Struktur und saubere Formatierung. Entscheiden Sie sich bei Platzproblemen besser für eine Seite mehr als eine zu wenig. Erstellen Sie eine lesbare und übersichtliche Absatzverteilung, anstatt die Informationen zu drängen und eine überladene Seite abzugeben. Drei Seiten sind jedoch das absolute Maximum und müssen wirklich gerechtfertigt sein. Beschränken Sie sich auf das absolut Wesentliche. Allerdings sollte Ihr Lebenslauf auch nicht zu kurz sein, da das für den Personaler auf den ersten Blick auf wenige Kompetenzen und Erfahrungen hindeutet. Dadurch besteht die Gefahr, dass der Lebenslauf schnell für uninteressant befunden wird und keine Aufforderung zur intensiven Auseinandersetzung darstellt. Idealerweise umfasst der Lebenslauf zwei Seiten. Als Schriftgröße wählen Sie 10 bis 12 Punkt und beschränken sich bei der Formatierung auf Fett und Standard sowie Arial, Times oder Verdana. Unterlassen Sie bitte Experimente hinsichtlich Farben und Schriftarten, da diese im Zweifel eher ablenken als helfen.

Verwenden Sie griffige und aussagekräftige Überschriften. Überlegen Sie selbstkritisch, ob Ihre Gliederung nachvollziehbar ist und dem Leser die zentralen und wichtigen Punkte und Abschnitte direkt ins Auge springen. Verwenden Sie Überschriften als Signale. Außerdem sollten Sie kurze und präzise Beschreibungen ihrer Positionen als Trainee, Werkstudent, Praktikant oder Berufseinsteiger, Ihrer Aufgaben, Projekte und bisherigen Arbeitgeber wählen.

Ihre außeruniversitären beziehungsweise beruflichen Aktivitäten und vor allem Ihr soziales Engagement stellen Sie ebenfalls kurz dar und belegen es mit Beispielen, so dass sich der Leser etwas Konkretes darunter vorstellen kann. Je mehr eine solche Tätigkeit mit für den Beruf relevanten Kompetenzen verbunden ist, desto besser: Teamsportarten fördern das Gruppen- und Kommunikationsverhalten, Ausdauersportarten belegen das Durchhaltevermögen und die Hartnäckigkeit, mit der Sie sich einsetzen. Mit diesen wichtigen Aktivitäten dokumentieren Sie breite Kompetenz, Werte und Engagement für Ihre Umwelt und nicht rein karrierebezogene Interessen.

Gestaltung des CV

„Bei der Zusammenstellung der CV - Daten sollte grundsätzlich darauf geachtet werden, dass eine sehr übersichtliche Form entsteht; wir wollen uns weder in der Fülle der Informationen verlieren, noch in die Interpretation wenig aussagekräftiger CVs einsteigen. Für uns bei Henkel ist insbesondere wichtig, dass wir schnell erkennen, wo das Studium abgelegt wurde, welche internationale Erfahrung bereits gesammelt wurde, welche Praktika im Rahmen des Studiums abgeleistet wurden. Daher sollte jeder Bewerber verstärkt darauf achten, genau diese Informationen auch entsprechend prominent zu platzieren."

Markus Dinslacken, HR-Manager, **Henkel**

Die so genannte dritte Seite bietet besonderen Gestaltungsfreiraum: Eine Möglichkeit, angenehm aufzufallen, besteht darin, die für die Position wesentlichen Erfahrungen und Fähigkeiten auf einer dritten Seite zusammenzufassen. Die Auswahl Ihrer zusätzlichen Informationen und Erfahrungen sollten Sie genauestens auf den Job zuschneiden und nicht mit wahllosen Angaben zu Auszeichnungen, Preisen und Interessen den Leser überfrachten.

Vermeiden Sie auch eine reine Wiederholung der im Lebenslauf bereits dargestellten Qualifikationen: Sie ist hier nicht gefragt. Stellen Sie in Ihrem Kompetenzbericht dafür im Detail Ihre erworbenen Fähigkeiten dar und belegen Sie, wie Sie diese Fertigkeiten weiterentwickelt haben und wie professionell Sie in dieser Hinsicht sind. Schreiben Sie diese Seite am besten im Fließtext.

Bedenken Sie bei der Verwendung einer dritten Seite, dass sie dem oben beschriebenen Motivationsschreiben sehr ähnlich ist und daher diese Seite ersetzen würde; Sie könnten ansonsten die Bewerbung überfrachten. Die dritte Seite ist ein Bonus, der nicht zwingend erforderlich ist und nur Ihrer Profilierung dient. Daher sollten Sie größte Mühe darauf verwenden, hier tatsächlich zu punkten und nicht als „Zeitverschwender" angesehen zu werden. Der Aufbau Ihrer Bewerbung kann daher folgendermaßen ausfallen:

1. Ausführliches Anschreiben, Lebenslauf (1 bis 2 Seiten)
2. Ausführliches Anschreiben, Lebenslauf (2 Seiten), „Dritte Seite"
3. Kurzes Anschreiben, Motivationsschreiben, Lebenslauf (2 Seiten)

Grundsätzlich sind sowohl Anordnung als auch Aufbau eine Frage des persönlichen Geschmacks; dabei sollten Sie beachten, dass Ihre Bewerbung in jedem Fall zu Ihnen passt. Versuchen Sie aus dem Stil der Unternehmenskommunikation auch zu erkennen, welche Variante den besten Fit zum Unternehmen verspricht. Bei allen drei Varianten folgt der Anlagenteil als Anhang. Bitte schlagen Sie für einige beispielhafte Muster zur Gestaltung der dritten Seite im Unterkapitel Differenzierungsmöglichkeiten nach.

2. Anlagen

In vielen Bewerbungsmappen ist der Anlagenteil ein Irrgarten aus Zeugnissen und Qualifikationsnachweisen. Heben Sie sich ab, indem Sie Ihren Anlagen eine eingängige Struktur und die passende Auswahl an Dokumenten beifügen.

Generell gilt, dass die Zeugnisse und Bescheinigungen all diejenigen Tätigkeiten und Leistungen widerspiegeln, die Sie im Anschreiben, Motivationsschreiben und Lebenslauf angepriesen haben. Alle für die Jobbewerbung relevanten Praktika, Berufserfahrungen und Zusatzqualifikationen sollten Sie bescheinigen, sie müssen deckungsgleich mit denen im Lebenslauf sein. In Lebenslauf und Anlagen sollten vor allem die Stationen des Werdegangs stehen, die mit dem zukünftigen Job in Verbindung gebracht werden können. Machen Sie von dieser Regel nur im Falle von beruflichen Richtungswechseln eine Ausnahme, da hier im Falle der Nichterwähnung Lücken oder Fragen auftauchen.

squeaker.net-Tipp: Unterschätzen Sie nicht Ihre bisherigen Erfahrungen und Kompetenzen. Grundsätzlich ist jede Qualifikation, die Sie erworben haben, ein Beweis Ihrer Leistungsfähigkeit und -willigkeit und somit gewissermaßen ein weiteres Verkaufsargument. Prinzipiell sind sogar völlig berufsfremde Tätigkeiten ein Beweis Ihrer Einsatzbereitschaft und Beleg für Ihre Vielseitigkeit. Dennoch sollten Sie Ihr Profil prägnant und übersichtlich gestalten und sich dabei vor allem auf die Schlüsselqualifikationen konzentrieren, die für die Position, das Unternehmen und die Branche relevant sind. Ermöglichen Sie es dem Leser, die wesentlichen Aussagen schnell zu erfassen. Sie können beispielsweise einen zweispaltigen Aufbau wählen, in dem Sie Ihre Kompetenzen in einer Spalte den Stellenanforderungen in der anderen Spalte gegenüberstellen und diese kurz beispielhaft dokumentieren. Ziel ist eine deutliche Kommunikation Ihrer Fähigkeiten und eine Argumentation, warum gerade Sie für diese Position geeignet sind; belegen und erklären Sie!

Ausbildungszeugnisse gehören grundsätzlich genauso zu den Bewerbungsunterlagen wie Abitur- und Hochschulzeugnis, es sei denn, dass hierauf ausdrücklich verzichtet wird. Belegen Sie Ihr Arbeitsleben grundsätzlich lückenlos und unterschlagen Sie keine schlechten oder mäßigen Zeugnisse, da hinter Lücken nichts Gutes vermutet wird. Stattdessen überlegen Sie sich besser eine gute Antwort auf entsprechende Fragen im Bewerbungsgespräch.

Im Allgemeinen ordnen Sie die Anlagen der Struktur im Lebenslauf entsprechend. Wählen Sie hierbei ruhig die internationale Version, indem Sie die jüngsten, also aktuellsten Nachweise zuerst darstellen und auch als erste beifügen. Wenn Sie mehr als fünf Blätter beilegen, dann geben Sie eine dezente Navigationshilfe, indem Sie ein Deckblatt mit Inhaltsverzeichnis voranstellen. Fügen Sie alle Dokumente stets im DIN-A4-Format und einseitig bedruckt bei, damit sie, auch nachdem sie kopiert worden sind, einheitlich und vollständig in der gewünschten Reihenfolge wahrgenommen werden. Bitte schlagen Sie für Beispiele bei Bedarf im Unterkapitel Differenzierungsmöglichkeiten nach. Zeugnisse von Auslandsaufenthalten (Studien oder Praktika), die weder in Deutsch noch in Englisch verfasst sind, sollten Sie übersetzen (lassen), es sei denn die Sprache ist als Unternehmenssprache anerkannt. Wichtige Dokumente lassen Sie vom Diplom-Übersetzer übertragen und beglaubigen, weniger wichtige Bescheinigungen (zum Beispiel Sprachzeugnis) fassen Sie selbst in einer kurzen Notiz zusammen.

Do	**Don't**
Benutzen Sie eine einheitliche und klare Formatierung für das gesamte Dokument.	Begehen Sie keine Rechtschreib-, Interpunktions- oder Flüchtigkeitsfehler.
Verwenden Sie ausschließlich bekannte Standardschriften und Dateiformate.	Verzichten Sie auf unbekannte Abkürzungen. Vermeiden Sie Wiederholungen.
Geben Sie bei Ihren Studien stets Anfangszeitpunkt, Dauer (Monat / Jahr), Universität (Name / Ort), Studienfächer, Schwerpunktfächer an und Ihre Noten (durchgängig).	Lassen Sie keine Zeiträume offen oder unerklärte Lücken entstehen. Entscheiden Sie sich für eine strikte chronologische oder gegenchronologische Darstellung.
Abschlussnoten führen Sie im Lebenslauf auf, Zwischennoten auf den Zeugnissen im Anhang.	Angaben zur Grundschule, Beruf der Eltern, Geschwister oder Religion lassen Sie weg.
Praktikumsangaben: Skizzieren Sie Ihre Aufgaben und Funktion grob mit Stichworten.	Benennen Sie Ihre Hobbies genau und verzichten Sie auf allgemeine Kategorien wie Sport oder Lesen.
Ihr Lebenslauf ist mit Datum und Unterschrift abzuzeichnen.	Versenden Sie keine zu großen Anhänge.

3. Differenzierungsmöglichkeiten und Initiativbewerbung

Sie finden in den folgenden Beispielen Anregungen für die Gestaltung der so genannten dritten Seite sowie Tipps und Hinweise zur dezenten aber entscheidenden Profilschärfung. Das erste Beispiel gibt dem Personaler wertvolle Zusatzinformationen, indem die praktischen Erfahrungen und Fähigkeiten mit Branchenbezug herausgearbeitet und illustriert werden.

Erfahrungen und Fähigkeiten für die Konsumgüterindustrie

Durch meine Praktika bei großen Unternehmen der Konsumgüterindustrie habe ich ein tiefes Branchenverständnis gewonnen. Meine Tätigkeiten bei Procter& Gamble, Genf im Marketing für Hair Care Products und bei Unilever, Rotterdam im Key Account Management Body Care haben es mir ermöglicht, den Kosmetikmarkt in verschiedenen Segmenten und Ländern kennen zu lernen. Dabei habe ich aufgrund intensiver Kundenkontakte im Key Account Management und detaillierter Marktforschung im Rahmen eigenverantwortlicher Projekte meine Qualifikationen vertieft und erweitert, die mich sehr gut auf die Tätigkeiten in Ihrem Hause vorbereiten.

- **Analytische Fähigkeiten**: Im Rahmen von Business Analysen zur Strategieentwicklung habe ich Daten von AC Nielsen zur Erstellung von Marktanteils-Marktwachstums-Matrizen im Rahmen einer Wettbewerbsanalyse durchgeführt. Hierbei habe ich europäische Marktdaten auf Produkt- und Kategorieebene nach Märkten und Wettbewerbern in einer Wachstumsanalyse zusammengeführt und ausgewertet.

- **Verhandlungsführung**: Der direkte Kundenkontakt durch Kundenbesuche und Verhandlungen im Rahmen von Produkt-Relaunches an der Seite des Key Account Managers für Body Care hat mir zusätzlich zum Grundlagenseminar „Verhandlungsführung" weitergehende Praxis zu psychologischer Verhandlungsführung vermittelt.

- **Stressresistenz und Teamfähigkeit**: Die Markteinführung von neuen Produkten im Bereich Hair Care hat dem gesamten Team eine intensive Arbeitszeit abverlangt. Als Praktikant habe ich das Team während der gesamten Einführungsphase unterstützt und insbesondere Key Account Management und Category Management selbständig in zentralen Fragen betreut.

- **Fachwissen und Erfahrung im Marketing**: Die Praktika in der Konsumgüterindustrie und die Vertiefungsfächer Handelswissenschaft und Marketing sowie Wirtschaftspsychologie bilden auf praktischer wie auf wissenschaftlicher Seite eine sehr gute Ergänzung und haben mich auf meinen Start in Ihrem Unternehmen intensiv vorbereitet.

Eine alternative Form der dritten Seite zeigt dieses Beispiel als eine Zusammenfassung Ihrer Person mit Bezug zu Stationen ihres Lebenslaufes.

Zusammenfassung

Ich bin — ein positiv eingestellter Mensch mit großer geistiger Offenheit und dem notwendigen Selbstvertrauen, die Herausforderungen, die sich mir stellen, anzugehen. So habe ich den studentischen Wirtschaftskongress zum Thema ... mitgestaltet und das Ressort Marketing geführt. Hier habe ich meine Fähigkeit, mich und andere zu bewegen, erprobt und vertieft.

Mein Lebensmotto lautet: „Wo ein Wille ist, ist auch ein Weg." Das Ziel, bei dem Wirtschaftkongress 400 Studenten und Manager zusammenzuführen, hielten viele für unrealistisch. Aber durch Umsetzungsstärke und professionelles Marketing hat mein Team es geschafft. Ich habe nun meinen Weg zu Ihnen gefunden und würde mich über eine Gelegenheit freuen, Sie persönlich von meiner Qualifikation für die Position als ... zu überzeugen.

Ich kann — meine gesetzten Ziele erreichen und dank meiner Leistungsbereitschaft anfallenden Stress als positiven Anstoß erleben und daraus zusätzlichen Antrieb für mich gewinnen. Mein Studium habe ich unter der Regelstudienzeit abgeschlossen und damit gezeigt, dass ich Ziele erreiche, ohne dabei andere Dinge aus den Augen zu verlieren. Ich habe zwei Jahre im Studentenparlament mitgearbeitet und in der Organisation ... Auslandspraktika für Studenten mitorganisiert sowie Sponsorengespräche und -verhandlungen geführt.

Ich will — in Ihrem Unternehmen dazu beitragen, dass ... Das Marketing Ihres Unternehmens hat einen sehr guten Ruf, und ich möchte mit Ihnen die Herausforderungen in den heutigen Märkten meistern und die Märkte von morgen mitgestalten.

Ich freue mich auf ein persönliches Kennenlernen!

Datum, Unterschrift

squeaker.net-Tipps zur Formatierung Ihres Lebenslaufes:

- Verwenden Sie einen leicht lesbaren und gängigen Schrifttyp (Arial, Verdana, Times New Roman) und bleiben Sie bei der gewählten Schriftart.
- Benutzen Sie die Formatierung mit Fett und Kursiv bitte nur sparsam. Verzichten Sie auf Unterstreichung, da es sich hier um ein Relikt aus Schreibmaschinenzeiten handelt.
- Verwenden Sie den einfachen Zeilenabstand und setzen Sie höchstens 30 Zeilen pro Seite.
- Geben Sie Ihrem Lebenslauf eine klare Struktur, heben Sie Gliederungsebenen hervor. Trennen Sie Gliederungspunkte mit zwei Leerzeilen und Stationen innerhalb eines Gliederungspunktes mit einer Leerzeile oder Abstandsvergrößerung voneinander.

Weitere Differenzierungsmöglichkeiten

Wenn Ihnen die beschriebene Abweichung von der Standardform noch nicht ausreichend erscheint, dann können Sie eine CD oder DVD mit Ihrer Bewerbung brennen. Gehen Sie hierbei allerdings mit größtmöglicher Vorsicht vor. Natürlich brennen Sie nicht einfach Ihre Dokumente darauf, sondern binden diese in eine hochkarätige Powerpointpräsentation ein. Farben, Grafiken, Fotos können hier zu einem individuellen Lebensweg zusammengefügt werden und bedeutende Etappen, die Sie für diesen Job qualifizieren, können gezielt herausgestellt werden. Diese ausgefallene Form der Bewerbung ist nicht nur für Sie aufwendig, sondern auch zeitintensiv für den Recruiter. Überlegen Sie deshalb gut, wem Sie eine solche Bewerbung zusenden. Wenn Sie allerdings glauben, diese Form sei nur in Kreativbereichen angebracht, dann haben Sie sich getäuscht. Haben Sie schon mal daran gedacht, einem Finanzvorstand eine illustrierte Grafik mit der Wertakkumulation Ihres Humankapitals während Ihres Studiums zu präsentieren? Für die Bewerbung in einer Strategieabteilung könnten verschiedene Strategietools auf Ihren Werdegang bezogen werden: SWOT-Analyse Ihrer Person, strategischer Fit zwischen Ihnen und der ausgeschriebenen Position.

Lassen Sie Ihren Gedanken freien Lauf und versuchen Sie, sich in die Menschen hineinzuversetzen, die Ihre Bewerbung lesen.

Eine Form der Differenzierung ist sicherlich ein professioneller Internetauftritt. Er bietet vor allem Young Professionals eine gute Möglichkeit, bisherige Stationen Ihres Lebensweges, Veröffentlichungen (Diplomarbeit, Dissertation, Forschungsberichte etc.) und bisherige Arbeitgeber interaktiv zu verknüpfen und so eine ganzheitliche Präsentation von sich zu bieten. Seien Sie hierbei jedoch vorsichtig, welche Daten Sie freischalten und wem Sie diese zugänglich machen. Außerdem sollten Sie den Umfang der angebotenen Informationen im Rahmen halten und vor allem eine klare Struktur bieten.

Ähnliche Möglichkeiten bietet ein Weblog. Dies ist ein Online-Tagebuch oder Themenjournal, das grundsätzlich jeder einsehen und kommentieren kann. In den USA, dem Mutterland der Blogs, entwickeln sich diese seit wenigen Jahren zum Renner unter den Kommunikationsforen und -formen im Internet. Das Geheimnis des Erfolgs ist ihre Authentizität, Aktualität und der hohe Informationsgehalt. In einem Blog kommentieren Sie Tagesgeschehen und Trends oder widmen sich einem Spezialgebiet. Besetzen Sie ein Nischenthema und schärfen Sie damit Ihr Profil. Ein Weblog über Ihre Erfahrungen im Guerillamarketing für eine Fitnessstudiokette, Promotions oder ähnliches kann dem Personaler oder Marketingmanager schnell und eindrucksvoll Ihre Kenntnisse über ein Themengebiet oder eine Zielgruppe liefern. Ein Blog über den Verlauf Ihres Promotionsvorhabens und eine entsprechende Vernetzung mit anderen Forschenden kann die Ernsthaftigkeit und strukturierte Vorgehensweise Ihres Projektes belegen und Einblicke in Ihre Arbeitsweise geben. Außerdem lassen sich Rückschlüsse auf Ihren Charakter ziehen. Überlegen Sie sich gut, ob diese Form für Sie in Frage kommt. Sicherlich bedarf es einiger Übung und journalistischer Qualitäten, aber auch der unbedingten Einhaltung einiger Spielregeln. Beachten Sie, dass Sie in Ihrem Blog keine Betriebsinterna wie etwa Organisation, Finanzen oder ähnliche vertrauliche Informationen ausplaudern. Die große Chance liegt sicher in dem Netzwerkeffekt: Sie besetzen ein Nischenthema, treten mit Spezialisten in Kontakt und steigern so Ihre Bekanntheit.

Tipps zur Gestaltung und Differenzierung

Sie sollten beim Layout Ihres Anschreibens darauf achten, dass die einzelnen Komponenten gleichmäßig auf der Seite verteilt sind. So vermeiden Sie ein kopf- oder fußzeilenlastiges Erscheinungsbild.

- Deckblatt: Eine gern gesehene Alternative zur gestalterischen Auflockerung ist ein ansprechendes Deckblatt, auf dem Sie Ihr Foto und Ihre persönlichen Daten übersichtlich und großzügig anordnen. Das spart Ihnen wertvollen Platz auf dem Lebenslauf.

- Absender: Schreiben Sie Ihren Vornamen stets aus, da dies sympathischer, weil persönlicher wirkt. Ersparen Sie Ihrem Leser unnötiges Nachblättern, indem Sie Ihre Adresse im internationalen Format in der Kopfzeile aufführen.

- Datum/Ortsangabe: Die Ortsangabe steht rechtsbündig mit einem Abstand von einer Leerzeile unter der Adresse.

- Betreffzeile: Verzichten Sie auf den veralteten Ausdruck „Betreff" am Anfang dieser Zeile. Eine prägnante Betreffzeile beinhaltet im Fettdruck entweder die Headline der Anzeige, Medium und Erscheinungsdatum oder im Falle einer Initiativbewerbung den gewünschten Funktionsbereich und Ihre Verfügbarkeit sowie natürlich die Kennzeichnung als Initiativbewerbung.

- Anrede: Vermeiden Sie im Anschreiben eine allgemeine Anrede. Identifizieren Sie Ihren direkten Ansprechpartner, an den Sie sich auch bei Nachfragen wenden, und sprechen Sie ihn mit seinem Namen an.

- Bewerbungstext: Präsentieren Sie sich im Kern Ihres Anschreibens in maximal fünf Sinnabschnitten, die jeweils nicht länger als drei bis fünf Zeilen sind. Alternativ verfassen Sie den Textteil extrem kurz und verlagern den Bewerbungstext in das Motivationsschreiben.

- Schlussformel und Unterschrift: Die Grußzeile steht eine Leerzeile unter dem abschließenden Satz des Textteils. Wiederholen Sie Ihre Unterschrift mit Vor- und Zunamen maschinenschriftlich.

- Anlagen: Der Anlagenhinweis wird eine Leerzeile unter der gedruckten, maschinenschriftlichen Unterschrift aufgeführt und umfasst in entsprechender Reihenfolge die thematischen Anlagen: Motivationsschreiben, Lebenslauf, Zeugnisse.

Zehn Sekunden entscheiden! Sie haben gut zehn Sekunden Zeit, um die Aufmerksamkeit des Personalers auf sich zu ziehen. Verlieren Sie keine Zeit mit Floskeln, sondern stellen Sie Ihre persönliche Motivation, Ihre Fähigkeiten und Ihren Nutzen für das Unternehmen eindrucksvoll dar. Bringen Sie exemplarisch möglichst greifbare und konkrete Erfolge und Erfahrungen, die Sie qualifizieren.

Initiativbewerbung

Ein gutes Anschreiben für Initiativbewerbungen erfordert gründlichste Informationssuche und -auswertung. Beachten Sie die Goldene Regel: 75 Prozent Vorbereitung und 25 Prozent Ausführung. Es empfiehlt sich, Anzeigen des Zielunternehmens zu sammeln und hinsichtlich der gewünschten Anforderungen auszuwerten; als Quelle sind die Anzeigendienste der Zeitungen hilfreich. Verwenden Sie viel Zeit für die Recherche auf den Internetseiten des Unternehmens und lernen Sie Unternehmenskultur, -profil und -anforderungen kennen, indem Sie auch zwischen den Zeilen lesen und den Gesamteindruck sowie die Gestaltung auf sich wirken lassen. Ausführliche Informationen über die Top-Player der Konsumgüterindustrie erhalten Sie bei squeaker.net im exklusiven Karriereportal. Aktuelle Unternehmensnachrichten können Sie leicht über das Handelsblatt (Online-Suchdienst), Börseninformation oder den Brancheninformationsdienst erhalten. Ebenso sinnvoll ist es, Geschäfts- und Quartalsberichte zu studieren. Außerdem sind Freunde und Bekannte immer eine gute Quelle. Haben Sie bei Initiativbewerbungen besondere Geduld. Seien Sie nicht von Antwortzeiten, die bis zu sechs Wochen betragen können, überrascht. Wenn die Bewerbung positiv ankommt, wird Sie von den relevanten Fachabteilungen geprüft. Erst danach kann die Personlabteilung Sie zum Vorstellungsgespräch einladen. Eine Eingangsbestätigung hingegen sollten Sie in jedem Fall erfragen.

II. Testformate

Die Konsumgüterindustrie hält entsprechend der bestehenden Vielfalt an Aufgaben und Funktionen ein umfangreiches Arsenal an Testformaten und Prüfungsverfahren bereit, die allesamt dem Zweck dienen, Sie als Persönlichkeit mit all Ihren Fähigkeiten und Eigenschaften hinsichtlich eines bestimmten Berufsprofils zu beurteilen. Besonders verbreitet und beliebt sind Gruppenübungen, Präsentationen und Kundengespräche wegen der Wichtigkeit von Kommunikation, Kundenkontakt und Teamarbeit in der Branche. Die Übungen sind meist in einem Assessment Center oder Recruiting Day zusammengefasst. Außerdem verlangen nahezu alle Unternehmen einen Persönlichkeitstest sowie einen Test zu sprachlichen und mathematischen Fähigkeiten.

Der Schlüssel zum Erfolg liegt in einer optimalen Vorbereitung auf die Tests. Die wichtigste Vorbereitung ist, mit größtmöglicher Gelassenheit in diese Testsituationen zu gehen. Naturgemäß sind Sie umso gelassener, je routinierter und erfahrener Sie im Umgang mit den Tests sind und je besser Sie über die bevorstehenden Testsituationen Bescheid wissen.

Daher bieten wir Ihnen einerseits eine umfangreiche Aufgabensammlung mit vielen Originalaufgaben, Musterlösungen und Trainingsaufgaben sowie Insider-Tipps von erfahrenen Personalmanagern und Berufseinsteigern bei den Top-Unternehmen an. Sie erhalten dadurch einen großen Informationsvorsprung und gewinnen an Gelassenheit. Wir empfehlen: Trainieren Sie ausreichend und rechtzeitig und nutzen Sie die unternehmensspezifischen Informationen zu Tests und Bewerbungsverfahren im dritten Kapitel dieses Insider-Dossiers.

1. Persönlichkeitstests

Diese Testverfahren skizzieren mittels psychometrischer Verfahren Ihre Charakterzüge, und vermitteln dem Arbeitgeber, wie es um die folgenden Persönlichkeitsdimensionen bestellt ist:

- emotionale Stabilität: Ausgeglichenheit, Selbstbewusstsein, Gelassenheit, Aggressivität
- soziale Intelligenz: Kontaktfähigkeit, Durchsetzungsvermögen, Anpassungsfähigkeit
- Leistungsverhalten: Pflichtbewusstsein, Ehrgeiz, Zielstrebigkeit, Energie

Persönlichkeitstestverfahren gewinnen in der Konsumgüterindustrie zunehmend an Bedeutung sowohl bei der Kandidatenauswahl als auch bei der Personalentwicklung. Inzwischen testet mindestens ein Viertel der Unternehmen in der Konsumgüterindustrie – bei den Top-Unternehmen ist dieser Anteil viel höher – die Soft Skills der Bewerber mit dem Ziel, die am besten passenden Kandidaten zu finden; beispielsweise gewissenhafte Analytiker im Finanzwesen und extrovertierte Verkäufertypen im Außendienst, die darüber hinaus auch zu der Unternehmenskultur passen sollen. Sie finden detaillierte Informationen zu den Persönlichkeitstestverfahren der Top-Unternehmen im Kapitel Unternehmensprofile.

Es gibt zwei grundsätzlich verschiedene Gruppen von Testverfahren. Die so genannten projektiven Testverfahren verlangen vom Kandidaten die Interpretation einer grafischen Darstellung oder Situationszeichnung. Wenn in einer solchen Abbildung beispielsweise ein Vorgesetzter seinen Mitarbeiter wütend zu Recht weist, gibt es verschiedene Sprechblasen mit Aussagen, die der Bewerber dem Mitarbeiter quasi in den Mund legen kann. Die Aussagenauswahl gibt zu erkennen, wie Sie in einer solchen Situation reagieren und was Sie entgegnen würden. Daraus werden Rückschlüsse auf Ihre Persönlichkeit gezogen.

Die „Fragebogentests" verlangen vom Bewerber die Bearbeitung beziehungsweise Beurteilung von hundert und mehr meist sehr persönlichen Fragen beziehungsweise Aussagen mit „stimmt", „stimmt nicht" oder „zweifelhaft". Die Tests erfordern genaues Lesen und hohe Konzentration, da durchweg Kontrollfragen eingebaut sind, um konsistentes Antwortverhalten zu prüfen und Manipulation zu verhindern. Die meisten Top-Unternehmen verwenden professionelle Testverfahren, die von Psychologen entwickelt und von Instituten angeboten werden. Im Folgenden stellen wir Ihnen die am weitesten verbreiteten vor:

Occupational Personality Questionnaire (OPQ)

Der OPQ von dem weltweit führenden Testanbieter Saville & Holdsworth (SHL) ist eines der anerkanntesten Verfahren für die Auswahl und Platzierung von Mitarbeitern. Der Test umfasst 90 Fragen und Aussagen, die auf einer fünfstufigen Skala von „stimme voll zu" bis „stimme überhaupt nicht zu" beantwortet oder bewertet werden müssen. Aus Ihren Antworten werden 30 Eigenschaften ermittelt, die den drei Bereichen zwischenmenschliches Verhalten, Denkstil und Motivation zugeordnet werden. Die Bearbeitung des Tests dauert ungefähr 45 bis 60 Minuten. Die Ergebnisse sind transparent und sehr differenziert. Der Test wird grundsätzlich sehr genau auf das Unternehmen und die zu besetzende Position zugeschnitten. Der Persönlichkeitsfragebogen kann wahlweise online oder paper-based bearbeitet werden.

squeaker.net-Tipp: Sehr empfehlenswert ist es, einen OPQ einmal vorab zu trainieren. SHL bietet dazu auf der Internetpräsenz ausreichende Möglichkeiten für Bewerber. Sie können sogar Career Guidance von den SHL-Experten erhalten und finden umfangreiche Tipps zur Bewältigung der Testverfahren unter:
→ www.shldirect.com

Außerdem bieten SHL und die Karriereplattform monster gemeinsam einen vollständigen OPQ an sowie weitere karriere- und testrelevante Informationen:
→ www.monster.co.uk/assessment

Bochumer Inventar zur berufsbezogenen Persönlichkeitsbeschreibung (BIP)

Ein weiteres im europäischen Raum wissenschaftlich anerkanntes und vielfach genutztes Testverfahren ist das Bochumer Inventar zur berufsbezogenen Persönlichkeitsbeschreibung. Auf Basis von 251 Fragen beziehungsweise Aussagen werden 17 Persönlichkeitseigenschaften wie Führungsmotivation, Kontaktfähigkeit, Analyseorientierung oder Belastbarkeit der Bewerber erforscht. Diese Persönlichkeitseigenschaften und die entsprechenden Fragestellungen sind allesamt berufsbezogen und werden vier Persönlichkeitsbereichen zugeordnet: berufliche Orientierung, Arbeitsverhalten, soziale Kompetenzen, psychische Konstitution.

Ihre Antworten und Bewertungen zu den Aussagen müssen Sie auf einer fünfstufigen Skala von „trifft voll zu" bis „trifft überhaupt nicht zu" ankreuzen. Nachfolgend finden Sie einige beispielhafte Testfragen aus dem BIP und Bearbeitungshilfen für die Beantwortung:

- *In Diskussionen wirke ich ausgleichend.*
  Als Manager sollten Sie natürlich die Interessen des Unternehmens und Ihren Standpunkt vertreten können, jedoch dabei nicht das Ziel einer Problemlösung im Rahmen einer fairen Zusammenarbeit und Diskussion aus den Augen verlieren.

- *Wenn ich unter starkem Druck stehe, reagiere ich gereizt.*
  Als Nachwuchsführungskraft erwartet man von Ihnen ein hohes Maß an Selbstbeherrschung und Gelassenheit in allen Situationen. Sie würden selbstverständlich bei dieser Frage mit „trifft nicht zu" antworten.

- *Ich folge lieber spontanen Einfällen, anstatt systematisch zu planen.*
  Rufen Sie sich die Stellenbeschreibung und das dazugehörende Anforderungsprofil in Erinnerung. Wenn Sie eine sehr gewissenhafte, analytische Stellung im Finanzbereich anstreben, sollten Sie wohl eher ablehnen. Je mehr Freiräume Ihre zukünftige Position bietet, desto eher können Sie Ihre kreative Seite betonen.

squeaker.net-Tipp: Wir empfehlen Ihnen, den Persönlichkeitstest einmal auszuprobieren. Ausführliche Informationen zum Test sowie zu den Teilnahmemodalitäten erhalten Sie im Internet unter: → www.testentwicklung.de/bip.htm

Myers-Briggs-Typenindikator (MBTI)

Der MBTI erforscht anhand von über 100 Fragen die Persönlichkeitsstruktur der Bewerber und ordnet Sie anhand von vier Bewertungsdimensionen einer von sechzehn Persönlichkeitskategorien zu. Abschließend wird festgestellt, ob der Bewerber dem Anforderungsprofil (inklusive der MBTI-Typenanforderung) entspricht. Auf diese Weise kann die Team- oder Abteilungszusammenstellung nach bestimmten Typenmustern erfolgen. Die Ausprägungen dieser vier Dimensionen sind:

- extrovertiert (E) – introvertiert (I): Neigung zur Orientierung und Verarbeitung von Ergebnissen mit und in der Umwelt (extrovertiert) oder unter Ausschluss der Umwelt und für sich allein (introvertiert).

- sinn-orientiert (S) – intuitiv (N): Ausprägung und Nutzung des gesunden Menschenverstandes verbunden mit realistischen und pragmatischen Einstellungen (sinn-orientiert) oder der Intuition verbunden mit Spontanität und Experimentierfreudigkeit.

- denkend (T) – fühlend (F): Logisch-analytische Denkstruktur (denkend) oder reflexives Vorgehen und Überlegen (fühlend).

- urteilend (J) – wahrnehmend (P): Handlungsweisen basierend auf beherrschbaren Tätigkeiten, Kontinuität, Arbeit (urteilend) oder spontane und flexible Arbeitsweisen verbunden mit geringer Tendenz zur eindeutigen Festlegung (wahrnehmend).

Mittels einer Kombination dieser Ausprägungen erfolgt die Zuordnung zu einer aus sechzehn Persönlichkeitskategorien, die jeweils in einer Buchstabenkombination beschrieben sind und die vorherrschenden Charaktereigenschaften ausdrücken:

Sinn-orientiert		intuitiv		Myers-Briggs-Type-Indicator	
denkend	fühlend	denkend	fühlend		
ISTJ	ISFJ	INFJ	INTJ	urteilend	introvertiert
ISTP	ISFP	INFP	INTP	wahrnehmend	
ESTJ	ESFJ	ENFJ	ENTJ	urteilend	extrovertiert
ESTP	ESFP	ENFP	ENTP	wahrnehmend	

Die Kombination ISTJ sagt beispielsweise aus, dass die Person charakterlich introvertiert und sinn-orientiert handelt bei durchdachtem Vorgehen und Urteilsfähigkeit. Empirische Untersuchungen haben ergeben, dass die Mehrzahl der Führungskräfte in die Persönlichkeitsgruppen ISTJ oder ESTJ fallen. So entsprechen Beschreibungen von Berufsprofilen eher diesen Typen, denen ausgeprägte sinnorientierte, denkende und urteilende Handlungsmuster zu Grunde liegen. Das Ergebnis wird durch prozentuale Gewichtung der Einzelkomponenten differenziert.

Lösungsstrategien für Persönlichkeitstestverfahren

Es gibt bei Persönlichkeitstests keine richtigen oder falschen Antworten, sondern nur solche, die Ihren Charakter erfassen und zeigen, ob Sie dem Anforderungsprofil der angestrebten Position gewachsen sind. In der Regel wird vor allem eine positive Lebenseinstellung und Konsensfähigkeit erwartet. Kritisch sind daher meist polarisierende Extremantworten. Können Sie keiner Antwort zustimmen, dann wählen Sie unbedingt die Enthaltung „weiß nicht". Diese ist in jedem Fall besser als eine Falschaussage. Es kann vorkommen, dass Ihnen einige Antwortmöglichkeiten extrem und unzutreffend vorkommen. Da es hierbei grundsätzlich um Tendenzaussagen geht, können Sie ruhigen Gewissens die zutreffendere Antwort auswählen.

Wegen der immensen Bedeutung des Persönlichkeitstests sollten Sie ihn sehr ernst nehmen und gewissenhaft ausfüllen. Meist werden Sie diesen Test zu Hause per verschlüsseltem Link online durchführen. Stellen Sie sicher, dass Sie absolut ungestört sind und sich durch nichts und niemanden ablenken lassen, damit Sie konsistent auf die Fragen antworten können.

Satzergänzungstest

Dieser Test wird häufig mit Kreativitätstests verwechselt oder bewusst unter dem Deckmäntelchen eines Kreativitätstests durchgeführt. Es handelt sich um einen Persönlichkeitstest mit großem Interpretationsspielraum bezüglich Ihrer Antworten. Sie erhalten Satzanfänge und werden gebeten, den unvollständigen Satz entsprechend Ihrer Vorstellung zu beenden. Viele Sätze beziehen sich entsprechend deutlich direkt auf Ihre grundsätzliche Einstellung oder Auffassung:

- Ich möchte gerne ...
- Ich wollte schon immer ...
- Ich fürchte ...
- Ich mag es nicht, wenn ...

Des Weiteren kann es zu grundsätzlichen Fragen Ihrer Einstellung oder Einschätzung kommen, die über Pauschalaussagen getätigt werden:

- Fremde Menschen sind ...
- Vorgesetzte sind ...
- Meine Kollegen sollten ...
- Marketing Manager müssen ...

Das Ziel dieses Testverfahrens ist es, Ihre Gedanken, Statements, Meinungen etc. kennen zu lernen und den vervollständigten Teil zu interpretieren und so Rückschlüsse auf Ihre Persönlichkeit zu ziehen. Obgleich dieses Testverfahren wissenschaftlich angezweifelt wird, benutzen es einige Unternehmen. Bei der Beantwortung empfehlen wir Ihnen realistische und offene Aussagen mit Bezug zu Unternehmen und Position zu treffen. Vermeiden Sie in jedem Fall Ironie und Übertreibung.

Biographische Fragebögen

Ein weiterer Test Ihrer Persönlichkeit steckt hinter einem scheinbar administrativen und harmlosen Fragebogen hinsichtlich Ihres Lebenslaufes. Dieser beginnt in der Regel mit den persönlichen Daten, die Sie bereits im Lebenslauf angegeben haben - eventuell schon vorgedruckt, so dass Sie den Eindruck gewinnen, es handele sich hier um Ihre Personalakte und Sie seien der Einstellung ein gutes Stück näher gekommen. Die Stationen Ihres Studiums werden nochmals abgefragt ebenso wie Ihre praktische Erfahrung im In- und Ausland. Dabei werden Detailfragen zu den genauen Aufgaben und Ihren Kenntnissen und Fähigkeiten sowie Bewertung gestellt. Einerseits lässt sich hier die Konsistenz Ihrer Angaben zum Lebenslauf überprüfen und andererseits Genaueres über Motivation, Einstellung und Fähigkeiten erfragen.

Eine Selbsteinschätzung Ihrer Stärken und Schwächen ist meist ebenso enthalten wie die schriftliche Niederlegung Ihrer beruflichen und privaten Lebensziele und eine generelle Zukunftseinschätzung. Diese Fragen können ergänzt werden durch Fragesets zur Selbstbeschreibung, bei deren Beantwortung Sie Multiple-choice oder Satzergänzungen anwenden. Insbesondere eine schriftliche Analyse ihrer Stärken und Schwächen fällt vielen Bewerbern schwer. Empfehlenswert ist es, die Stärken zu betonen und die Schwächen nicht zu exponieren. Schreiben Sie außerdem kurz und prägnant und nicht mehr als zwei bis drei Antwortsätze zu jeder Frage. Vermeiden Sie insbesondere bei Ihrer Lebensplanung oder privaten Interessen und Freizeitaktivitäten elegische Ausschweifungen.

squeaker.net-Tipp: Versuchen Sie anhand des Anforderungsprofils der angestrebten Position zu klären, welche Charaktereigenschaften für den Arbeitgeber besonders wichtig sind. Sie gewinnen so eine gute Orientierung für Ihre Selbsteinschätzung und die Testfragen.

Von entscheidender Bedeutung ist, dass Sie Persönlichkeitstestverfahren erkennen und mit der Funktionsweise und Zielsetzung der gängigen Verfahren vertraut sind. Weiterhin sollten Sie Ihre Persönlichkeit und Ihre Charaktermerkmale bestens einschätzen können und im Bilde sein, welche Persönlichkeitsmerkmale Ihr Arbeitgeber wünscht. Der letzte Schritt ist die glaubhafte Übermittlung dieser Merkmale. Beachten Sie dafür folgende Grundregeln:

- Es gibt häufig keine eindeutigen guten und erstrebenswerten gegenüber schlechten und zu vermeidenden Persönlichkeitsfaktoren.

- Geben Sie bei offen formulierten Fragen, beispielsweise Satzergänzungstests, knappe und sozial erwünschte beziehungsweise konfliktfreie oder unverfängliche Antworten.
- Wählen Sie in Ihren Antworten einen positiven Unternehmensbezug.
- Bleiben Sie sachlich und vermitteln Sie den Eindruck, dass Sie sich um aufrichtige Antworten bemüht haben.
- Verdeutlichen Sie sich positive Eigenschaften und Verhaltensmuster, die man in der Position von Ihnen erwarten kann.
- Banal wirkende Sätze stellen keine Gefahr dar, sondern belegen, dass Sie gesund und normal ticken. Neurotiker erkennt man angeblich eher an komplexen und übertrieben sorgfältig ausgefeilten Sätzen.
- Es geht nicht um absolute Wahrheit oder Ihre reale persönliche Meinung, sondern um die Erfüllung eines erwarteten Rollenverhaltens.

Im Folgenden finden Sie Beispiele für positive Satzergänzungen und konfliktfreie Formulierungen bei unterschiedlichen Vorgaben.

Negative Satzvorgabe:

- Ich fürchte ... mich in der Regel nicht.
- Ich kann nicht ... klagen.
- Wenn ich ein falsches Ergebnis abliefere, ... dann bemühe ich mich, den Fehler schnellstens zu korrigieren.

Allgemeine Formulierungen:

- Früher war ich ... Kapitän unserer Handballmannschaft.
- Es ärgert mich ... wenn Fehler gemacht werden.

Persönlichkeitstests sollen die charakterlichen Eigenschaften des Bewerbers ergründen und wichtige Persönlichkeitsmerkmale evaluieren, die in vielen Positionsprofilen eine Rolle spielen. Im Folgenden geben wir Ihnen zu den wichtigsten Kategorien Hinweise auf charakterliche Ausprägungen, wie Sie grundsätzlich für jeden Manager gefordert sind. Wir empfehlen Ihnen, sich diese bewusst zu machen und auf die entsprechenden Signalworte zu achten.

Emotionale Stabilität
Manager sollen emotional stabil sein und daher:

- keine Schuldgefühle kennen
- nicht von Ängsten und Sorgen gequält sein und keine Minderwertigkeitsgefühle haben

- nicht zum Perfektionismus neigen
- die Arbeit planen und ihr zügig nachgehen
- sich den Anforderungen des Lebens gewachsen fühlen und Selbstvertrauen haben
- Toleranz zeigen und offen sein
- nicht launisch, sondern ausgeglichen sein

Kontaktfähigkeit
Manager sollen kontaktfreudig und -fähig sein und daher:

- grundsätzlich optimistisch aktiv, gesprächig und lebhaft sein
- über einen großen Freundes- und Bekanntenkreis verfügen
- sich auch in großen Gruppen unbefangen fühlen
- in Gruppen gerne die Führungsposition einnehmen
- schlagfertig und bei guter Laune sein
- keine Hemmungen bei Reden und Auftritten haben
- bei neuen Bekanntschaften die Initiative ergreifen
- Risikobereitschaft zeigen
- in kritischen Situationen souverän reagieren und bei Problemen und Ärger die gute Laune und Fassung wahren

Leistungsbereitschaft
Manager sollen überdurchschnittliche Leistungen bringen und daher:

- Arbeit nicht aufschieben und begonnene Arbeit nicht liegen lassen
- sich selbst und ihre Mitarbeiter zur Arbeit motivieren
- konzentriert arbeiten
- sich intensiv auf Prüfungssituationen vorbereiten
- den Wettkampf und Leistungsvergleiche nicht scheuen
- ehrgeizig sein und Ziele entschlossen verfolgen
- ständig an die Weiterentwicklung des Unternehmens denken

Geschlechtsidentität
Es wird erwartet, dass Manager in ihrem Handeln typischerweise eher männlich assoziierte Eigenschaften aufweisen:

- keine Angst kennen und optimistisch in die Zukunft blicken
- nicht sentimental sein
- an Sport und Wettkampf interessiert sein
- Risiken eingehen

squeaker.net-Tipp: Wenn Sie sich bei diesen Testverfahren immer vor Augen führen, welche Dimensionen geprüft werden sollen, haben Sie bereits die wichtigste Bearbeitungsmethode erkannt.

2. Intelligenztests

Unter diesem Oberbegriff finden Sie verschiedene Arten von Aufgaben, die Ihr Sprach- oder Zahlengefühl, logisches Denken oder räumliches Vorstellungsvermögen ermitteln sollen. Die Ergebnisse dieser Intelligenzfaktoren werden sodann mit dem Anforderungsprofil des angestrebten Berufs verglichen. Die Mehrzahl der Unternehmen verwendet auch hierbei professionelle Testverfahren, die von Psychologen entwickelt und von externen Dienstleistern angeboten werden.

Einen wesentlichen Baustein in der Reihe der Intelligenztests bilden die speziellen Logik-Testaufgaben, die nahezu jedes Unternehmen in der Konsumgüterindustrie einsetzt. Der Begriff Logik bezeichnet ein folgerichtiges, schlüssiges, zielführendes Denken, das einleuchtende und verständliche Aussagen generiert. Mit Hilfe von grafischen oder sprachlichen und vor allem mathematischen Aufgaben wird versucht, Ihre Logik- und Abstraktionsfähigkeit zu ermitteln.

In aller Regel ist der Umfang von Logiktest-Aufgaben so gewählt, dass Sie wegen Zeitmangels nicht fertig werden. Lassen Sie sich also nicht unter Druck setzen, denn an Ihrem Verhalten während des Tests erkennt der Personaler, wie gut Sie mit Stress umgehen können und ob Ihre Leistungen in solchen Situationen konstant gut bleiben.

Test- und Trainingsmöglichkeiten: Ein weltweit führender Anbieter für Intelligenztests ist Saville & Holdsworth. Ein Besuch auf der Homepage unter → www.shldirect.com in der Rubrik „SHL for Students" empfiehlt sich, da hier kostenlos ein umfangreiches Aufgabenportfolio aller gängigen Testverfahren angeboten wird und sogar Career Guidance und hilfreiche Tipps gegeben werden. Die am weitesten verbreiteten Testformate sind der verbale und der numerische Test von SHL. Der verbale Test prüft Ihr Textverständnis und Ihre sprachlichen Qualitäten. Im numerischen Test müssen Sie Ihr Zahlenverständnis und Ihre mathematischen Fähigkeiten unter Beweis stellen. Weitere sehr gute Trainingsmöglichkeiten von den Bochumer Anbietern des BIP-Persönlichkeitstest sind der Bochumer Matrizentest (BOMAT) – ebenfalls ein klassischer mathematischer Test – und der Bochumer Wissenstest (BOWIT), der Ihr Allgemeinwissen zu klassischen Bildungsbereichen wie etwa Geschichte und Politik, Kunst und Kultur oder Wirtschaft prüft. Sie finden diese Tests online unter → www.testentwicklung.de. Diese Trainingsmöglichkeiten sind vollständige Tests, die aus einer Zusammenstellung der gängigsten und wichtigsten Aufgabentypen, die wir nachfolgend vorstellen, bestehen. Natürlich finden Sie auch im Anschluss an unsere Darstellungen der Aufgabentypen Trainingsaufgaben sowie die Lösungen im Anhang dieses Buches. Weitere Literaturempfehlungen zum gezielten Training finden Sie online unter: → www.squeaker.net/buchtipps

Mathematische Testaufgaben

Die meisten mathematischen Aufgabentypen in Auswahlverfahren sind Dreisatz, Prozent- und Bruchrechnung, Zins- und Währungsrechnung sowie allgemeine Gleichungssysteme und gegebenenfalls Raum- und Flächenberechnungen. Wenn Sie die einzelnen – meist nicht explizit ausgewiesenen – Aufgabentypen erkennen und vorher einmal geübt haben, dann können Sie diesen Testteil mit Bravour meistern und ordentlich punkten.

i) Dreisatz

Dreisatzaufgaben gibt es mit direkter und indirekter Proportionalität. Die Aufgabentypen werden unterschiedlich berechnet:

Direkt-proportionale Aufgaben verlangen von Ihnen, dass Sie aus dem Aufgabentext erkennen, welche Größen einander entsprechen. Sie wissen, dass sich von drei gegebenen Größen genau zwei entsprechen und die vierte Größe gefunden werden muss. Notieren Sie sich den gesuchten Zusammenhang immer in Gleichungsform und lösen Sie nach der gesuchten Größe auf:

$$\frac{X_1}{Y_1} = \frac{X_2}{Y_2}$$

Beispielaufgabe: Wie viel bezahlt man für 400 Gramm Kaffee, wenn 500 Gramm 6 Euro kosten?

$$\frac{6}{500g} = \frac{x}{400g} \qquad x = \frac{6}{500g} 400g = \frac{24}{5} = 4,8$$

Indirekt proportionale Aufgaben weisen ein umgekehrtes Verhältnis zueinander auf:

$$X_1 \cdot Y_1 = X_2 \cdot Y_2$$

Beispielaufgabe: Eine Fabrik mit 10 Produktionsanlagen kann bei Betrieb von 7 Anlagen mit den vorhandenen Vorräten und Rohstoffen im Lager 6 Tage unter Volllast produzieren. Wie viele Tage reicht der Lagerbestand bei Betrieb von 9 Anlagen?

$$7 \cdot 6 = 9 \cdot x \qquad x = \frac{7 \cdot 6}{9} = 4,\overline{6}$$

Trainingsaufgaben:

Aufgabe 1: *An einer Produktionsanlage werden in einer Acht-Stunden-Schicht 12 m³ Reinigungsmittel hergestellt und zu 60 % in 1-Liter-Flaschen und zu 40 % in 0,5-Liter-Flaschen abgefüllt. Der Betrieb arbeitet in 3 Schichten. Wie viele Flaschen sind notwendig, um die Produktion einer Sieben-Tage-Arbeitswoche abzufüllen?*

Aufgabe 2: *Eine Handelskette bestellt im vierzehntägigen Bestellrhythmus 2.500 SKUs eines Haarwaschmittels. Wie hoch ist die Nachfrage im Halbjahr in Produkteinheiten, wenn eine SKU genau 20 Produkteinheiten entspricht?*

Aufgabe 3: *Ein LKW hat eine Ladefläche für 38 Europaletten. Wie viele Euro-Paletten Waschmittel können auf einen LKW (30 Tonnen) geladen werden, wenn eine Europalette genau 56 Jumbopaketen à 15 Kilogramm umfasst? Aus Kommissionierungsgründen können nur vollständige Paletten verladen werden.*

Aufgabe 4: *Die Kosten für den Transport des Waschmittels mit dem LKW betragen pro 5 Tonnen Ladung 75 Cent je Kilometer. Wie viel kostet der Transport zum 175 Kilometer entfernten Zwischenlager bei voller Beladung?*

Aufgabe 5: *Die Differenz aus 16 und einer Zahl verhält sich zu 24 wie die Summe aus 4 und dieser Zahl zu 12. Wie heißt diese Zahl?*

Aufgabe 6: *Eine Produktionsgesellschaft kauft 100 Tonnen eines Vorproduktes für 5.000 Euro ein. Welchen Preis muss die Gesellschaft für 350 Tonnen zahlen?*

Aufgabe 7: *Wie viel muss von 50 abgezogen werden, damit die Differenz im gleichen Verhältnis zu 56 steht wie 18 zu 24?*

Aufgabe 8: *Drei Kollegen kommen mit einer Packung Kaffee 5 Tage aus. Zwei Kollegen kommen in die Abteilung neu hinzu, trinken jedoch zusammen nur halb so viel Kaffe wie die drei anderen. Wie viel Kaffee ist nun pro Arbeitswoche erforderlich?*

Aufgabe 9: *Zur Reinigung einer Produktionsstrasse werden 30 Arbeiter benötigt, die für die Reinigung 16 Stunden benötigen. Wie viele Arbeiter werden benötigt, wenn für die Reinigung 48 Stunden zur Verfügung stehen?*

Aufgabe 10: *Wenn 330 Milliliter eines Erfrischungsgetränkes 1,99 Euro kosten, wie viel kosten dann 500 Milliliter?*

ii) Prozentrechnung

Textaufgaben zur Prozentrechnung gliedern sich in zwei Arten. Beim ersten Typ müssen Sie den Grundwert (G), Prozentwert (W) oder Prozentsatz (p) berechnen. Hierfür reicht Ihnen die Grundgleichung der Prozentrechnung:

$$\frac{W}{p} = \frac{G}{100}$$

Beispiel: Wie hoch ist der Preisnachlass in Euro bei 4%-Rabatt bei einem Kaufpreis von 20 Euro?

Gegeben: G = 20, p = 4; Gesucht: W = ?

$$W = \left(\frac{G}{100}\right) \cdot p = \left(\frac{20}{100}\right) \cdot 4 = 0{,}8$$

Beispiel: Wie viel Prozent Preisnachlass sind 4 Euro bei einem Kaufpreis von 20 Euro?

$$p = \left(\frac{100}{G}\right) \cdot W = \left(\frac{100}{20}\right) \cdot 4 = 20\%$$

Der zweite Typ verlangt, dass Sie den vermehrten oder verminderten Grundwert berechnen. Hierbei soll ein bestimmter Prozentsatz des Grundwertes addiert oder subtrahiert werden. Hierfür benötigen Sie die folgende Gleichung:

$$G' = G \cdot \left(\frac{100 \pm p}{100}\right)$$

Beispiel: Ihr Gehalt wird von 2.500 Euro um 5 % erhöht. Wie viel Geld erhalten Sie nach der Erhöhung.

$$G' = 2.500 \cdot 1{,}05 = 2.625$$

Trainingsaufgaben:

Aufgabe 1: *Eine Verkaufsorganisation besteht zu 60 % aus männlichen Vertretern. Die weiblichen Sales Manager erzielen zu 25 % gute Ergebnisse, die männlichen nur zu 15 %. Wie hoch ist die Erfolgsrate der männlichen Vertreter in der Gesamtorganisation?*

Aufgabe 2: *Wie viel Prozent der guten Ergebnisse sind in Aufgabe 1 männlichen Sales Managern zuzuschreiben?*

Aufgabe 3: *Ein Getränkehersteller verkauft seine Ware zum Preis von 400 Euro pro Palette. Wenn ein Kunde eine sortenreine Paletten kauft, erhält er einen Rabatt von 4 % pro Palette. Allerdings besteht auch die Möglichkeit, gemischte Paletten zu bestellen, die allerdings einen Kommissionierungsaufschlag von 12 % erfordert. Bestimmen Sie den Differenzbetrag zwischen beiden Kaufpreisen.*

Aufgabe 4: *Eine Drogerie verkauft Duschgels. Für fünf Packungen nimmt sie soviel, wie sie für sechs Packungen im Einkauf gezahlt hat. Wie hoch ist der Gewinn in Prozent?*

Aufgabe 5: *Ein Nahrungsmittelhersteller produziert in einem Werk monatlich 240 Tonnen Milchprodukte, 110 Tonnen Käseprodukte und 80 Tonnen Babynahrung. 4 % der Monatsproduktion an Milchprodukten, 6 % an Käseprodukten und 3 % an Babynahrung werden in der Qualitätskontrolle aussortiert. Wie hoch ist der Gesamtausschuss in Tonnen?*

iii) Zinsrechnung

Die Lösung von Textaufgaben zur Zinsrechnung erfordert einige Formeln, die fest vorgeschrieben sind. Im Folgenden finden Sie die Grundlagen zur kurzen Wiederholung: Z - Zinsen, K - Kapital, p - Zinssatz, t - Zeit in Tagen, m - Zeit in Monaten.

Jahreszins: $$Z = \frac{K \cdot p}{100}$$

Monatszins: $$Z_m = \frac{K \cdot p \cdot m}{100 \cdot 12}$$

Tageszins: $$Z_t = \frac{K \cdot p \cdot t}{100 \cdot 360}$$

Im Falle, dass das eingesetzte Kapital oder der Prozentsatz gesucht sind, stellen Sie die Formeln einfach nach der gesuchten Größe um.

Beispielaufgabe: Eine Bank verzinst 2.000 Euro mit einem Jahreszinssatz von 2,75 %. Welcher Zinsertrag ergibt sich nach einem halben Jahr?

$$Z_m = \frac{2.000€ \cdot 2,75 \cdot 6}{100 \cdot 12} = 27,5€$$

Wir empfehlen Ihnen, für die Lösung der nachstehenden fünf Aufgaben nicht mehr als zehn Minuten zu verwenden.

Trainingsaufgaben:

Aufgabe 1) *Welches Kapital erbringt in 300 Tagen 480 Euro Zinsen bei einem zugrunde gelegten Zinssatz von 3,75 %?*

Aufgabe 2) *Berechnen Sie den Jahreszinssatz zu folgendem Kreditvertrag: Kreditvolumen: 400.000 Euro, Zinsen: 2.800 Euro vierteljährlich.*

Aufgabe 3) *Ein Unternehmen benötigt für die Sanierung der Werkshalle 1.200.000 Euro. Drei verschiedene Banken bieten dem Unternehmen Darlehen an: Bank A verlangt pro Quartal 60.000 Euro Zinsen, Bank B halbjährlich 60.000 Euro und Bank C pro Monat 15.000 Euro. Zu welchen Zinssätzen bieten die Banken Ihre Darlehen an?*

Aufgabe 4) *Ein Unternehmen hat einen Kredit in Höhe von 45.000 Euro zu einem Zinssatz von 12 % aufgenommen und muss am Ende der Laufzeit 4.000 Euro Zinsen zahlen. Für welche Zeit wurde der Kredit aufgenommen?*

Aufgabe 5) *Für den Bau einer neuen Anlage stehen zur Finanzierung der benötigten 800.000 Euro unterschiedliche Kreditmöglichkeiten zur Verfügung. Alle Kreditverträge haben eine Laufzeit von drei Jahren. Welches Angebot können Sie empfehlen?*

Bank A: 1. Jahr: 10 %, 2. Jahr: 11 %, 3. Jahr: 12 %

Bank B: 1. Jahr: 8 %, 2. Jahr 10 %, 3. Jahr: 14 %

iv) Wechselkurse

Hinweis: Bei Wechselkursberechnungen werden üblicherweise fünf Nachkommastellen angegeben. In unseren Beispielen beschränken wir uns auf zwei Nachkommastellen. Die Umrechnung von Währungen geschieht analog zum Vorgehen bei Dreisatzaufgaben mit direkter Proportionalität. Es gilt dabei stets:

$$\frac{\text{Zielwährung}}{\text{Ausgangswährung}} = \text{Kursverhältnis}$$

Beispielaufgabe: Wie viel US-Dollar erhält man für 150 Euro, wenn der Wechselkurs 1,30 US-Dollar / Euro beträgt?

$$\frac{x \text{ US\$}}{150\ €} = \frac{1{,}30 \text{ US\$}}{1\ €}$$

$$x \text{ US\$} = \frac{1{,}30 \text{ US\$}}{1\ €} \cdot 150\ € = 195 \text{ US\$}$$

Empfehlung: Sie sollten für die nachstehenden Trainingsaufgaben nicht mehr als zehn Minuten benötigen.

Trainingsaufgaben:

Aufgabe 1) *Wie viel Euro erhält man für 25 US-Dollar? (0,86 Euro = 1 US $)*

Aufgabe 2) *Eine Rohstofflieferung kostet 250.000 Euro. Des Weiteren sind 5.000 US-Dollar für Transportkosten und weitere 2.500 BRL an Zollgebühren fällig. Welchen Preis muss das Unternehmen in Euro bezahlen, wenn 150 Euro = 175,5 US-Dollar sind und 1 Euro = 2,69 BRL?*

Aufgabe 3) *Ein Waschmittelhersteller verkauft 15.000 Tonnen Waschmittel in Paketen zu 10 Kilogramm an eine polnische Geschäftskette. Der Paketpreis beträgt 13,50 Zloty. Wie hoch ist der Umsatz in Euro, wenn 100 Euro = 382,37 Zloty sind?*

Aufgabe 4) *Zwei neue Lagerstandorte stehen einem Unternehmen zur Auswahl. Der Standort in Polen erfordert jährliche Gebühren und Steuern in Höhe von 439.300 Zloty. Der deutsche Standort liegt bei 125.000 Euro. Welcher Standort ist gemessen an den jährlichen Aufwendungen für Gebühren und Steuern attraktiver, wenn 150 Zloty = 39,30 Euro sind?*

Aufgabe 5) *Wie viele japanische Yen erhalt man für 170.000 Euro? (Kurs: 135,82 Yen = 1 Euro)*

v) Räume und Flächen

Bei der Berechnung von Flächen und Räumen wird mathematisches Grundwissen vorausgesetzt, das nicht für jeden vollkommen alltäglich ist, jedoch für viele Einstellungstests unabdingbar. Daher sollten Sie die wichtigsten Zusammenhänge unbedingt auffrischen:

Flächeninhalt (A):

Quadrat: $A = a^2$

Rechteck: $A = \text{Länge} \cdot \text{Breite}$

Dreieck: $A = \frac{1}{2} \text{Grundseite} \cdot \text{Höhe}$

Kreis: $A = \pi \cdot \text{Radius}^2$

Volumen (V):

Würfel: $V = a^3$

Quader: $V = \text{Höhe} \cdot \text{Breite} \cdot \text{Länge}$

Quadratische Pyramide: $V = 1/3 \cdot \text{Grundseite}^2 \cdot \text{Höhe}$

Zylinder: $V = \pi \cdot \text{Radius}^2 \cdot \text{Höhe}$

Kegel: $V = \pi/3 \cdot \text{Radius}^2 \cdot \text{Höhe}$

Kugel: $V = 4/3 \cdot \pi \cdot Radius^3$

Einheiten:

Fläche: $1m^2 = 0{,}000001km^2 = 10.000cm^2 = 1.000.000mm^2$

Volumen: $1m^3 = 1.000.000cm^3$; $1l = 0{,}001m^3 = 1.000cm^3$

Trainingsaufgaben:

***Aufgabe 1**: Ein rechteckiges Grundstück, das anderthalb mal so lang wie breit ist, hat eine Fläche von 216 Quadratmeter und soll an zwei benachbarten Seiten eingezäunt werden. Wie viel Meter Zaun werden benötigt?*

***Aufgabe 2**: Ein Produktionstank ist 3 Meter breit, 1,5 Meter tief und 80 Zentimeter hoch. Er soll bis 5 Zentimeter unter den Rand mit Wasser gefüllt werden. Wie viel Liter Wasser werden für die Füllung benötigt?*

***Aufgabe 3:** Es sei der Produktionstank aus Aufgabe 2 gegeben. Welche Maße hätte ein Würfel mit der gleichen Füllmenge?*

***Aufgabe 4:** Ein Waschmittelpaket ist 35 Zentimeter breit, 10* Zentimeter *lang und 0,5 Meter hoch. Wie viel Waschmittel (kg) fasst das Paket, wenn 1 Kubikmeter genau 1,2 Tonnen wiegt?*

***Aufgabe 5:** Wie viel Quadratmeter Folie werden benötigt, um das Waschmittelpaket aus Aufgabe 4 von allen Seiten zu bekleben?*

vi) Zahlenreihen und Zahlenmatrizen

In diesem Aufgabentypus wird das logische Denken auf Rechenfähigkeit abgeprüft und ein gewisses Zahlengefühl verlangt. Einige grundlegende Regeln helfen, die Zahlenreihen zu lösen:

I. Ist die Zahlenreihe einheitlich aufgebaut?

- Zahlen werden kontinuierlich größer *oder* kleiner
- Zahlen werden abwechselnd größer *und* kleiner
- Abstand zwischen den Zahlen ist gleich

Ermitteln Sie die Differenzbeträge der benachbarten Zahlen und versuchen Sie dadurch eine Regelmäßigkeit herauszufinden (Addition / Subtraktion).

II. Ist die Zahlenreihe uneinheitlich aufgebaut?

Im Falle unregelmäßiger und hoher Differenzen liegt in der Regel eine multiplikative Verknüpfung vor. Prüfen Sie, ob die jeweilige Zahl ein Vielfaches der Vorherigen oder der Nachfolgenden darstellt.

- Im Falle einer steigenden Zahlenreihe dividieren Sie jede Zahl durch die vorherige Zahl. Bei gleichem Quotienten ist dieser mit der letzten Zahl der Reihe zu multiplizieren.

- Im Falle abnehmender Zahlenreihen dividieren Sie jede Zahl durch die nachfolgende Zahl. Bei gleichem Quotienten muss die letzte Zahl durch den Quotienten dividiert werden.

Folgen die Differenzen keinem konstanten Prinzip, empfiehlt es sich, die Zahlenreihe in mehrere getrennte Reihen zu zerlegen, die dann jeweils einem konstanten Aufbauprinzip folgen, so dass die vorhergehenden Regeln angewendet werden können.

Beispielaufgabe: Ergänzen Sie die Zahlenreihe:

5 4 8 7 14 13 26 ?

Die Lösung erschließt sich leicht, wenn man die beschriebenen Schritte anwendet. Wir stellen fest, dass die Zahlen abwechselnd größer und kleiner werden. Die Differenzbeträge der benachbarten Zahlen ergeben: -1, +4, -1, +7, -1, +13. Als wiederkehrendes Element ist die -1 in jedem zweiten Schritt zu identifizieren. Die Differenzbeträge +4, +7, +13 ergeben auf den ersten Blick keinen Zusammenhang, aber in Relation mit den benachbarten Zahlen zeigt sich, dass diese stets der Verdopplung der vorhergehenden Zahl entsprechen ($4 \cdot 2 = 8$; $7 \cdot 2 = 14$; $13 \cdot 2 = 26$), so dass die Reihe folgende Regel aufweist: -1, $\cdot$ 2 und als zu ergänzender Schritt die 25 einzusetzen ist.

Zahlenmatrizen sind aus mehreren Zahlenreihen und -spalten aufgebaut, die zeilen- und spaltenweise sowie diagonal in einer Beziehung zueinander stehen. Das Vorgehen ist analog zu den oben beschriebenen Schritten für Zahlenreihen, allerdings mehrdimensional, das heißt auf Spalten und Zeilen sowie diagonal anzuwenden.

Beispielaufgabe:

5 6 7

7 8 9

9 10 ? (Zu ergänzen wäre hier eine 11.)

Eine alternative Darstellungsform von Zahlenreihen sind grafische Abbildungen in Form von Dominosteinen. Die Komplexität bei dieser Abwandlung der einfachen Zahlenreihe besteht darin, dass zunächst die grafische Abbildung gedanklich in eine numerische Abbildung übersetzt werden muss und in einer Aufgabe nun zwei Zahlenreihen statt vorher nur einer Reihe enthalten sind, da Dominosteine naturgemäß zwei Felder auf einer Seite aufweisen.

Als Lösungshilfe empfehlen wir zunächst nur die oberen Felder einer Reihe zu betrachten und das Verhältnis der Punkte beziehungsweise Zahlen zueinander zu entdecken. Meist ist eine einfache Addition oder Subtraktion erkennbar. Nachdem Sie sich die oberen Felder einer jeden Reihe angeschaut und das zugrunde liegende Prinzip entdeckt haben – das nicht in jeder Reihe gleich sein muss – verfahren Sie ebenso mit den unteren Felderreihen. Aus der vorgegebenen Lösungsmenge muss der gesuchte Stein in beiden Feldern den Reihenprinzipien entsprechen.

Aufgaben zu Zahlenreihen

i) Erkennen Sie das mathematische Schema

Beispiel 1: 12 - 15 - 13 - 16 - 14 - 17 - 15 - 18 - 16

(Lösung: + 3; - 2; + 3; -2)

Beispiel 2: 12 - 24 - 14 - 28 - 18 - 36 - 26 - 52 - 42

(Lösung: · 2; - 10; · 2; - 10)

Trainingsaufgaben:

1. 44 - 41 - 51 - 51 - 48 - 58 - 58 - 55 - 65 - 65
2. 102 - 51 - 71 - 66 - 33 - 53 - 48 - 24 - 44 - 39
3. 55 - 52 - 49 - 98 - 95 - 92 - 184 - 181 - 178 - 356
4. 2 - 2 - 4 - 20 - 20 - 40 - 200 - 200 - 400 - 2000
5. 24 - 34 - 44 - 22 - 32 - 42 - 21

ii) Ergänzen Sie die fehlende Zahl

Beispiel 1: 0 - 3 -? - 9 - 12

(Lösung: 6, denn die Zahlen werden stets mit drei addiert.)

Beispiel 2: 2 - 4 - ? -16 - 32

(Lösung: 8, denn die Zahlen werden stets mit zwei multipliziert.)

Trainingsaufgaben:

1. 200 - 100 - ? - 25
2. ? - 5 - 10 - 15 - 20 - 25

3. 555 - 535 - ? - 495 - 475
4. 12 - ? - 48 - 96
5. ? - 99 - 102 - 105 - 108

iii) Wochentage

„Zwei Tage vor vorgestern war Dienstag. Welcher Tag ist übermorgen?"

Die einfachste und effizienteste Art, diesen Aufgabentypus zu lösen ist die Zuhilfenahme einer Skizze. Malen Sie sich zu Beginn eine Zeitreihe der Wochentage über den Zeitraum von zwei Wochen und hangeln Sie sich grafisch gemäß der bekannten Angaben am Zeitstrahl entlang:

Mo Di Mi Do Fr (Sa) So [Mo] Di Mi Do Fr Sa So

Ausgangstag identifizieren:

Dienstag ist der einzige bekannte Wochentag.

1. Bezug zwischen Ausgangstag und heute herstellen:

   Dienstag = zwei Tage vor vorgestern; Dienstag plus zwei Tage = Donnerstag = vorgestern; ergo gestern Freitag, heute Samstag.

2. Aufgabe: Welcher Tag ist übermorgen, wenn heute Samstag ist!?

   Lösung: Montag.

Dieser Aufgabentypus kann auch in verschärfter Form auftreten, in dem eine neue Wochentagfolge definiert wird. Die Wochentage werden beispielsweise einfach rückwärts gezählt oder nummeriert (mit einer Ordnungszahl versehen) und jeweils ein Tag als Basistag bestimmt. Die Komplexität kann gerade bei diesen Aufgaben sehr leicht mit einer Skizze des jeweiligen Zeitstrahls gehandhabt werden.

„Die Wochentage zählen rückwärts. In drei Tagen haben wir Donnerstag. Welcher Tag ist zwei Tage vor morgen?"

[Mo] (So) Sa Fr Do Mi Di Mo

Zeitstrahl skizzieren (von rechts nach links lesen!)

1. Ausgangstag identifizieren:

   Donnerstag = in drei Tagen.

2. Bezug zwischen Ausgangstag und heute herstellen:

   Freitag = in zwei Tagen / übermorgen; Samstag = in 1 Tag / morgen; Sonntag = heute

3. Aufgabe: Welcher Tag ist zwei Tage vor morgen?

   Lösung: Samstag = morgen; zwei Tage vor morgen = Montag.

Aufgaben zu Wochentagen:

Beispiel 1: Heute ist Montag. Welcher Tag ist drei Tage nach gestern?

(Antwort: Mittwoch)

Beispiel 2: Morgen ist vier Tage nach Freitag. Welcher Tag ist heute?

(Antwort: Montag)

Trainingsaufgaben:

1. Gestern war zwei Tage nach Mittwoch, welcher Tag ist morgen?
2. Übermorgen ist drei Tage vor Sonntag, welcher Tag ist heute?
3. Sonntag ist fünf Tage vor heute, welcher Tag ist übermorgen?
4. Heute ist der dritte Tag nach Freitag, welcher Tag war vorgestern?
5. Einen Tag vor Weihnachten war Freitag, an welchem Tag ist Silvester?
6. Der dritte Tag nach Freitag ist übermorgen. Welcher Tag ist Samstag?
7. Welcher Tag ist zwei Tage vor gestern, wenn morgen Montag ist?
8. Montag ist der dritte Tag nach heute. Welcher Tag ist vorgestern?
9. Vorgestern war Sonntag, welcher Tag ist übermorgen?
10. Freitag ist der dritte Tag nach meinem Geburtstag, an welchem Tag habe ich in meinen Geburtstag hinein gefeiert?

Wort- und Sprachverständnis

In allen Intelligenztests finden sich Aufgaben zum Wort- und Sprachverständnis. Geprüft werden Ihr Wortschatz sowie Ihre Fähigkeit, Wortbedeutungen zu erfassen. Die üblichen Aufgabentypen sind:

i) Wortauswahl

Von fünf Wörtern sind sich vier in einer gewissen Weise ähnlich. Finden Sie das fünfte Wort, das nicht zu den anderen passt.

a) Umsatz	a) Innovation	a) Marketing
b) Ergebnis	*b) Team*	b) Sales
c) Preis	c) Forschung	*c) Controlling*
d) Kosten	d) Technologie	d) Mafo
e) Gewinn	e) Idee	e) Customer Service

Die unterstrichenen Darstellungen sind jeweils die aus dem Sinnzusammenhang herausfallenden Begriffe (Lösungshinweis: Preis ist der einzige Begriff, der nicht der GuV entstammt; Team hat keinen direkten Innovations- / R&D-Bezug; Controlling ist der einzige Bereich, der nicht mit Sales und Marketing zu tun hat).

ii) Gleiche Wortbedeutungen

Hier geht es erneut darum, Ihr Sprachverständnis zu testen. Ein Begriff wird vorgegeben und fünf andere Begriffe zu jenem in Bezug gesetzt. Finden Sie denjenigen Begriff heraus, der der Vorgabe am nächsten kommt.

Beispiel 1: *Haus*: a) Garten, b) Wohnblock, c) Dach, d) Hütte, e) Hof

Antwort: Man sagt zwar „Haus und Hof" oder „Haus und Garten", auch haben die meisten Häuser ein Dach. Das alles entspricht aber nicht der Funktion eines Hauses als Wohnstatt. Bleiben also Wohnblock und Hütte. Von beiden kommt aber wohl die Hütte dem Haus am nächsten.

Beispiel 2: *schlafen*: a) wachen, b) träumen, c) ruhen, d) arbeiten, e) Nachtruhe

Antwort: Arbeiten kommt dem Schlafen nur selten nahe, wachen ist das Gegenteil. Die Nachtruhe ist ein Substativ. Träumen ist eine Tätigkeit während des Schlafens, so dass ruhen der Vorgabe am ehesten entspricht.

Trainingsaufgaben:

1. verkaufen: a) veräußern, b) verhökern, c) ankaufen, d) verschenken, e) leihen

2. bunt: a) uni, b) farbig, c) grün, d) lustig, e) gemustert

3. *Straße:* a) Fluss, b) Platz, c) Weg, d) Auto, e) Bürgersteig

4. *rechnen*: a) schreiben, b) zählen, c) denken, d) abwägen, e) kalkulieren

5. *Konkurrent:* a) Feind, b) Gegner, c) Mitbewerber, d) Freund, e) Berater

iii) Gemeinsamkeiten

Eine Reihe Wörter sind vorgegeben, und Sie sollen die beiden Wörter finden, die einen gemeinsamen Oberbegriff haben. In dem Fall, dass mehrere Lösungsmöglichkeiten sinnvoll erscheinen, wählen Sie bitte die Lösung, die am genauesten einen Oberbegriff oder eine Gemeinsamkeit definiert.

a) i-Pod

b) Computerspiel

c) Bibliothek

d) Magazin

e) DVD-Player

f) Spielfilm

g) Mobiltelefon

Der gesuchte Oberbegriff lautet „Unterhaltungselektronik" (Hardware) für die Auswahl a) i-Pod und e) DVD-Player.

iv) Analogien

Dieser Typ der Testaufgaben ist ebenfalls ein beliebter Standard. Darunter ist eine gleichungsähnliche Form der Übereinstimmung zwischen zwei Objekten oder Begriffen zu verstehen, die in einer bestimmten Beziehung zueinander stehen.

Das Standard-Analogieformat lautet „A : B = C : D" und wird gelesen als „A verhält sich zu B wie C zu D". In den Tests fehlt einer dieser vier Begriffe und soll von Ihnen im Multiple-Choice-Verfahren aus einer vorgegebenen Lösungsmenge als einzig richtige Antwort ermittelt werden. Dieser Test kann in verschiedenen Varianten Anwendung finden:

Verbale Analogien

Die Beziehung zwischen Begriffen, die auf einer Seite der Gleichung in ein Verhältnis zueinander gesetzt werden, soll auf der anderen Seite der Gleichung in ähnlicher Weise wiederholt werden:

„nichts : alles = wenig : ..."

Lösungsmenge: a) viel b) mehr c) Menge d) ganz e) meistens

Die Beziehungen können auch komplexerer Natur sein, so dass zur Lösung Ihre Abstraktionsfähigkeit gefordert wird und Sie gemeinsame Charakteristika erkennen und übertragen sollen:

„Nase : brenzlig = Zunge : ..."

Lösungsmenge: a) pelzig b) sauer c) schmecken d) trocken e) muffig.

Die Lösung erklärt sich aus der gemeinsamen Eigenschaft „Sinneswahrnehmung von Reizen" auf beiden Seiten der Gleichung. Während die Nase einen charakteristischen Reiz riecht - hier brenzlig - schmeckt die Zunge einen Reiz - also hier sauer. Die sprachlichen Analogien können in der Regel mit den üblichen Beziehungsformulierungen gelöst werden:

- Gleiche Bedeutung: „bedeutet das gleiche wie ..."
- Gegensätzliche Bedeutung: „bedeutet das Gegenteil von ..."
- Beschreibung: „ist eine Art von ..."
- Teilmenge: „ist ein Teil von ..."
- Kausaler Zusammenhang: „ist eine Ursache von ..."

Doppelte Analogien

Die doppelten Analogien weichen vom Standardformat ab. Bei der Variante der doppelten Analogien sind zwei Begriffe aus je einer Lösungsmenge pro Seite zu wählen („ ... : B = C : ..."):

„ ... : Vater = Tochter : ..."

a) Kind	A) Familie
b) Schwester	B) Mutter
c) Sohn	C) Kind
d) Junge	D) Oma
e) Mann	E) Enkel

1. Schritt: Eigenschaften der bekannten Parameter:

Vater = konkreter Elternteil (rechte Seite der Beziehung)

Tochter = konkreter Kinderteil (linke Seite der Beziehung)

2. Schritt: Überprüfung mit der möglichen Menge im Lösungsraum:

c) Sohn = konkreter Kinderteil (äquivalent zu Tochter)

B) Mutter = konkreter Elternteil (äquivalent zu Vater)

Numerische Analogien

In dieser Variante setzen Sie Zahlen oder Buchstaben mittels Rechenoperationen in ein bestimmtes Verhältnis:

„3 : 9 = 4 : ..." Lösungsmenge: a) 10 b) 12 c) 20 d) 21 e) 27

Die Lösung ergibt sich durch die Erklärung des Zusammenhanges von 3 und 9 durch die Rechenoperation „Multiplikation mit 3". Die gleiche Operation auf der rechten Seite ergibt Lösung b) 12.

„C : Z = B : ..." Lösungsmenge: a) A b) C c) D d) Y e) X

Die Lösung ergibt sich in diesem Falle durch einen Vergleich der Buchstabenpositionen beider Seiten: C um eine Stelle im Alphabet zurück ergibt B; Z um eine Stelle zurück im Alphabet ergibt Lösung d) Y.

Geometrische Analogien

Diese Variante benutzt Symbole anstelle von Worten oder Zahlen und sucht Ausprägungen, die sich hinsichtlich Stärke, Format, Größe entsprechen:

Trainingsaufgaben:

1) Studieren : Examen = Trainieren :
a) Erfolg, b) Schweiß, c) Muskeln, d) Sport, e) Meisterschaft

2) Wasser : Brunnen = Zigaretten :
a) Schachtel, b) Kiosk, c) rauchen, d) Automat, e) Aschenbecher

3) Mutter : gütig = Vater :
a) betrunken, b) alt, c) Sohn, d) streng, e) arbeiten

4) München : Oktoberfest = Köln :
a) Schützenfest, b) Karneval, c) Fronleichnam, d) Ringfest, e) Weltjugendtag

5) Fluss : Ufer = Straße :
a) Ampel, b) Bordstein, c) Asphalt, d) Gehweg, e) Zebrastreifen

Textanalyse

Dieses Testverfahren gehört zu sprachbasierten Intelligenztests und überprüft, ob Sie den Inhalt eines kurzen - etwa halbseitigen - Textes verstehen und Aussagen zu dem Text auf ihre Richtigkeit überprüfen und bewerten können. Im Anschluss an den Text finden Sie Aussagen, die inhaltlich korrekt oder falsch sein können beziehungsweise neue Informationen beinhalten, die im Text nicht vorgegeben waren. Markieren Sie ausschließlich die korrekten Aussagen:

Beispielaufgabe:

Bevor ein junger Mensch in der Lage ist, sich an einer Universität einzuschreiben, muss er in aller Regel das Abitur machen. Zumeist erhält er dafür an einem Gymnasium die geeigneten Voraussetzungen. Nach einem erfolgreichen Studium haben die Absolventen recht gute Aussichten auf einen Arbeitsplatz. Bei einigen Berufen bedarf es jedoch weiterer Ausbildungsschritte. So müssen Lehrer und Juristen vielfach ein Referendariat absolvieren. Unternehmen bieten Kaufleuten häufig eigene Traineeprogramme, um sie für die Arbeit fit zu machen. Neben guten Noten und einem zügigen Studium gelten Auslandserfahrungen, soziale und kommunikative Kompetenz als hilfreiche Voraussetzungen, um den beruflichen Einstieg erfolgreich zu meistern.

a) Junge Menschen müssen vor dem Studium das Abitur machen, um an einer Hochschule zugelassen zu werden. Neben dem Gymnasium können sie die Reifeprüfung auch an einer Gesamtschule ablegen. Dann können sie sich an einer Universität einschreiben.

b) An einer Universität können Studenten neben den klassischen Fächern wie zum Beispiel Jura, Medizin oder Theologie auch Sozialwissenschaften, Japanologie oder Theaterwissenschaften studieren. Den besten beruflichen Erfolg verspricht jedoch ein Studium der Betriebswirtschaftslehre.

c) Nach einem erfolgreichen Studium bedarf es bei manchen Berufen vielfach noch eines Referendariats. Viele Kaufleute durchlaufen auch ein Traineeprogramm in einem Unternehmen. Für den erfolgreichen beruflichen Einstieg sind Auslandserfahrungen oftmals hilfreich.

d) Das Universitäts-Studium ist für Lehrer und Juristen mit dem Ersten Staatsexamen vielfach nicht abgeschlossen. Für sie schließt sich oft ein Referendariat an. Für den erfolgreichen beruflichen Einstieg gelten gute Noten und ein zügiges Studium als hilfreich.

e) Soziale und kommunikative Kompetenz sind hilfreiche Voraussetzungen, um den beruflichen Einstieg erfolgreich zu meistern. Auslandserfahrungen können ebenso ein Plus darstellen. Nichts ist jedoch wichtiger als ein zügiges Studium und überdurchschnittliche Noten.

(Antwort c wäre hier richtig)

Trainingsaufgaben:

Aufgabe 1: *Der Handel zwischen Menschen basierte zunächst auf dem Tausch verschiedener Waren. Das betraf vor allem Produkte des täglichen Bedarfs. Später kamen Waren hinzu, die durch besondere Kunstfertigkeit veredelt wurden. Als sehr wertvoll galten vor allem Gewürze. Der Handel förderte bereits in der Antike auch den kulturellen Austausch der verschiedenen Völker. Im Zentrum stand das Mittelmeer, das ein verbindendes Element zwischen Europa und dem Orient darstellte. Dabei lag der wirtschaftliche Schwerpunkt zunächst im Osten und wechselte langsam nach Mittel- und Westeuropa. Im Mittelalter und der Frühen Neuzeit waren es die Städte, die aktiv am Handel teilnahmen. Der Städtebund der Hanse stellt insoweit einen Höhepunkt dar.*

a) Nach dem Tauschhandel entwickelte sich mit dem Aufkommen des Geldes eine Einheit, die gegen die Ware aufgerechnet wurde. Dabei war zunächst das Gebiet rund um das Mittelmeer der kulturelle Schwerpunkt des Handels, der Okzident und Orient miteinander verband.

b) Im Mittelalter und in der Frühen Neuzeit waren es die Städte, die aktiv am Handel teilnahmen. Viele von ihnen bildeten einen Städtebund, die Hanse. Diese Entwicklung stellte einen Höhepunkt in der europäischen Handelsgeschichte dar. Ursprünglich lag der Schwerpunkt jedoch im Orient; schon früh verbanden die Handelswege über das Mittelmeer den Osten mit dem europäischen Kontinent.

c) Gewürze galten im frühen Handel als besonders wertvoll. Sie hatten oft auch kultische Bedeutung und machten ihre Produzenten zu reichen Leuten. Ursprünglich war der Handel durch den Tausch von Waren geprägt. Das betraf vor allem Produkte des täglichen Bedarfs. Bereits in der Antike förderte der Handel den kulturellen Austausch zwischen den Völkern. Dabei spielte das Mittelmeer eine besondere Bedeutung.

d) Im Mittelpunkt des frühen Handels stehen die Völker des Ostens. Sie waren die ersten großen Handelsnationen. Nach und nach wurden über das Mittelmeer weitere Gebiete mit einbezogen. Das gilt insbesondere für den europäischen Süden rund um das Mittelmeer. Schon früh förderte der Handel den kulturellen Austausch zwischen den Völkern. Später verlagerte sich das Handelsgeschehen nach West- und Mitteleuropa.

e) Die Hanse ist ein mittelalterlicher beziehungsweise früh-neuzeitlicher Städtebund, der vor allem dem Handel zwischen den Hansestädten diente. Als „Königin der Hanse" gilt die norddeutsche Stadt Lübeck. Noch heute tragen Hamburg oder Bremen die Hanse im Städtenamen. Aber auch Binnenstädte wie Köln oder Frankfurt am Main gehörten zur Hanse. Heute hat sich eine moderne Hanse entwickelt, die sich zum Ziel gesetzt hat, den Austausch und den Kontakt zwischen den Städten Europas zu fördern.

Aufgabe 2: *Die „Soziale Marktwirtschaft" in Deutschland ist in eine Akzeptanzkrise geraten. Während in den 50er bis 80er Jahren diese Wirtschaftsform von einer Mehrheit der Bundesbürger unterstützt wurde, schwindet seit den 90er Jahren diese Unterstützung. Das liegt zunächst daran, dass in Ostdeutschland ein Großteil der Bundesbürger keine positiven Erfahrungen mit der „Sozialen Marktwirtschaft" gemacht hat. In der Frühzeit der Wiedervereinigung stellte sich die westliche Wirtschaftsordnung oftmals als „Räuberkapitalismus" dar. Zudem verbinden viele Ostdeutsche mit ihr Arbeitslosigkeit und persönliche Perspektivlosigkeit. Im Westen dagegen bleiben die Erfahrungen des „Wirtschaftswunders" überwiegend präsent. Steigender Wohlstand und soziale Sicherheit sind dort die Wegmarken der „Sozialen Marktwirtschaft", wie sie von Ludwig Erhard und Konrad Adenauer gegen den Widerstand zahlreicher Gegner durchgesetzt wurde. Die Kritik gegen die aktuelle Wirtschaftsordnung kommt von zwei Seiten. Liberale meinen, Deutschland sei spätestens seit den 70er Jahren vom Pfad der Tugend abgewichen. Der Sozialstaat habe sich zum Wohlfahrtsstaat entwickelt. Die Sozialleistungen überstiegen die Wirtschaftskraft und hemmten somit die wirtschaftliche Dynamik. Arbeitslosigkeit, Armut und die Krise der Sozialsysteme seien nur durch eine Rückbesinnung auf Ludwig Erhard zu überwinden. Linke Kritiker der aktuellen Wirtschaftsordnung beschwören dagegen die Gefahren einer neo-liberalen Globalisierung, bei der der „kleine Mann" auf der Strecke bleibe. Gegen Lohndumping und weltweite Konkurrenz bedürfe es nationaler und internationaler Schutzmechanismen. Die Krise sei nur durch eine stärkere Beteiligung wohlhabender Bürger und der Unternehmen zu überwinden. Darüber hinaus müsse der Konsum durch steigende Löhne und zusätzliche Leistungen an die unteren Lohngruppen angekurbelt werden.*

a) Liberale und linke Kritiker der aktuellen deutschen Wirtschaftsordnung unterscheiden sich deutlich in den vorgeschlagenen Problemlösungen zur Überwindung der deutschen Wirtschaftskrise. Die einen schlagen eine Rückbesinnung auf Ludwig Erhard und die Grundsätze der „Sozialen Marktwirtschaft" vor. Die wirtschaftliche Dynamik werde vor allem durch viel zu hohe Sozialleistungen gehemmt. Die andern dagegen warnen vor den Gefahren einer neo-liberalen Globalisierung, bei der die schwächeren Teile der Gesellschaft benachteiligt würden. Sie fordern vor allem eine Ankurbelung des Konsums durch eine Stärkung der Nachfrage unterer Lohngruppen.

b) Es waren vor allem Ludwig Erhard und Konrad Adenauer, die Ende der 40er Jahre und Anfang der 50er Jahre dafür sorgten, dass die „Soziale Marktwirtschaft" zu einem bundesdeutschen Erfolgsmodell wurde. Die Mehrheit der Westdeutschen verbindet damit immer noch steigenden Wohlstand und soziale Sicherheit. In den 70er Jahren wichen die Bundesregierungen jedoch vom Pfad der Tugend ab und ließen den Sozialstaat zum Wohlfahrtsstaat wuchern. Die deutsche Wirtschaft geriet damit in die Krise.

c) West- und Ostdeutsche unterscheiden sich vor allem in der persönlichen Wahrnehmung der „Sozialen Marktwirtschaft". Während die Ostdeutschen damit Arbeitslosigkeit und Perspektivlosigkeit verbinden, bleibt den Westdeutschen vor allem das „Wirtschaftswunder" erinnerlich. Dabei gilt es zu berücksichtigen, dass es in den 50er Jahren vor allem niedrige Löhne waren, die das Wirtschaftswunder ermöglichten, während in Ostdeutschland noch heute die Produktivität hinter dem Lohnniveau zurückbleibt.

d) Am Ende der 40er Jahre ging es darum, welche Wirtschaftsordnung in der jungen Bundesrepublik Deutschland eingeführt werden soll. Ursprünglich hatten sowohl Sozialdemokraten als auch Christdemokraten vor allem Modelle mit staatlicher Lenkung favorisiert. Es war schließlich der liberale Wirtschafts-Professor Ludwig Erhard, der den Christdemokraten Konrad Adenauer von der Überlegenheit der „Sozialen Marktwirtschaft" überzeugte. Sie wurde zum großen Erfolgsschlager der frühen Nachkriegszeit und sicherte Adenauer über viele Jahre hinweg die politische Mehrheit.

e) Kritiker der aktuellen Wirtschaftsordnung in Deutschland meinen, dass der Sozialstaat inzwischen zum Wohlfahrtsstaat mutiert sei. Die wirtschaftliche Dynamik werde vom Staat erdrückt. Es müsse daher das Ziel sein, die Staatsquote zurückzufahren, um die deutsche Wirtschaftskrise zu überwinden.

Aufgabe 3: *Im Journalismus unterscheidet man unterschiedliche Arten von Artikeln beziehungsweise Texten. Die einfachste Form stellt die Meldung dar, die in der Regel eine einfache Nachricht zum Inhalt hat. Darüber hinaus gibt es den Bericht, der neben einer Nachricht weitere Informationen bietet. Traditionell ist der Bericht so aufgebaut, dass die wichtigsten Informationen an den Anfang kommen. Als besonders aufwändig gilt die Reportage. Sie soll mit einem besonders starken und einprägsamen Bild beginnen, um den Leser zu fesseln.*

a) Im Journalismus unterscheidet man Meldung, Bericht und Reportage. Dabei gilt die Reportage als besonders aufwändig, weil sie zumeist einen schwierigen Sachverhalt darstellt.

b) Beim Bericht wird die wichtigste Information traditionell an den Anfang gestellt. Dabei darf jedoch niemals mit einem Zitat begonnen werden.

c) Meldungen haben immer eine Nachricht zum Inhalt. Berichte bieten darüber hinaus weitere Informationen.

d) Meldungen können oft einfache Informationen transportieren. Wichtige Sachverhalte werden jedoch immer in Berichten verpackt.

e) Beim Bericht beginnen Journalisten traditionell mit dem Wichtigsten. Hinten stehen dann die unwichtigeren Dinge, was vor allem historische Gründe hat.

Worteinfall

Denken Sie sich Worte mit dem Anfangsbuchstaben T und dem Endbuchstaben E aus (beispielsweise: Tante, Tinte, Tonne, Tanne etc.). Erlaubt sind Subjektive, Verben, Adjektive und ihre Abwandlungen (Plural, Imperativ etc.).

Ebenso gelten Eigen- und Städtenamen. Nicht zugelassen sind Wörter aus fremden Sprachen, Dialekten und willkürliche Neubildungen. Sie haben für die Aufgabe eine Minute Zeit.

Flussdiagramme

Viele betriebliche Prozesse werden in einem Flussdiagramm schematisch dargestellt. Flussdiagramme bieten eine übersichtliche Darstellung relevanter Prozessabschnitte und Handlungsschritte verbunden mit Fragen zur Überprüfung und Anweisungen zur Durchführung.

Die Felder des Flussdiagramms beinhalten diese Handlungsschritte (Rechtecke) und Kontrollfragen (Rauten) sowie Konsequenzen beziehungsweise Antworten (Kreise). Die Felder sind verbunden durch Pfeile, die den Prozessablauf kennzeichnen und die Folgen der Handlungsanweisungen darstellen. Jede Handlungsanweisung oder Prozessstufe wird anhand von Fragen überprüft. Im Falle der Nichterfüllung bestimmter Voraussetzungen beziehungsweise Verneinung der Frage wird ein rekursiver Prozess gestartet, der einen erneuten Durchlauf eines Teilprozesses erfordert.

Ihre Aufgabe ist es, für das Flussdiagramm einen stimmigen Problemlösungsprozess zu finden, indem Sie für die nummerierten Felder des Diagramms aus einer vorgegebenen Lösungsmenge den richtigen Prozessschritt auswählen. Sie müssen pro Feld die richtige Lösung aus fünf Textelementen wählen; nur eine Lösung ist richtig.

Aufgabe 1: *Waschmittelproduktion*

Ein Konsumgüterunternehmen stellt an einem zentralen Produktionsstandort verschiedene Produkte für den internationalen Waschmittelmarkt her.

Die fertigen Produkte werden dezentral in drei Lagerhallen zwischengelagert:

Lager A:	Flüssigwaschmittel
Lager B:	Pulverwaschmittel, Geschirrspülmittelpulver
Lager C:	Waschmitteltabs, Geschirrspültabs, Haushaltsreiniger

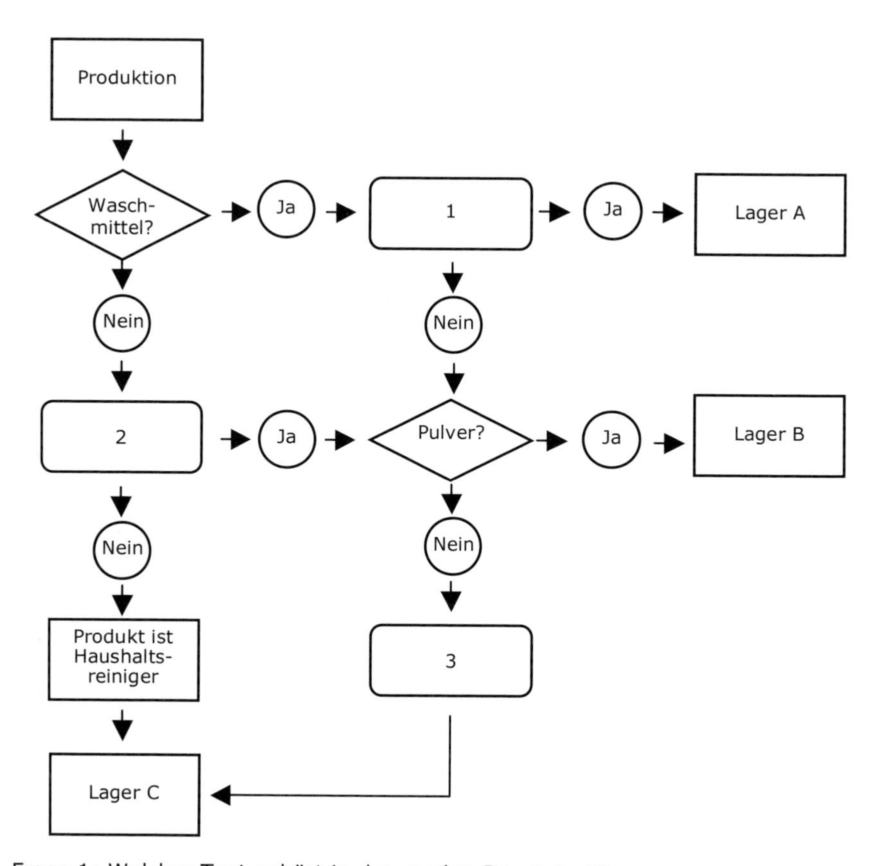

Frage 1: Welcher Text gehört in den ovalen Baustein 1?

a) Pulver?
b) Export?
c) Flüssig?
d) Spezialreiniger?
e) Produkt ist flüssig

Frage 2: Welcher Text gehört in den ovalen Baustein 2?

a) Produkt ist flüssig
b) Geschirrspülmittel?
c) Flüssig?
d) Spezialreiniger?
e) Haushaltsreiniger?

Frage 3: Welcher Text gehört in den ovalen Baustein 3?

a) Pulver?
b) Produkt ist Tabs
c) Flüssig?
d) Spezialreiniger?
e) Produkt ist flüssig

Aufgabe 2: *Qualitätskontrolle*

Ein Kosmetikhersteller produziert Parfums für das Premiumsegment in aufwändigen und zerbrechlichen Flacons, die hinsichtlich Etikettierung, Verschluss und Glasbruch mehrere Qualitätsstufen durchlaufen.

In der Produktion beschädigte Flacons werden aufgrund der Hochwertigkeit des Parfums in neue Flacons umgefüllt und dem Produktions- und Qualitätsprozess wieder zugeführt. Leicht beschädigte Ware (B-Produktion) wird über den Vertriebskanal Factory Outlet verkauft. A-Ware wird über den Kanal Retail vertrieben.

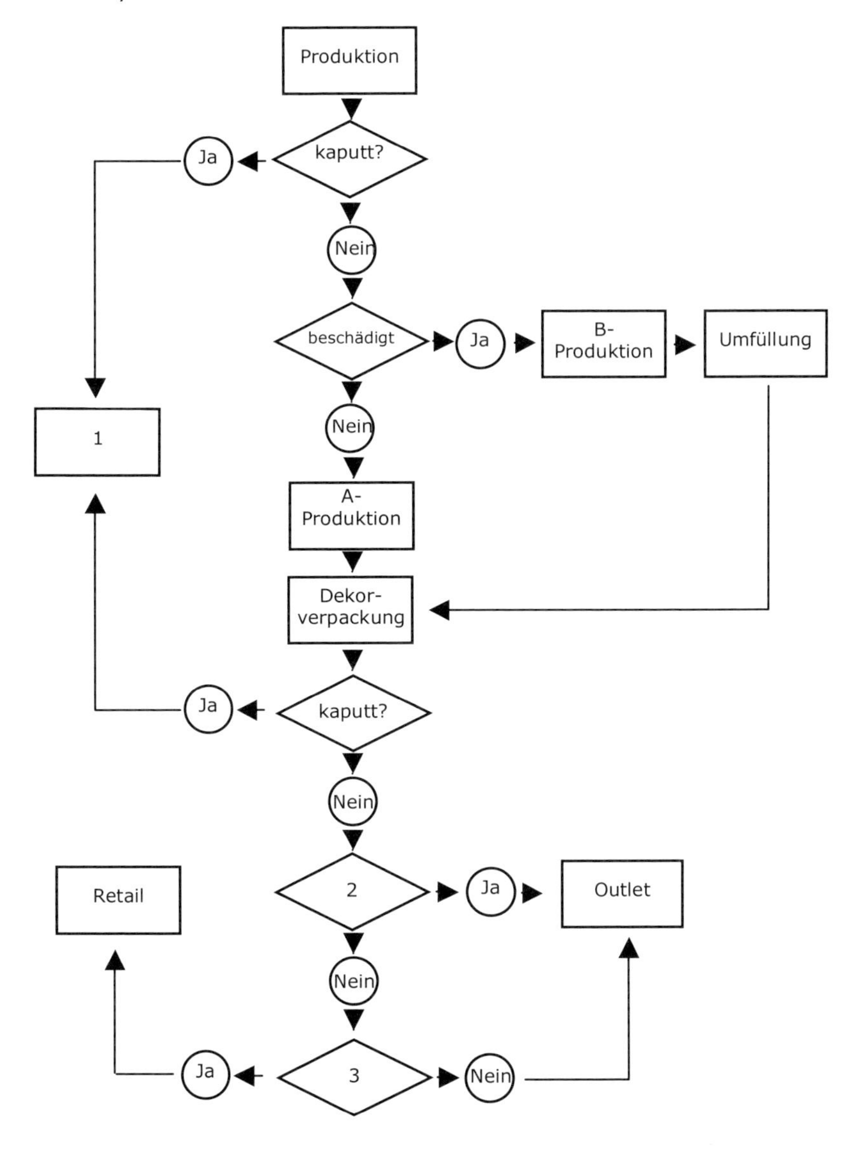

Frage 1: Welcher Text gehört in den ovalen Baustein 1?
a) reparabel?
b) Etikettierung
c) B-Produktion
d) Entsorgung
e) beschädigt?

Frage 2: Welcher Text gehört in den ovalen Baustein 2?
a) A-Produktion?
b) B-Produktion
c) beschädigt?
d) Füllstand prüfen
e) umfüllen?

Frage 3: Welcher Text gehört in den ovalen Baustein 3?
a) B-Produktion?
b) kaputt?
c) umfüllen
d) A-Produktion?
e) Retail

Im Bewerbungsprozess kann es auch gefragt sein, eine Problemstellung und den dazugehörigen Lösungsweg in einem solchen Diagrammtyp darzustellen. Fangen Sie dabei grundsätzlich mit den wichtigen Hauptschritten der Problemlösung an. Untergliedern Sie dann diese Hauptschritte in Zwischenschritte. Formulieren Sie anschließend zu jedem Prozessschritt die entsprechende Kontrollfrage und zeigen Sie die Konsequenzen auf.

Interpretation von Grafiken und Tabellen

Viele unternehmerische Sachverhalte werden in Schaubildern oder tabellarischen Übersichten dargestellt, wie beispielsweise Umsatz- und Ergebnisentwicklung. Typisch sind Balken-, Linien- und Kuchendiagramme.

Ein häufig vorkommender Test ist die Überprüfung von Aussagen zum gezeigten Diagramm auf ihre Richtigkeit hin. Sie müssen dazu das gezeigte Diagramm verstehen, auswerten und an der Aussage spiegeln. Dieser Aufgabentyp prüft Ihre Fähigkeit, Informationen zu verarbeiten und zu analysieren sowie Ihr Datenverständnis in komplexeren Zusammenhängen und die Fähigkeit zur Interpretation der Daten; das bedeutet, dass Sie gültige Aussagen aus den vorliegenden Datensätzen ableiten und erkennen können.

i) Interpretation von Grafiken

Beispielaufgabe: Das nachfolgende Diagramm zeigt die regionale Gewinnentwicklung in Millionen Euro eines Sportartikelherstellers pro Quartal. Welche der nachfolgenden Aussagen sind richtig beziehungsweise falsch?

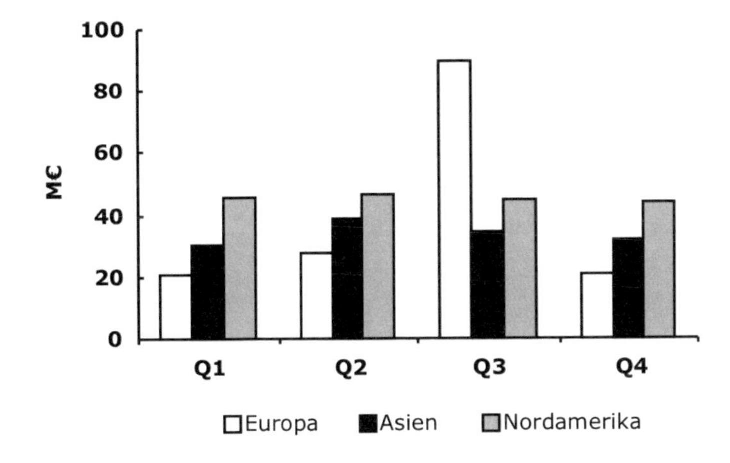

a) Europa ist ein stagnierender Markt.

b) Europa ist umsatzstärker als Asien.

c) Nordamerika ist der Markt mit dem höchsten Gewinn.

d) Europa ist ein saisonal schwankender Markt.

e) Nordamerika und Europa haben ein saisonal schwankendes Geschäft.

Hilfreich für die Lösung ist sicherlich ein Lineal, mit dem Sie grafisch die Durchschnittswerte bestimmen können. Bei den meisten Tests dieser Art sind die Aussagen relativ eindeutig; es kommt vor allem darauf an, die Aussage der Grafik zu verstehen. Ein stagnierender Markt ist Europa sicherlich nicht, da der Gewinn mindestens in Q2 und Q3 höher liegt als in Q1; somit ist a) falsch. Europa ist auch nicht umsatzstärker als Asien, da in dieser Grafik die Gewinnentwicklung dargestellt wird; es kann nicht unmittelbar auf die Umsatzentwicklung geschlossen werden, da die Kosten unbekannt sind. Die Aussage b) ist daher nicht zu beantworten. Nordamerika ist der Markt mit dem höchsten Gewinn. Das zeigt sich in vier Quartalen, die alle oberhalb von 40 Mio. EUR liegen; daher ist c) richtig. Ebenfalls ist die Antwort d) korrekt, da Europa der Markt mit den höchsten saisonalen Ausschlägen ist. Nord Amerika ist demgegenüber der Markt, mit dem am ehesten konstanten Geschäft; daher ist e) falsch. Die einzigen richtigen Antworten sind c) und d).

ii) Interpretation von Tabellen

Die Interpretation von tabellarischen Daten wird Sie in allen beruflichen Positionen in der Konsumgüterindustrie beschäftigen. Daher testen viele Unternehmen, wie Sie Informationen auswerten und verarbeiten. Ihre analytischen Fähigkeiten stehen dabei im Vordergrund. Procter&Gamble verwendet dafür im Bewerbungsverfahren den „Problem Solving Test" (PST). Die folgenden squeaker.net-Trainingsaufgaben sind modifizierte Aufgaben zur Interpretation von Tabellen wie etwa im PST. Sie können den originalen PST vollständig online bei P&G trainieren oder downloaden: → www.pgcareers.com/pst

Umsätze ausgewählter Industriesektoren in Mrd. Euro					
Industriesektor	**Jahr 1**	**Jahr 2**	**Jahr 3**	**Jahr 4**	**Jahr 5**
Agrar	30	33	36	37	40
Medien	20	20	25	26	32
Bau	35	42	49	56	63
Finanz	80	92	100	110	120
Industrie	210	215	222	235	252
Transport	42	46	50	54	60

Aufgaben:

1. Welcher Industriesektor hatte den größten absoluten Umsatzzuwachs von Jahr 1 zu Jahr 2?
   A: Agrar, B: Bau, C: Finanz, D: Industrie, E: Transport

2. Welcher Industriesektor hatte den geringsten absoluten Umsatzzuwachs von Jahr 1 bis Jahr 5?
   A: Agrar, B: Bau, C: Finanz; D: Industrie, E: Transport

3. Welcher Industriesektor hatte den größten prozentualen Umsatzzuwachs von Jahr 3 zu Jahr 4?
   A: Agrar, B: Medien, C: Bau, D: Finanz; E: Industrie

4. Welcher Industriesektor hatte den geringsten prozentualen Umsatzzuwachs von Jahr 1 bis Jahr 4?
   A: Agrar, B: Medien, C: Bau, D: Industrie, E: Transport

5. Welcher Industriesektor zeigte das am wenigste konstante Umsatzwachstum über den gesamten Zeitraum?
   A: Agrar, B: Medien, C: Finanz; D: Industrie, E: Transport

6. Wenn der Transportsektor die gezeigte Entwicklung fortsetzte, dann wäre im sechsten Jahr der Umsatz wahrscheinlich bei:
   A: 60, B: 62, C: 66, D: 68, E: 70

7. In welchem der folgenden Fälle hatte der erstgenannte Industriesektor über den gesamten Zeitraum etwa die Hälfte des Umsatzes des Zweitgenannten?
   A: Agrar–Finanz, B: Medien–Agrar, C: Bau–Finanz,
   D: Finanz–Industrie, E: Transport–Industrie

8. In wie vielen Fällen generierte einer der Industriesektoren einen Zuwachs von 10 % oder mehr von einem zum anderen Jahr?
   A: 1-4, B: 5-8, C: 9-12, D: 13-16, E: 17-20

9. Der Industriezweig mit dem kontinuierlichsten Wachstum war:
   A: Medien, B: Bau, C: Finanz, D: Industrie, E: Transport

10. Wie viele Industriezweige hatten eine Wachstumsrate von mindestens 20 % im Zeitraum Jahr 1 bis Jahr 3?
    A: 1, B: 2, C: 3, D: 4, E: 5

11. Den größten prozentualen Umsatzzuwachs von einem auf das andere Jahr verzeichnete:
    A: Agrar Jahr 3-4, B: Medien Jahr 2-3, C: Bau Jahr 1-2,
    D: Finanz Jahr 4-5, E: Industrie Jahr 3-4

squeaker.net-Tipp: Wir raten Ihnen unbedingt, das Kopfrechnen sowie Rechnen mit dem Taschenrechner zu üben, bevor Sie einen Test ablegen, da Sie in jedem Fall unter hohem Zeitdruck arbeiten müssen und dafür Routine benötigen. Nutzen Sie außerdem die zur Verfügung stehenden Online-Tests der erwähnten Unternehmen insbesondere des internationalen Testanbieters SHL (→ www.shldirect.com) und die Trainingsmöglichkeiten von squeaker.net.

Brainteaser

Brainteaser sind knifflige Aufgaben, die Ihr Problemdenken und Ihre Kreativität testen sollen, also vor allem nach unkonventionellen Lösungen verlangen.

Im Folgenden stellen wir Ihnen fünf Brainteaser beispielhaft vor, wie sie durchaus in einem Interview vorkommen können. Für ein intensives Training an weiteren Brainteasern empfehlen wir das squeaker.net-Buch „Das Insider-Dossier: Brainteaser im Bewerbungsgespräch".

Mit Hilfe dieses Buches können Sie 100 aktuelle Brainteaser lösen und die Herangehensweise trainieren. Nach einer Analyse der typischen Brainteaser-Typen haben wir das folgende squeaker.net-5-Schritte-Schema zur Lösung entwickelt, das einen guten Ansatz zur Bearbeitung schafft, so dass Sie mit einem trainierten, strukturierten Vorgehen die nötige Gelassenheit besitzen, um durch Ihre analytischen und kreativen Fähigkeiten zu überzeugen.

Das *squeaker.net-5-Schritte-Schema* zur Lösung von Brainteasern

Schritt 1 – Herausfordernde Unmöglichkeiten?

Verinnerlichen Sie den Grundsatz: „Nichts ist unmöglich!" Lassen Sie sich von unlösbar scheinenden Aufgaben niemals entmutigen, sondern lassen Sie sich auf die Herausforderung ein und bringen Sie die Motivation auf, die Aufgabe zu knacken. Eine positive Einstellung ist die zentrale Voraussetzung um Denkblockaden zu verhindern.

Schritt 2 – Mathematisch und „logisch unbeirrt"

Lassen Sie sich von bunten Kugeln, Hühnern und Eiern nicht verwirren. Die meisten der anschaulich dargestellten Aufgaben lassen sich in ein simples mathematisches Problem transformieren, das mittels eines einfachen Lösungsschemas in Sekunden gelöst ist. Trainieren Sie ein wenig Ihr mathematisches und stochastisches Wissen und prüfen Sie, ob sich für das Problem eine geeignete Gleichung finden lässt.

Schritt 3 – „out-of-the-box-thinking"

Die gegebenen konkreten Fakten in der Problembeschreibung verleiten gerne dazu, sich daran festzuklammern und zu verkrampfen. Lösen Sie sich von den Fakten, abstrahieren Sie und gewinnen Sie Freiraum für kreative Lösungsansätze, die außerhalb des naheliegenden Antwortrahmens liegen.

Schritt 4 – „trial and error"

Manchmal ist ein klar strukturierter Lösungsweg nicht möglich und ein schrittweiser Lösungsansatz gefordert. Versuchen Sie dennoch systematisch nach Versuch und Irrtum zu verfahren.

Schritt 5 – Freude an der intellektuellen Herausforderung

Lassen Sie sich auf jeden Brainteaser aufs Neue mit Freude und Motivation ein. Dokumentieren Sie, dass Sie Spaß an intellektuellen Herausforderungen haben. Im besten Fall wird Ihr Interviewer von Ihrem Brainteaser-Ehrgeiz auf den richtigen Biss schließen.

Trainingsaufgaben:

Aufgabe 1: *Kugeln wiegen*
Sie haben eine Apothekerwaage und neun Kugeln. Sie wissen, dass eine der Kugeln etwas schwerer ist als die anderen. Der Unterschied ist jedoch so gering, dass Sie nicht erkennen können, welche der Kugeln es ist. Mit der Waage können Sie es aber herausfinden. Können Sie mit zwei Wiegevorgängen die schwerere Kugel identifizieren? Wenn ja, wie? (Alternativformulierung: Mit wie vielen Wiegevorgängen finden Sie die schwerere Kugel?)

Aufgabe 2: *Wassermelone*
Sie haben eine Wassermelone, die 2.000 Gramm wiegt bei einem Wassergehalt von 99 %. Wie viel wiegt die Wassermelone, wenn der Wassergehalt auf 98 % sinkt?

Aufgabe 3: *Schnelles Altern*
Heute ist Katharina 21 Jahre alt. Vorgestern war sie 20 Jahre alt und nächstes Jahr wird sie bereits 23 Jahre alt sein. Ihr Geburtstag ist nicht der 29. Februar, und Katharina hat wie alle anderen Menschen einmal im Jahr Geburtstag und altert nicht schneller. Wie ist das möglich?

Aufgabe 4: *Ziffernblatt*
Wie oft innerhalb von zwölf Stunden überkreuzen sich der Stunden- und der Minutenzeiger einer Uhr?

Aufgabe 5: *Hirtenkäse*
Zwei Hirten machen auf einer Wiese Rast. Der eine hat fünf Stücke Käse und der andere drei Stücke. Ein vorbeikommender Wanderer fragt, ob er mit ihnen zusammen den Käse essen darf. Die beiden sind einverstanden. Bei dieser gemeinsamen Mahlzeit essen alle Personen gleich viel Käse. Nach dem Essen steht der Wanderer auf und bezahlt acht Euro als Entschädigung für den Käse. Wie muss dieser Betrag unter den Hirten aufgeteilt werden, damit ihr Beitrag gerecht berücksichtigt wird?

Mathe-Basics

Viele Bewerber berichten, dass Sie zwar inhaltlich keine gravierenden Probleme mit Testaufgaben hatten, jedoch beim Ausrechnen ohne Taschenrechner angesichts des Zeitdrucks leicht Fehler gemacht oder zu viel Zeit benötigt haben. Im Laufe des Studiums gewinnt man zwar Routine mit dem Taschenrechner, verliert jedoch die Rechenübung im Kopf oder auf dem Papier. Daher raten wir jedem Bewerber dringend dazu, die Grundrechenarten noch einmal zu üben und im „Einmaleins" und Kopfrechnen fit zu sein. Darüber hinaus sollten Sie unbedingt einige Dreisatzaufgaben wiederholen.

i) Große Zahlen

Im Umgang mit großen Zahlen können Sie typische Fehlerquellen vermeiden, in dem Sie die Regel befolgen, dass Sie bei der Multiplikation großer Zahlen im Ergebnis die Summe der Stellen der beiden Multiplikatoren haben müssen. Trennen Sie die Stellen am besten in Tausenderschritten mit Punkten ab und Sie behalten den Überblick:

30.000 · 4.000.000 = 3 · 4 mit „4 + 6 = 10" - Nullen, also 120.000.000.000, entspricht 120 Milliarden. Hinweis: Im amerikanischen Englisch heißt Milliarde *billion*.

ii) Prozentzahlen und Promille

1 ‰ sind 0,001 und 1‰ von 56.245 = 56,245; versetzen Sie bei ‰ das Komma um drei Nachkommastellen nach links.

1 % sind 0,01 und 1 % von 56.245 = 562,45; versetzen Sie bei % das Komma um zwei Nachkommastellen nach links.

6 % · 7 % entspricht 0,06 · 0,07 = 0,0042 und somit 0,42 %.

100% entspricht 100 : 100 = 1 und 200% sind daher 200/100 = 2.

Eine prozentuale Wertsteigerung errechnet sich wie folgt: Division des zeitlich aktuelleren Wertes durch den zeitlich älteren Wert abzüglich 1 multipliziert mit 100 %. Für eine Aktie mit Wert 25 Euro in 2004 und 50 Euro in 2005 zum jeweiligen Stichtag gilt: Die Aktie hat ihren Wert verdoppelt und dementsprechend ihren Wert um ((50 : 25) -1) · 100 % = 100 % gesteigert.

Vorsicht vor Fallen!

Eine Steigerung um 300 % ist nicht etwa eine Verdreifachung, sondern 3 mal Ausgangswert plus den Ausgangswert; im obigen Beispiel also 3 · 25 plus die ursprünglichen 25 = 100. Vorsicht ist bei dem Vergleich von Prozentzahlen geboten. Der Marktanteil eines Produktes steigt in einer Periode von 20,1 % auf 23,5 %, so dass der Anstieg 3,4 %-Punkte beträgt (Differenz der Prozentwerte).

squeaker.net-Tipps zur Testaufgabenbearbeitung:

- Nutzen Sie zu Testbeginn die Zeit für die Aufgabenerklärung und verdeutlichen Sie sich anhand der Musteraufgaben das Aufgaben- und Lösungsschema. Fragen Sie bei Unklarheiten den Testleiter, solange Sie die Möglichkeit haben. Arbeiten Sie zügig, aber mit ausreichender Sorgfalt!
- Beißen Sie sich nicht an schwierigen Aufgaben fest, da Sie sonst wertvolle Arbeitszeit für andere, vielleicht leichtere Aufgaben verlieren. Bei

Unklarheiten in der Aufgabenstellung lesen Sie die Aufgabe erneut und in Ruhe, sollten Sie nach nochmaligem Lesen die Aufgabenstellung noch nicht verstehen, machen Sie mit der nächsten weiter und kommen Sie später darauf zurück.

- Arbeiten Sie gemäß der Ausschlussstrategie: Versuchen Sie im Falle mehrdeutiger Lösungen die richtige Antwort einzukreisen, indem Sie nach und nach die nicht zutreffenden Antworten ausschließen.
- Raten Sie in den letzten Minuten Ihrer Bearbeitungszeit Lösungen, anstatt gar nichts anzukreuzen, sofern es keine Punktabzüge für falsche Antworten gibt. Das sollten Sie vor dem Test klären.
- Nehmen Sie nur an Auswahltests teil, wenn Sie sich absolut gesund fühlen. Verzichten Sie auf Medikamente zur Beruhigung, da diese letztlich Ihr Bild und eventuell auch Ihre Leistungen verzerren können.

3. Tests zum Allgemeinwissen

Viele Unternehmen testen Ihr Allgemeinwissen mit dem Ziel einer umfassenden Einschätzung Ihrer Persönlichkeit. Die Fragen stammen meist aus den Fachgebieten Politik und Zeitgeschichte, Wirtschaft und Soziales, Kunst und Philosophie, Naturwissenschaft und Technik. Testen Sie Ihr Allgemeinwissen anhand unserer Fragen und finden Sie heraus, welche Bereiche Sie aufbessern müssen.

Politik und Zeitgeschichte

1. Welches sind die drei höchsten Bundesorgane?
   a) Bundeskanzler, Bundespräsident, Bundestagspräsident
   b) Bundespräsident, Bundestagspräsident, Präsident des Bundesverfassungsgerichtes
   c) Bundespräsident, Bundesratspräsident, Bundestagspräsident
   d) Bundespräsident, Bundeskanzler, Bundesratspräsident
2. Welchen Rechtscharakter hat die Europäische Union?
   a) Bundesstaat
   b) Staatenbund
   c) Multilaterale Organisation
   d) Rechtssubjekt sui generis

3. Die Bundesrepublik Deutschland war Gründungsmitglied
   a) der Nato
   b) der Europäischen Gemeinschaft
   c) der Vereinten Nationen
   d) der Westeuropäischen Union

4. Die Reichsverfassung von 1919 wurde beschlossen
   a) in Berlin
   b) in Frankfurt am Main
   c) in Wien
   d) in Weimar

5. Als „Vater der Sozialen Marktwirtschaft" gilt
   a) Konrad Adenauer
   b) Ludwig Erhard
   c) Gerhard Schröder
   d) Alfred Müller-Armack

6. Den Oberbefehl über die Deutsche Bundeswehr führt zurzeit
   a) der Bundeskanzler
   b) der Bundespräsident
   c) der Generalinspekteur
   d) der Bundesverteidigungsminister

7. Bundestagswahl: Wie entscheidet sich die Zusammensetzung des Bundestages?
   a) über die Erststimme
   b) über die Zweitstimme
   c) beide Stimmen entscheiden gleichberechtigt
   d) über die Landeslisten

8. Welcher Bundeskanzler kam über ein konstruktives Misstrauensvotum ins Amt?

   a) Willy Brandt
   b) Helmut Kohl
   c) Helmut Schmidt
   d) Willy Brandt und Helmut Kohl

9. Die Länder haben die Gesetzgebungskompetenz für

   a) Kultur
   b) Polizei
   c) Kommunalrecht
   d) Schule

10. Die staatliche Verwaltungskompetenz liegt grundsätzlich

   a) beim Bund
   b) bei den Ländern
   c) bei den Kommunen
   d) bei den Regierungsbezirken

Wirtschaft und Soziales

1. Die „Soziale Marktwirtschaft" ist

   a) ein Verfassungsprinzip
   b) ein volkswirtschaftliches Ordnungsprinzip
   c) ein Missverständnis
   d) ein einklagbares Recht

2. Die „Koalitionsfreiheit" bedeutet,

   a) dass sich Arbeitnehmer zusammenschließen dürfen
   b) dass sich Arbeitnehmer nicht organisieren müssen
   c) dass sich Arbeitgeber zusammenschließen dürfen
   d) dass politische Parteien Bündnisse schließen dürfen

3. Die von einem Kreditnehmer zu zahlenden Kosten für einen Kredit werden bezeichnet als

   a) Zinsen

   b) Dividende

   c) Grundschuld

   d) Devisen

4. Die Arbeitslosenquote gibt an,

   a) wie viele Arbeitnehmer arbeitslos sind

   b) wie hoch der Anteil der Arbeitslosen an der Gesamtzahl der Arbeitnehmer ist

   c) wie hoch der Anteil der Arbeitslosen an der Gesamtzahl der Deutschen ist

   d) wie hoch der Anteil der Arbeitslosen an der Gesamtzahl der Nicht-Rentner ist

5. Die OPEC ist die

   a) Organisation für Zusammenarbeit in Europa

   b) Organisation Erdöl exportierender Länder

   c) Organisation Erdöl fördernder Länder

   d) Organisation Erdöl importierender Länder

6. Der 1. Mai als „Tag der Arbeit" wurde erstmals zum staatlichen Feiertag

   a) im Deutschen Kaiserreich (1871-1918)

   b) in der „Weimarer Republik" (1918-1933)

   c) im „Dritten Reich" (1933-1945)

   d) in der Bundesrepublik Deutschland (seit 1949)

   e) in der Deutschen Demokratischen Republik (1949-1990)

7. Die Rente wird bezahlt aus

   a) Steuermitteln

   b) Rentenbeiträgen

   c) Arbeitslosenbeiträgen

   d) der Pensionskasse

8. In Deutschland gibt es
   a) einen Mehrwertsteuersatz
   b) zwei Mehrwertsteuersätze
   c) drei Mehrwertsteuersätze
   d) eine Erhöhung der Mehrwertsteuer

9. Die Sparquote liegt in Deutschland bei
   a) unter fünf Prozent
   b) über fünf Prozent
   c) über zehn Prozent
   d) über 20 Prozent

10. Ein Kaufmännisches Bestätigungsschreiben
    a) gilt nur unter Kaufleuten
    b) gilt grundsätzlich bei Kaufverträgen
    c) gilt, wenn eine Partei Kaufmann ist
    d) durchbricht den Grundsatz, dass Schweigen keine Zustimmung bedeutet

Kunst und Philosophie

1. Welcher Komponist ist kein Vertreter der „Wiener Klassik"?
   a) Richard Wagner
   b) Ludwig van Beethoven
   c) Johann Sebastian Bach
   d) Wolfgang Amadeus Mozart

2. Welche Sprache ist die ursprüngliche Opernsprache?
   a) Italienisch
   b) Deutsch
   c) Englisch
   d) Französisch

3. Wie heißt die Geburtsstadt von Jacques Offenbach?
   a) Straßburg
   b) Köln
   c) Paris
   d) Luxemburg

4. Welcher Interpret hat den Grand Prix d'Eurovision de la Chanson nicht gewonnen?
   a) Nicole
   b) Katja Ebstein
   c) Udo Jürgens
   d) Herbert Grönemeyer

5. Wer ist der Autor der „Buddenbrooks"?
   a) Heinrich Mann
   b) Golo Mann
   c) Thomas Mann
   d) Friedrich Mann

6. Welcher Autor gilt nicht als Vertreter der „Weimarer Klassik"?
   a) Johann Wolfgang von Goethe
   b) Friedrich von Schiller
   c) Walther von der Vogelweide
   d) Heinrich Heine

7. Was ist der gesellschaftliche Hintergrund von Heinrich Bölls „Ansichten eines Clowns"?
   a) das pietistische Pommern der napoleonischen Zeit
   b) das katholische Rheinland der Adenauer-Zeit
   c) das barocke Bayern der Zeit Ludwig II.
   d) das protestantische Preußen Friedrichs II.

8. Das „Höhlengleichnis" entstammt einer Schrift von
    - a) Aristoteles
    - b) Sokrates
    - c) Platon
    - d) Ovid

9. Das „Letzte Abendmahl" entstammt
    - a) dem Alten Testament
    - b) dem Neuen Testament
    - c) dem Koran
    - d) der Odyssee

10. Klugheit ist
    - a) eine Tugend
    - b) ein Gebot
    - c) ein Dogma
    - d) ein Verbot

Naturwissenschaft und Technik

1. Welches ist der Grundstoff für die organische Chemie?
    - a) Wasser
    - b) Helium
    - c) Kohlenstoff
    - d) Stickstoff

2. Was sind Aggregatzustände?
    - a) flüssig, fest, gasförmig
    - b) groß, klein, mittel
    - c) dumm, klug, intelligent
    - d) hell, dunkel, grau

3. Eine wissenschaftliche These gilt als wahr
   a) wenn sie als wahr bewiesen wurde
   b) solange sie nicht widerlegt wurde
   c) solange keiner einen besseren Einfall hatte
   d) sobald sie von einer Universität anerkannt wird

4. Die Kernspaltung
   a) setzt Energie frei
   b) benötigt Energie
   c) zerstört Atomkerne
   d) setzt Viren frei

5. Erfinder der Dampfmaschine war
   a) Galileo Galilei
   b) James Watt
   c) Werner von Siemens
   d) Isaac Newton

6. Träger des Erbgutes ist
   a) DNS
   b) DNA
   c) DNB
   d) DBA

7. Eine semi-permeable Membran ist
   a) durchlässig
   b) halb durchlässig
   c) undurchlässig
   d) halb undurchlässig

8. Aids ist
   a) ein Virus
   b) eine Krankheit
   c) ein Bazillus
   d) eine Allergie

9. Das Herz ist
   a) ein Organ
   b) ein Muskel
   c) eine Sehne
   d) die Seele

10. Der Wal ist
    a) ein Fisch
    b) ein Nachkomme der Dinosaurier
    c) ein Säugetier
    d) mit dem Hai verwandt

4. Kreativtests

Sehr viele Berufe erfordern ein außerordentliches Maß an Kreativität. Die Marketingabteilungen der Konsumgüterindustrie erachten Kreativität als Schlüsselqualifikation. Deswegen verwenden einige Unternehmen Kreativtests für die Ermittlung des optimalen Kandidaten.

Es gibt viele unterschiedliche Kreativtechniken. In ACs werden vor allem die zwei bekanntesten Techniken - Brainstorming und Mindmapping verwendet. Wir stellen Ihnen nochmals kurz diese Techniken vor und legen Ihnen die Einhaltung der Spielregeln unbedingt ans Herz.

Brainstorming

Die wohl bekannteste Kreativmethode ist ein Gruppenprozess zur Ideengenerierung. Sechs bis acht Teilnehmer bringen auf Zuruf fünfzehn bis dreißig Minuten lang Ihre Ideen und Assoziationen zum Thema ein und lassen diese von einem Moderator auf Karten schreiben. Während dieser Phase wird weder kommentiert noch kritisiert. Am Ende der Ideenfindung werden alle Ideenkarten auf einer

Pinnwand angebracht. Die gewonnenen Ideen werden erst in einem zweiten Schritt geordnet, diskutiert, bewertet und entsprechend aufgenommen oder aussortiert.

Mindmapping

Mindmapping ist ein individualer Kreativprozess. Auf einer Mindmap bringen Sie Ihre kreativen Gedanken in Form eines strukturierten und verzweigten Diagramms zu Papier. Zunächst nehmen Sie ein DIN-A4-Blatt horizontal, schreiben das Thema in die Mitte und denken fünf Minuten vollkommen frei darüber nach. Lassen Sie Ihre Stichwörter wie Äste vom Themenstamm wachsen, ohne die Gedanken und Ideen zu sortieren. Eine Struktur würde Ihre Gedanken zu früh in eine Richtung lenken. Verwerfen Sie keine Ideen, sondern erachten Sie jede als gleich gut und lassen Sie alle auf sich wirken und mit weiteren Ideen verzweigen. Erst im zweiten Schritt – nach einigen Minuten des Denkens und Schreibens – strukturieren Sie Ihre Ideen auf einem neuen Blatt und ordnen die Ideen vier markanten Oberbegriffen zu, die Sie als starke Äste direkt vom Ideenstamm entspringen lassen. Von diesen Ästen verzweigen sich in mehreren Schichten Ihre zugeordneten Ideen und bilden ein Blätterdach rund um das Thema. Die Mindmap kann Ihnen zur Präsentationsvorbereitung unter Zeitdruck sehr dienlich sein, um effizient Ideen zu generieren und zu strukturieren.

Zusätzlich zu diesen Tests können Ihnen in Einzelinterviews spontane Kreativfragen gestellt werden wie beispielsweise:

Was kann man alles mit einer Büroklammer machen?

Lösungsmöglichkeiten: Angelhaken, Männchen, Herz, Buchstaben, Minispeer, Stricknadel, Bohrer, Nagel, Minienterhaken, Lesezeichen, Haarklammer, Fingernagelreiniger, Kabelbinder, Anhänger etc.

Trainingsaufgabe 1: Was kann man mit einem Autoreifen machen?

Trainingsaufgabe 2: Was kann man alles mit leeren Flaschen machen?

Versuchen Sie, möglichst kreative, also unkonventionelle und unerwartete Antworten zu finden. Der Interviewer bewertet Ihre Kreativität und weniger, wie plausibel, sinnvoll oder realitätsnah die Antworten sind. Zusätzlich zu solch spontanen Minibrainstormings gibt es so genannte Kreativitäts-Brainteaser im Bewerbungsinterview. Zeigen Sie, dass Ihr logischer Scharfsinn auch mit Kreativität gepaart zu eindrucksvollen Lösungen führt.

Der Klassiker: Warum sind Kanaldeckel rund?

Die richtige Antwort gibt es nicht, dafür aber viele gute Antworten. Die erste und offensichtlichste Antwort ist, dass die Kanalöffnungen rund sind. Diese Antwort ist jedoch ein wenig kurz gegriffen, denn es wird sofort die Anschlussfrage gestellt, warum denn die Kanalöffnungen rund sind. Lassen Sie Ihren Ideen freien Lauf und führen Sie beispielsweise folgende Gründe an:

- damit sie leichter durch Rollen transportiert werden können
- weil es leichter ist runde Kanalöffnungen zu bohren
- da die Verletzungsgefahr bei runden Gegenständen geringer ist
- weil sich in Rundungen nicht so viel Dreck absetzt wie in Ecken
- weil ein Kreis eine gleichmäßige Spannungsverteilung über den Umfang garantiert im Gegensatz zum Rechteck

Ist Ihnen schon einmal aufgefallen, dass in Kaufhäusern die Lebensmittelabteilung immer im Untergeschoß, das Restaurant immer im Obergeschoß und die Parfümerie immer am Eingang ist? Was glauben Sie, warum?

Als Hochschulabsolvent mit Schwerpunkt Handelswissenschaft oder Marketing sollten Sie die Antwort kennen, doch Sie können auch noch weitere kreative Erklärungen finden. Es gibt logische Gründe für die Anordnung der einzelnen Abteilungen. Lebensmittelabteilungen sind aus logistischen Gründen im Untergeschoß, da frische Waren täglich umgeschlagen werden (so genannte „Schnelldreher") und ein einfaches logistisches Handling gewährleistet sein muss. Außerdem sind Lebensmittelabteilungen klimatisiert oder sogar gekühlt und es ist einfacher ein Kellergeschoß kühl zu halten als ein Dachgeschoß. Das Restaurant ist oben, da hierzu auch die Sanitärräume gehören und viele Kunden eine Toilette aufsuchen. Dafür sollen sie möglichst alle Etagen und Warengruppen passieren, damit sie vielleicht zu dem einen oder anderen Impulskauf angeregt werden. Parfums sind Luxusartikel, die edel und anschaulich dargeboten werden. Sie sind also attraktiv und ziehen Aufmerksamkeit auf sich und Kunden werden zu spontanem Duft-Testen angeregt.

III. Gesprächsformate

1. Telefoninterview

Viele Unternehmen nutzen das Telefoninterview für ein erstes Screening der Bewerber, bevor über eine Einladung zum persönlichen Vorstellungsgespräch entschieden wird. Die Personaler prüfen in diesem Gespräch einige Ihrer sozialen Kompetenzen wie zum Beispiel Kommunikationsfähigkeit und Flexibilität im Umgang mit ungewohnten Situationen, aber auch die Konsistenz und Stichhaltigkeit Ihrer Angaben im Lebenslauf. Daher ist das Telefoninterview genauso wichtig wie ein persönliches Auswahlgespräch und bedarf der gleichen Vorbereitung. Es wird in aller Regel ein Termin hierfür vereinbart, worauf Sie auch in jedem Fall bestehen sollten. Ein spontanes und unvorbereitetes Interview kann leicht daneben gehen. Dennoch sollten Sie während Ihres Bewerbungsprozesses immer auf einen überraschenden Rückruf vom Unternehmen vorbereitet sein. Achten Sie daher grundsätzlich auf Erreichbarkeit und halten Sie ihre Unterlagen griffbereit, um zumindest kürzere Fragen beantworten zu können. Je erfreuter Sie sich zeigen und gefasster Sie sich verhalten, desto professioneller und angenehmer wirken Sie.

Typischerweise werden Sie zu Ihrem Lebenslauf und zu Ihrer Motivation für die Bewerbung bei dem jeweiligen Unternehmen befragt. Ebenso können Fragen zu Ihren „Baustellen", also Stärken oder Schwächen vorkommen. Dabei können die Fragen sehr offen und auffordernd gestellt werden, wie beispielsweise „Erzählen Sie mal, was Sie die letzten Jahre gemacht haben" oder „Was sind für Sie die wichtigsten Stationen in Ihrem Lebenslauf". Grundsätzlich erwarten die Personaler klar strukturierte Antworten, insbesondere bei offenen Fragen.

Telefonskript anfertigen

Es ist ratsam, vorab ein Telefonskript mit wichtigen Stichwörtern zu verfassen, die Sie einbringen wollen und Ihrem Gespräch einen roten Faden ermöglichen. Diese Stichwörter müssen vor allem die „Highlights" Ihres Lebenslaufes wiedergeben. Fassen Sie daher als vorbereitende Übung Ihre wichtigen Stationen im Lebenslauf in kurzen Sätzen zusammen. Im Falle von Auslandsaufenthalten für Studium oder Praktikum sollten Sie sich diese Gedanken auch gleichzeitig in der jeweiligen Fremdsprache machen, da es häufig vorkommt, dass im Interview kurzzeitig die Sprache gewechselt wird, um einerseits die fremdsprachliche Qualifikation einzuschätzen und andererseits die Flexibilität des Kandidaten, auf unvorhergesehene Situation zu reagieren, zu prüfen.

Die wichtigen Fakten zum Unternehmen sollten Sie bereits im Kopf haben, tiefergehende Informationen sowie Ihre Fragen zum Unternehmen schreiben Sie ebenfalls in das Telefonskript. Als Vorbereitung auf das Unternehmen stellt der Geschäftsbericht eine hervorragende Informationsquelle dar. Strategie, Markenportfolio, Finanzkennzahlen und Interviews mit den Entscheidungsträgern können wichtige Zusatzinformationen liefern, die Ihnen tiefergehende Fragen erlauben und dokumentieren, dass Sie sich mit dem Unternehmen intensiv befasst haben.

Ideales Umfeld schaffen

Sehr wichtige Erfolgsfaktoren dafür, ob der Interviewer das Telefonat als positiv oder negativ wertet, sind Ihre Sprache und Stimme. Damit Sie sich vollkommen auf das Gespräch einstellen und konzentrieren können, sollten Sie sich daher ein ideales Umfeld schaffen. Achten Sie darauf, dass Sie einen ruhigen Telefonplatz wählen, da Ihre ungestörte Konzentration die Grundlage für ein erfolgreiches Gespräch bildet. Mentale Abwesenheit wird von Ihrem Interviewer sofort bemerkt und wirft ein schlechtes Licht auf Sie.

Wählen Sie einen Ort, an dem Sie sich in erster Linie wohlfühlen, der aber auch ausreichend Platz für Ihre Unterlagen bietet. Neben Ihrem Anschreiben und der Kopie Ihrer Bewerbungsmappe haben Sie Ihren Terminkalender, Stift und Papier griffbereit, damit Sie gegebenenfalls einen persönlichen Gesprächstermin vereinbaren können.

Die Wahl Ihrer Kleidung ist ebenfalls nicht unwichtig, da eine bessere Kleidung und aufrechte Sitzposition, also Ihre gesamte Haltung einen starken Einfluss auf Ihre Stimmlage und Sprachwahl haben. Wer in Freizeitkleidung entspannt auf der Couch liegt, kann schnell in einen saloppen und (nach-)lässigen Gesprächston verfallen. Kleiden Sie sich daher ruhig etwas sorgsamer als gewöhnlich, setzen Sie sich an Ihren Schreibtisch oder stehen Sie. Empfehlenswert ist es, ein solches Telefonat mit Freunden oder Eltern zu üben, um dabei verschiedene Gesprächshaltungen auszuprobieren. Da Ihr Gesprächspartner Sie nicht sieht, konzentriert er sich umso mehr auf die verbleibenden nonverbalen Kommunikationsattribute Stimme und Sprache. Unterschätzen Sie dabei niemals die Macht Ihres Lächelns. Ein entspannter, freundlicher und lächelnder Gesichtsausdruck schlägt sich in jedem Fall in Ihrer Stimme nieder und wirkt auf Ihren Interviewpartner angenehm freundlich. Sprechen Sie deutlich und betont.

Gegen innerliche Aufregung, eine zitternde Stimme oder den bekannten Frosch im Hals hilft gezieltes In.den-Bauch-Atmen. Außerdem können Sie sich strecken und zusammenkauern, alle Muskeln anspannen und wieder entspannen, damit der Körper gelockert wird.

Antworten strukturieren

Im Gespräch sollten Sie in allererster Linie strukturierte Antworten geben. Es wirkt professionell, wenn Sie zu den hervorhebenswerten Stationen im Lebenslauf zunächst Ihre Motivation, dann Ihren Aufgabenbereich und Leistungen schildern sowie eine Verknüpfung zum gewünschten Job einbauen, indem Sie gleich wieder den Gesprächsfaden aufgreifen und den Bezug zum Unternehmen herstellen, zum Beispiel schildern, inwieweit Sie die erworbenen Fähigkeiten oder Erfahrungen im Unternehmen anwenden könnten. Achten Sie hierbei darauf, ausführliche, aber nicht ausufernde Antworten zu geben. Für den Personaler ist es anstrengend, alles in mühsamen Einzelfragen zu ergründen, aber auch ermüdend, sich aus einem Redeschwall zu befreien. Signalisieren Sie Ihre Bereitschaft, weitere Auskunft zur Person und zum Hintergrund zu geben: „Welche anderen Informationen über meine Ausbildung sind wichtig für Sie?"

Sprechen Sie außerdem Ihren Gesprächspartner ab und zu mit seinem Namen an, um einen persönlichen Bezug herzustellen. Wenn Sie Ihrem Gesprächspartner besonders entgegenkommen möchten, dann formulieren Sie Ihre Aussage hin und wieder aus seiner Perspektive; anstelle von „Ich sende Ihnen meine Unterlagen zu ..." sagen Sie besser „Sie erhalten von mir ...". Außerdem ist es von Vorteil, stets positive Formulierungen zu wählen; ersetzen Sie „Ich kann Ihnen nicht versprechen ..." durch „Ich kann Ihnen folgendes zusagen ...".

Stellen Sie auch Zwischenfragen und gestalten Sie das Gespräch als Dialog. So vermeiden Sie eine „Verhörsituation" und den monotonen Frage-Antwort-Charakter. Lassen Sie die Zwischenfragen aber ruhig in das Gespräch einfließen und unterbrechen Sie Ihren Gesprächspartner nicht. Stattdessen können bestätigende und zustimmende Äußerungen ruhig getätigt werden. Der Personaler wird im Allgemeinen den Ablauf vorgeben, jedoch wird es in aller Regel geschätzt, wenn der Bewerber von sich aus Schwerpunkte gemäß seinem Lebenslauf setzt.

Gegen Ende des Interviews wird der Personaler Ihnen Zeit für Ihre Fragen einräumen. Wählen Sie in Abhängigkeit vom Gesprächsverlauf zwei bis drei wichtige Fragen, die Sie sich bereits auf Ihrem Telefonskript stichwortartig vermerkt haben. Hierbei können Sie zeigen, dass Sie sich mit dem Unternehmen bestens vertraut gemacht haben.

Do	**Don't**
Bereiten Sie sich gut vor: Schaffen Sie Ihr ideales Umfeld.	Willigen Sie nicht zu Spontaninterviews ein.
Sprechen Sie Ihren Gesprächspartner mit Namen an und lächeln Sie beim Sprechen.	Vermeiden Sie einen saloppen Umgangston.
Stellen Sie interessierte Zwischenfragen.	Fallen Sie Ihrem Gesprächspartner nicht ins Wort.
Antworten Sie strukturiert.	Seien Sie nicht zu weitschweifig.
Zeigen Sie Interesse nach dem weiteren Verlauf, Feedback und Ähnlichem.	

Gesprächsende

Zeigen Sie Interesse und geben Sie Ihrem Interviewer das Gefühl, dass Sie ein klares Ziel im Blick haben, indem Sie am Ende des Gespräches nach dem Fortgang des Bewerbungsprozesses und dem Zeitpunkt eines Feedbacks fragen. Wiederholen Sie zum Schluss gegebenenfalls kurz die Informationen, Verabredungen und Ergebnisse, die Sie vereinbart haben. Bedanken Sie sich bei Ihrem Interviewer persönlich für das Interview und vor allem für die Zeit, die er sich für Sie genommen hat.

2. Vorstellungsgespräch

Das Vorstellungsgespräch findet nach der Durchsicht Ihrer Bewerbungsunterlagen und gegebenenfalls bestandenem Telefoninterview oder Online-Test statt und beinhaltet in der Regel mehrere, häufig separate Gespräche mit der Personal- und der Fachabteilung.

In den Gesprächen soll vornehmlich herausgefunden werden, ob Unternehmen und Bewerber zusammen passen. Daher entscheidet die Beantwortung der folgenden zwei Fragen über den Ausgang des Gesprächs:

- Warum sollen wir „Sie" einstellen?
- Warum wollen „Sie" ausgerechnet zu uns?

Diese Fragen müssen in jedem Fall von beiden Seiten positiv beantwortet werden. Perfekte Standardantworten gibt es für diese Fragen nicht. Überlegen Sie sich deshalb genau, was Sie eigentlich wollen und vor allem warum. Seien sie authentisch, offen, geradlinig und zielstrebig in der Beantwortung dieser Fragen und widmen Sie ihnen die meiste Zeit bei der Vorbereitung auf das Vorstellungsgespräch.

„Wichtig ist uns bei Einstellungsinterviews oder während der Recruiting-Days das gegenseitige Kennenlernen – beide Seiten sollten sich sicher sein, dass sie zueinander passen! Entscheidend neben der fachlichen Qualifikation ist für uns der Eindruck, dass Sie unsere Unternehmenskultur teilen können."

Human Resources, **Danone**

Vorbereitung

Zur Beantwortung der obigen Fragen, sollten Sie sich überlegen, was Sie für die Firma tun können und nicht umgekehrt. Wo schaffen Sie einen Mehrwert? Wo und wie können Sie Ihre Stärken einbringen? Die Beantwortung dieser Fragen setzt natürlich voraus, dass Sie sich über Ihre Stärken und Schwächen beziehungsweise Ihre gesamte Persönlichkeit im Klaren sind.

Fassen Sie außerdem kurz und prägnant die wichtigsten Stationen im Lebenslauf zusammen, damit Sie den roten Faden später nicht verlieren. Als Hochschulabsolvent sollten Sie außerdem in der Lage sein, das Thema Ihrer Diplomarbeit und die wichtigsten Ergebnisse in drei bis fünf Minuten prägnant zusammen zu fassen. Sollten Sie zu Ihrem Thema gefragt werden, dann zeigen Sie, dass Sie sattelfest sind und sich auskennen. Vielleicht können Sie sogar einen Bezug zwischen Ihrem Thema und dem Unternehmen herstellen oder hierzu eine spezifische Frage im Unternehmen anschließen. Dokumentieren Sie auf diese Weise geistige Flexibilität und Interesse.

Idealerweise bringen Sie vor Ihrem Vorstellungstermin Ihre Gesprächspartner so rechtzeitig in Erfahrung, dass Sie ausreichend Zeit haben für eine kurze Recherche über den beruflichen Werdegang; fragen Sie in der Personalabteilung nach Namen und Funktion Ihres Gesprächspartners und versuchen Sie über die Firmenhomepage einige Zusatzinformationen zu erhalten. Diese Informationen müssen Sie nicht im Gespräch verwenden, können für Sie aber relevantes Hintergrundwissen darstellen, das ein Verständnis für die Person ermöglicht und größere Überraschungen vermeidet. Sollten Sie keine Antwort auf Ihre Nachfrage erhalten, kann es gut sein, dass man Ihre Belastbarkeit in unvorhergesehenen Situationen mit verschiedenen unbekannten Gesprächspartnern prüfen möchte.

Klären Sie außerdem einige wichtige Formalien vor dem Gespräch:

- Schriftliche Terminbestätigung an die Personalabteilung senden
- Anfahrt zum Unternehmen in Erfahrung bringen
- Ungefähren Zeitrahmen des Gesprächs erfragen
- Wieviele Gesprächspartner werden Sie haben?
- Wer sind die Gesprächspartner (Abteilung / Funktion)?
- Werden es ausschließlich Einzelgespräche sein?
- Gibt es eine Stellenbeschreibung?
- Imagebroschüre oder Geschäftsbericht des Unternehmens anfordern

Ablauf

Im Allgemeinen laufen Vorstellungsgespräche in gewissen Phasen ab, die in der Regel dem unten geschilderten Ablauf folgen. Abweichungen von diesem Ablauf kann es selbstverständlich geben, da jeder Personaler seinen eigenen Stil hat. Jedoch werden die hier beschriebenen Elemente und Fragen grundsätzlich vorkommen. In allen folgenden Phasen möchten Ihre Gesprächspartner Sie als Mensch und Manager kennen lernen. Daher wird insbesondere darauf geachtet, ob Sie kommunikativ sind, sachlich argumentieren, abwägen und auf Ihr Gegenüber eingehen können.

Das Rezept mit der größten Aussicht auf Erfolg lautet:

- Hören Sie gut und aufmerksam zu – selbst scheinbar belanglose Informationen können Ihnen Aufschluss über den Menschen geben, der auf der anderen Seite des Tisches über Ihre Einstellung entscheidet, und wie Sie mit ihm umgehen sollten.

- Antworten Sie offen und ehrlich – bekennen Sie sich zu Ihren Qualifikationen, Stärken und Schwächen und verbiegen Sie sich nicht. Natürlich müssen Sie auf unzulässige Fragen nicht oder nicht wahrheitsgemäß antworten.

- Bleiben Sie stets gelassen und ruhig. Lassen Sie sich bei unangenehmen oder stressauslösenden Fragen einen Augenblick Zeit einräumen.

i) Aufwärmphase: Begrüßung und Vorstellung

Das Vorstellungsgespräch beginnt mit dem ersten Eindruck, den Sie selbst entscheidend beeinflussen können. Achten Sie zunächst auf ein gepflegtes Äußeres (frische Rasur, sehr dezentes Parfum, saubere Kleidung und Schuhe) und seien Sie vor allem pünktlich. Eine Verspätung ist nicht nur unhöflich, sondern verschlechtert Ihre Ausgangsposition und reduziert möglicherweise Ihre Gesprächszeit. Planen Sie daher ausreichend Zeit für Anreise und Gespräch ein. Nehmen Sie sich am Tag Ihrer Bewerbung nichts Anderweitiges vor und prüfen Sie bereits am Vortag die Verfügbarkeit Ihrer gewählten Verkehrsverbindung. Seien Sie zwischen fünf bis zehn Minuten vor dem vereinbarten Gesprächstermin bei Ihrem zukünftigen Arbeitgeber, jedoch auch nicht früher als fünfzehn Minuten – eventuelle Wartezeiten verbringen Sie bei einem kurzen Spaziergang oder in einem Café.

Seien Sie nicht zu verschlossen oder zurückhaltend. Ein wenig Smalltalk über das Wetter und die Anreise zu Beginn des Gespräches lockert Sie und Ihren Gesprächspartner auf (siehe Smalltalk). Bleiben Sie hierbei jedoch stets positiv und stöhnen Sie nicht über den langen Stau oder das schlechte Wetter. Schaffen Sie eine gute und positive Gesprächsbasis zu Beginn. Nutzen Sie die ersten Minuten dieser Begegnungssituation, um Sympathie entstehen zu lassen.

squeaker.net-Tipp: So sympathisch wie Sie den Gesprächspartner empfinden, genauso empfindet er im Allgemeinen Sie. Geben Sie sich und ihm eine faire Chance und gehen Sie offen und vorbehaltlos auf den Interviewer zu.

ii) Interviewphase: Ausbildung, Qualifikation, Motivation

Nach dieser Eröffnungsphase werden Sie häufig aufgefordert die wichtigsten Stationen in Ihrem Lebenslauf zu skizzieren: „Erzählen Sie uns etwas über sich selbst und warum Sie sich bei uns beworben haben." Das hört sich einfach an, testet aber bereits Ihre Fähigkeit, das Wesentliche vom Belanglosen zu trennen.

Konzentrieren Sie sich in diesem Teil des Gespräches auf Ihren akademischen Werdegang und Ihre außeruniversitären Aktivitäten, insbesondere ehrenamtliches und soziales Engagement. Beschönigen Sie Ihre Qualitäten nicht, aber stellen Sie Ihr Licht auch nicht unter den Scheffel. Nach diesem Anfang in Form einer allgemeinen Eröffnungsfrage werden die eigentlichen harten und weichen Qualifikationen, die Sie für die Position auszeichnen, abgeprüft.

Typisch sind auch Detailfragen zur Diplomarbeit und Nachfragen zu bisherigen beruflichen Tätigkeiten in Form von Praktika oder Werkstudentenanstellung. Bei den eher fachlichen Fragen zu beruflichen Tätigkeiten wollen die Unternehmen die ungefähren Inhalte der Tätigkeit wissen und was besonders viel und was eher weniger Spaß gemacht und Interesse geweckt hat. Außerdem wird gerne nach möglichen Konflikten und Herausforderungen gefragt. Bereiten Sie sich vor allem auf die wichtigsten und häufigsten Fragen in Vorstellungsgesprächen gut vor. Diese haben wir Ihnen nachfolgend inklusive einiger Hinweise und Tipps zur Beantwortung im Vorstellungsgespräch zusammengestellt:

> *„Die Fragen zum Lebenslauf beziehen sich vor allem auf persönliche Motivation, Beweggründe und Ziele für bestimmte Stationen. So wurde ich gefragt, welcher Auslandsaufenthalt mir besser gefallen hatte (St. Gallen oder Barcelona) und warum ich BWL studiert habe. Im privaten Bereich wurde ich beispielsweise gefragt, warum ich gerne Marathon laufe. Es ist wichtig, authentisch zu bleiben und die Gedanken und Leidenschaft dafür zu verdeutlichen. Diese Fragen dienen einer Konsistenzprüfung zu den im Lebenslauf gemachten Angaben"*, berichtet Caroline über ihre Interviews bei **Henkel**.

1. Erzählen Sie uns etwas über sich! Erzählen Sie uns Ihren Lebenslauf!

Hinter dieser offenen und banalen Aufforderung verbirgt sich ein umfassender Persönlichkeitstest, der auf die Beantwortung einer einzigen Frage zielt: Passt der Bewerber in unser Unternehmen? Begreifen Sie diese Frage als die einmalige Chance, Ihre Botschaft zielgenau und überzeugend zu senden. Bereiten Sie sich daher für diesen Fall besonders gut vor. Tipp: Denken Sie bei der Beantwortung daran, immer zuerst die berufliche Ebene anzusprechen und im Anschluss daran die private Ebene.

2. Warum bewerben Sie sich für diese Position?

Diese Frage prüft Ihre Motivation und Ihr Interesse an der ausgeschriebenen Stelle und meist auch am Unternehmen selbst und soll herausstellen, ob diese Position für Sie erste Wahl oder nur Kompromiss- beziehungsweise sogar Notlösung ist. Diese Standardfrage müssen Sie besonders gut vorbereitet haben, so dass Sie in jedem Fall fünf Minuten flüssig über Ihre Beweggründe sprechen können. Lassen Sie bei der Beantwortung niemals den Unterhaltungswert und die Spannung zu kurz kommen; vermeiden Sie unbedingt langweilige Ausführungen. Argumentieren Sie überzeugend, stellen Sie Ihre Motivation variantenreich dar und illustrieren Sie mit Beispielen. Ihre Antwort dokumentiert ebenso Ihre Arbeits- und Vorgehensweise bei der Berufswahl, also ob Sie bei Ihrer

Bewerbung zielstrebig vorgegangen oder rein zufällig auf das Unternehmen und die Position aufmerksam geworden sind.

3. Was sind Ihre Stärken / Schwächen?

Viele Bewerber können zwar Stärken und Schwächen benennen, formulieren diese aber so allgemeingültig, dass es ausweichend bis unglaubwürdig klingt und Nachfragen provoziert. Füllen Sie Worthülsen wie zum Beispiel: „Ich bin ehrgeizig und zielstrebig" mit Inhalten und beschreiben Sie, in welchen Situationen Sie diese Stärken eingesetzt haben und was Sie bewirkt haben. Stellen Sie außerdem klar, was Zielstrebigkeit oder Ehrgeiz für Sie persönlich bedeuten. Wir empfehlen Ihnen dazu die squeaker.net-Checkliste Ihrer Stärken und Schwächen zu erstellen.

Meine Stärken	Beispielhafte Situationen
Teamorientierung (Integration und Motivation aller Teammitglieder sowie abgestimmtes Handeln)	Business Project (Universität) im internationalen Team ...
Zielorientierung (Erreichung der mir gesetzten Ziele innerhalb einer gesetzten Frist)	Studienabschluss unterhalb der Regelstudienzeit ...
Analytisches Denken (Komplexe Sachverhalte strukturiert und nachvollziehbar lösen)	Anspruchsvolle Vertiefungsfächer (Finanzen / Controlling), Naturwissenschaftliches Interesse, teilgenommene Case Studies ...
Leistungsbereitschaft (Motivation über das dringend Geforderte und Notwendige hinaus zu arbeiten)	Praktika zusätzlich zu Pflichtpraktika, außeruniversitäres Engagement ...
Konfliktfähigkeit (Sachbezogene Auseinandersetzung und Kompromissbereitschaft bei kontroversen Themen)	Projektgruppenleiter in Business Project (Universität), Kapitän in Sportmannschaft ...
... denken Sie über Ihre Stärken und Schwächen in dieser Struktur nach und sammeln Sie Belege.	

Seien Sie ehrlich zu sich selbst und befüllen Sie diese Tabelle selbstkritisch, damit Sie sich Ihrer Stärken und Schwächen bewusst sind. Empfehlenswert ist es, auch andere Personen aus Ihrem näheren Umfeld um eine Einschätzung zu bitten. Natürlich sollen Sie im Interview die Stärken betonen und die Schwächen nicht ins Zentrum rücken, jedoch ein gesundes Maß an Selbstkritik zeigen. Das Wort Schwächen können Sie geschickterweise auch durch „persönliche Baustelle" ersetzen; das klingt bereits viel positiver und signalisiert, dass Sie sich dessen bewusst sind und bereits daran arbeiten. Es geht bei dieser Frage in erster Linie darum herauszufinden, wie glaubwürdig Sie sind und ob sich ungeahnte Schwächen entdecken lassen. Reagieren Sie mit Gelassenheit und nennen Sie zunächst einige positive und auch harmlose negative Aspekte Ihrer Persönlichkeit (ebenfalls wieder beginnend mit den beruflichen Aspekten). Da Sie hier keine Beichte ablegen, sollten Sie sich gut überlegen, welche Offenheit Sie sich leisten wollen. Gespielte Antworten werden zwar sowieso entlarvt, aber vermeiden Sie in jedem Fall eine Überbetonung der Schwächen.

4. Was ist Ihr größter Erfolg / Misserfolg?

Bei dieser Frage möchte Ihr Gesprächspartner Ihre Leistungsbilanz einsehen und dabei auch Ihre Selbstwahrnehmung testen. Sie sollten sich bereits längst daran gewöhnt haben, an Erfolg und Misserfolg gemessen zu werden. Wenn Sie keine Misserfolge vorweisen können, machen Sie sich sehr verdächtig.

squeaker.net-Tipp: Gestalten Sie die Erfolgsberichte etwas großzügiger, aber realistisch und halten Sie sich bei den Misserfolgen etwas zurück, gestehen Sie sich Fehler jedoch ehrlich ein.

5. Wo sehen Sie sich in fünf Jahren?

Mit dieser Frage will der Interviewer Ihre Zukunftsplanung und damit verbunden Ihre Motivation, Ihren „Drive" und Ihr „Commitment" kennen lernen. Beschränken Sie sich ausschließlich auf Ihre beruflichen Ziele und Perspektiven. Zeigen Sie Zuversichtlichkeit hinsichtlich Ihres Werdeganges, ohne dabei aber arrogant zu wirken. Geben Sie realistische, aber ambitionierte Ziele an, die zu Ihrem Lebenslauf und dem bisher Erreichten passen. Sicherlich unrealistisch wäre eine Antwort „Vorstand Ihres Unternehmens sein". Eine Position, die in einem überschaubaren Zeithorizont als realistisch und angemessen erscheint (siehe im Abschnitt Karierreentwicklung im ersten Kapitel), und eine Aufgabe mit dem Wunsch nach erster Personalverantwortung stellt beispielsweise eine passende Antwort dar.

6. Was machen Sie in Ihrer Freizeit am liebsten?

Der Interviewer möchte Sie durch diese Frage als Mensch mit ganz natürlichen Interessen, Neigungen und Aktivitäten kennen lernen. Seien Sie bei der Beantwortung dieser Frage auf detaillierte Nachfragen zu Ihren Hobbies und Aktivitäten gefasst, die Ihr Gesprächspartner vielleicht aus eigenen Interessen nur zu gut kennt. Vermeiden Sie eine Überbetonung sportlicher Aktivitäten insbesondere bei Risikosportarten wie Fallschirmspringen, Eishockey oder Boxen. Zeigen Sie ein ausgeglichenes und gesundes Freizeitverhalten.

7. Was möchten Sie über uns wissen?

Zu gegebener Zeit gibt es in jedem Interview einen Rollenwechsel, durch den Sie in die Position des Fragenden kommen. Merken Sie sich: An interessierten und klugen Fragen erkennt man den interessierten und klugen Bewerber. Sparen Sie sich in jedem Fall alle Fragen, die Sie längst im Vorfeld hätten klären können. Zeigen Sie deutlich, dass Sie sich vorbereitet haben und packen Sie an dieser Stelle Ihr Detailwissen aus.

8. Haben Sie derzeit noch weitere Bewerbungen laufen?

Hierdurch soll die Ernsthaftigkeit Ihres Interesses an dieser Position erforscht werden: Wie hoch ist Ihre Identifikation mit dem gerade laufenden Bewerbungsverfahren?

squeaker.net-Tipp: Erwähnen Sie in keinem Fall Absagen und Fehlschläge. Überlegen Sie gut, ob Sie Parallelverhandlungen erwähnen sollten. In jedem Fall müssen Sie Ihrem Gesprächspartner Exklusivität und Priorität vermitteln. Eine Ausnahme stellt ein konkretes Alternativangebot dar, dem Sie ernsthaftes Interesse entgegenbringen. Bleiben Sie hierbei verbindlich und glaubwürdig, sonst laufen Sie Gefahr, unglaubwürdig bis drohend zu wirken, und vermasseln sich letzten Endes Ihre Chancen. Formulieren Sie diplomatisch.

9. Warum sollten wir gerade Sie einstellen?

Ein absoluter Interview-Klassiker: Sie sehen sich einem fundamentalen Test Ihres Selbstbewusstseins und Selbstvertrauens gegenüber. Fassen Sie also die Eigenschaften, die eindeutig für Sie sprechen, prägnant zusammen.

squeaker.net-Tipp: Sparen Sie sich einen Werbemonolog, der den Interviewer an die Wand drückt. Eine Argumentation mit den drei markantesten positiven Attributen ist vollkommen ausreichend. Unterstreichen sie dabei Ihre Stärken und den Wertbeitrag, den Sie für das Unternehmen leisten. Nehmen Sie dabei kurz Bezug auf einzelne Qualifikationen, die Sie im Lebenslauf dokumentiert haben und sprechen Sie davon, was Sie für das Unternehmen tun können. Diese kurze Synopse zu Ihrer Person und Motivation sollten Sie durchaus vorher üben, beispielsweise die drei wichtigsten Stärken und Belege, wann Sie diese eingesetzt haben, mental notieren.

10. Wie hoch ist Ihre Stressresistenz?

Erneut möchte man Ihre Belastbarkeit im Arbeitsalltag testen und wissen, wie viel man Ihnen zumuten kann – zum Beispiel an Mehrarbeit und Überstunden – beziehungsweise welches Maß an Stress dazu führt, dass Sie irgendwann genug haben. Natürlich sollen Sie hier keinen mathematisch definierten Stresslevel beziffern, sondern auf den richtigen Ausgleich – Stichwort „Work-life-balance" – achten.

squeaker.net-Tipp: Wählen Sie beispielhafte Situationen aus, in denen Sie eindeutig überdurchschnittliche Leistung und Mehrarbeit erbracht haben oder erbringen würden, die allgemein nicht selbstverständlich sind, aber für Sie kein Problem darstellen. Beispielweise könnten Sie im Falle einer dringenden Abschlusspräsentation an einem Montag Wochenendschichten im Büro in Kauf nehmen, ohne zu murren. Natürlich erwarten Sie auf Dauer ein Entgegenkommen und eine beiderseitig faire Behandlung, eben eine Balance. Unterstreichen Sie, dass das perfekte Ergebnis für Sie wichtiger ist als fixe Arbeitszeiten.

Weitere häufig gestellte Fragen an Bewerber sind:

Fragen zum Studium / beruflichen Werdegang:

- Welche Vertiefungsfächer haben Sie gewählt? Warum haben Sie diese gewählt? Was hat Sie daran besonders interessiert?

- Warum haben Sie sich für bestimmte Praktika in bestimmten Branchen entschieden? Was haben Sie da gelernt?

- Was haben Sie in vorherigen Beschäftigungen gemacht? Welche Verantwortungen haben Sie übernommen? Warum möchten Sie gerne wechseln?

- Wie ist Ihre Gehaltsvorstellung? – Diese etwas kniffligere Frage sollten Sie mit dem Verweis auf den Branchendurchschnitt relativ weiträumig beantworten und bewusst einen Spielraum lassen. Vermeiden Sie konkrete Zahlen und werfen Sie besser die Frage zurück und fragen, wie hoch der Job dotiert ist; bevorzugen Sie dabei Formulierungen wie: „Was ist Ihnen denn ein Mitarbeiter meiner Qualität wert?" Seien Sie nicht zu fordernd, aber verkaufen Sie sich auch nicht unter Wert.

Fragen zum Privatleben:

- Welche Hobbies haben Sie? Wie intensiv betreiben Sie diese? – Zeigen Sie durchaus Begeisterung für Ihre Hobbies, aber schweifen Sie nicht ab. Seien Sie auch vorsichtig, falls Ihr Gesprächspartner das gleiche Hobby ausübt – ein bisschen Fachsimpelei verbindet, aber Sie müssen dafür sorgen, dass Sie nicht vom Bewerbungsgespräch abgleiten, sondern im Zweifel selbständig zurück zum Thema finden. Bauen Sie dann eine geschickte Überleitung ein: „Das Segelfliegen bietet genau wie in Ihrer Position den Blick auf die Welt oder ein Unternehmen aus der Vogelperspektive ..." Bei den Hobbies ist es insgesamt wichtig, sich auf solche zu beschränken, in denen man etwas Besonderes vollbracht hat (Bezirksmeister ...).

- Wie machen Sie Urlaub? Wo haben Sie Ihren letzten Urlaub verbracht? – Individual- oder Pauschalreisen? Aktiv- oder Passivurlaub? Verraten Sie hier wertvolle Details über Ihren Charakter.

- Was haben Sie zuletzt gelesen?

- Wie werden Sie von Ihren Freunden eingeschätzt und warum? Wie schätzen Sie sich selbst ein?

Bei der Beantwortung dieser Fragen ist es wichtig, konsistent zu antworten und nachvollziehbare Beispiele zur Illustration zu verwenden. Verlieren Sie sich jedoch nicht im Detail. Bestimmte Fragen müssen Sie wegen rechtlicher Unzulässigkeit überhaupt nicht beantworten – beispielsweise Fragen zu Schwangerschaft, Sexualität, Krankheiten, Vorstrafen, Religion oder Parteizugehörigkeit.

Fragen an Nachwuchsführungskräfte:

- Wie gehen Sie mit Konflikten im Team oder mit Ihrem Vorgesetzten um? – Sind Sie diplomatisch oder sprechen Sie ein Machtwort? Gehen Sie auf die Menschen zu und sprechen Konfliktpunkte offen an oder ziehen Sie sich eher zurück? Regeln Sie Konflikte selbst oder schalten Sie Vorgesetzte ein? Schildern Sie beispielhaft einen Konfliktlösungsfall in Ihrem bisherigen Werdegang.

- Wie würden Sie ein Projekt planen und organisieren? – Gehen Sie strukturiert vor oder bleiben Sie eher spontan und kreativ bis flexibel? Binden Sie Ihr Team mit ein oder pushen Sie das Projekt selbst? Schildern Sie ein gelungenes Projekt.

- Wie überzeugen Sie Skeptiker oder Nörgler im Team? – Können Sie sich in deren Perspektive hineinversetzen oder bauen Sie eine Front auf? Versuchen Sie es im Alleingang oder schmieden Sie Allianzen? Versuchen Sie zu klären oder zu ignorieren?

- Welches sind Ihre Führungsgrundsätze? – Welche Eigenschaften und Qualifikationen sehen Sie als unabdingbar und welche als wünschenswert für eine Führungskraft an?

Bleiben Sie auch bei kritischen Nachfragen zu Stationen im Lebenslauf ruhig. Häufig will der Personaler lediglich testen, wie Sie mit unangenehmen und stressigen Situationen umgehen können. Viele Bewerber haben erlebt, wie Recruiter ihre Sammlung an Praktikumszeugnissen durchforsteten und jedes Mal den fast obligatorischen Punkt „Einbindung in das operative Tagesgeschäft" herausstellten und schlussfolgerten, dass man wohl immer am Kopierer stand oder Kaffee kochte. Die meisten werden wohl zunächst völlig überrumpelt, irritiert und mit fragendem Blick sprachlos dasitzen. Nach einem Augenblick der Überlegung können Sie aber sinngemäß entgegnen, dass das ja nur ein kleiner Aspekt Ihrer vielen Aktivitäten in den Praktika gewesen sei und schlagfertig antworten, dass Sie sich auch für solch eine selbstverständliche Tätigkeit nicht zu schade sind.

Experten-Tipp: *„Eine Kritik ins Positive zu verkehren ist äußerst professionell"* urteilt Markus Dinslaken, Personalmanager bei Henkel. *„Viele Bewerber verfallen automatisch in eine defensive, rechtfertigende Begründungsnot, die gar nicht* *gegeben ist. Stehen Sie zu dem, was Sie gemacht haben, denn es hat Sie zu dem gemacht, was Sie sind. Schließlich sind Sie deswegen im Vorstellungsgespräch.*" Versuchen Sie, stets Blickkontakt zu halten und vermeiden Sie es, verschämt auf den Boden oder an die Decke oder in die Ecken des Raumes zu starren. Der klare Blick in die Augen oder auf die Nasenspitze vermittelt Souveränität, Ruhe und Gelassenheit.

Dieses Set an Fragen ist sicherlich sehr umfangreich, aber in der Bedeutung überhaupt nicht zu unterschätzen. Bereiten Sie sich sehr gründlich auf diese Fragen vor, damit Sie selbst genau wissen, was Sie wollen und warum Sie dies wollen bei genau diesem Unternehmen. Außerdem haben Sie im Vorstellungsgespräch umso mehr Souveränität, je besser Sie sich selbst kennen und die Fragen beantworten können.

iii) Informationsphase: Arbeitgeber und Arbeitsbedingungen

In dieser Phase stellt Ihr Gesprächspartner das Unternehmen sowie die Abteilung detaillierter vor und informiert Sie über die für Sie geltenden Einstiegsbedingungen – zum Beispiel ob Tarifanstellung oder Managementposition. Hören Sie aufmerksam zu und notieren Sie sich die wesentlichen Punkte stichwortartig, um eventuelle Nachfragen im Anschluss gezielt stellen zu können. Außerdem dokumentieren Sie so Interesse und Professionalität.

iv) Diskussionsphase: Fragen des Bewerbers, offenes Gespräch

Generell gilt, dass Sie immer dann sofort nachfragen, wenn Sie etwas nicht wissen oder ungenau verstanden haben. Als Bewerber können Sie nicht alles über das Unternehmen wissen. Der Personaler erkennt an der Qualität Ihrer Fragen, ob Sie sich um Informationen bemüht haben. Es gibt einige geeignete Fragen, die Sie stellen können, um Ihr starkes Interesse an der Position zu verdeutlichen:

- *Fragen Sie gezielt zum Unternehmensbereich, Strategie, Organisation, Produktportfolio* – Bringen Sie Ihr Wissen um die strategische Ausrichtung des Unternehmens und der Wettbewerber ein und zeigen Sie, dass Sie mit der Branche und dem Unternehmen vertraut sind. Lernen Sie gleichzeitig etwas über die persönliche Einschätzung Ihres Gegenübers, indem Sie gezielt danach fragen.

- *Wer sind die Kunden unseres Aufgabenbereiches im Unternehmen?* – Zeigen Sie Kunden- und Serviceorientierung, indem Sie sich nach den Informationsflüssen im Unternehmen erkundigen, und erfahren Sie etwas über die Vernetzung und Zusammenarbeit in der Abteilung.

- *Wo liegen die Schwerpunkte des Aufgabenbereiches?* - Dokumentieren Sie Ihr Interesse an den zukünftigen Aufgaben und Tätigkeiten und bringen Sie Details über Ihre zukünftige Funktion in Erfahrung.

- *An wen werde ich direkt / indirekt berichten?* – Machen Sie sich ein Bild vom Aufbau der Organisation und der Verantwortlichkeiten.

- *Wie groß ist das Team und wie ist es organisiert?* – Zeigen Sie Ihre Teamorientierung und versuchen Sie Ihre Rolle und Position in Erfahrung zu bringen.

- *Könnte ich meinen zukünftigen Arbeitsplatz vorher einmal anschauen und das Team kennen lernen?* – Sofern das Gespräch sehr positiv verläuft und diese Frage nicht zu selbstsicher wirkt, können Sie nochmals das Interesse am Team unterstreichen und Ihre Zielstrebigkeit und Entscheidung untermauern.

- *Welche sind Ihre besten bzw. ernüchterndsten Erfahrungen in Ihrem Hause gewesen?* – Lernen Sie von den Erfahrungen Ihres Gesprächpartners und ertasten Sie auf diese Weise etwas von der Kultur des Unternehmens.

squeaker.net-Tipp: Verstehen Sie die Interviews als gegenseitige Vorstellung und machen Sie diese positive Haltung ruhig deutlich: „Heute möchte ich mich Ihnen vorstellen und auch etwas über Sie als möglichen Arbeitgeber kennen lernen ..."

v) Schlussphase: Zusammenfassung, Fortgang

Sie sollten insbesondere auf einen starken Abgang achten. Entsprechend dem so genannten „Sandwich-Effekt" bedarf es zum nachhaltig positiven Eindruck eines positiven Auftritts und eines ebenso starken Abgangs. Im Rahmen der Verabschiedung werden häufig noch eine Reihe aufschlussreicher Fragen gestellt, die Sie unbedingt ernst nehmen sollten:

- Wie zufrieden sind Sie mit Ihrer bisherigen Leistung?
- Wie haben Sie sich im Bewerbungsprozess bisher gefühlt?
- Was war gut und was sollten wir Ihrer Meinung nach verändern?
- Wie beurteilen Sie Ihre Chancen?
- Haben Sie noch Fragen?

Sie sollten angemessen selbstkritisch Ihre Leistung einschätzen und die interessanten Aspekte des bisherigen Prozesses hervorheben. Meist gibt es im Anschluss eine kurze Einschätzung seitens Ihres Gesprächspartners. Selbst wenn bereits eine Entscheidung freundlich signalisiert wird, sollten Sie sich bedeckt halten und Ihrer Rolle treu bleiben. Sie sitzen immer noch auf dem Präsentierteller. Es ist weder der Moment der Entspannung noch der Abrechnung. Zeigen Sie weiterhin freundliche Aufmerksamkeit und bedanken Sie sich in jedem Fall für die interessanten Gespräche und die Zeit, die sich Ihr Gegenüber für Sie genommen hat. Verleihen Sie Ihrer Freude auf eine – hoffentlich positive –

Antwort Ausdruck. Halten Sie unbedingt Blickkontakt und bestätigen Sie den von Ihnen gewonnen Eindruck mit einem angenehm kräftigen Händedruck.

Wir empfehlen Ihnen, ein Feedback zu erfragen, die meisten Unternehmen bieten das aber von sich aus an. Auch Fragen zu Ablehnungsgründen zu stellen ist absolut legitim. Starten Sie jedoch keine Diskussion und verlangen Sie keine ausführliche Rechtfertigung. Neben der fachlichen Eignung geht es im Vorstellungsgespräch vor allem darum, Sympathien zu mobilisieren und den Gesprächspartner durch Ausstrahlung und Persönlichkeit zu überzeugen.

Do	**Don't**
Smalltalk zu Beginn lockert die Gesprächsatmosphäre.	Treffen Sie stets positive Aussagen und stöhnen Sie nicht über das Wetter, den Stau etc.
Sprechen Sie Ihren Gesprächspartner mit Nachnamen und eventuell akademischem Titel an und lächeln Sie beim Sprechen.	Verkrampfen Sie nicht; vermeiden Sie aber in jedem Fall auch einen saloppen Umgangston.
Stellen Sie interessierte Zwischenfragen.	Fallen Sie Ihrem Gesprächspartner nicht ins Wort.
Antworten Sie strukturiert und in Ruhe. Falls nötig, erbitten Sie einen Augenblick Bedenkzeit.	Fallen Sie nicht auf provozierende Fragen herein, mit denen Ihre Geduld getestet wird.
Gehaltsfragen spricht grundsätzlich der Chef an. Informieren Sie sich über die üblichen Gehaltsspannen.	Geben Sie eine branchen- und funktionsübliche Gehaltsspanne an. Fragen Sie nicht im Detail nach Essenszuschüssen, Firmenwagen oder ähnlichen Annehmlichkeiten.
Bringen Sie eine gut vorbereitete Mappe mit: Briefkorrespondenz, Bewerbungsunterlagen, Anfahrtsskizze, Imagebroschüre und Geschäftsbericht des Unternehmens.	Kommen Sie niemals ohne Ihre Bewerbungsunterlagen, Papierblock und Stift ins Vorstellungsgespräch. Schalten Sie Ihr Mobiltelefon aus.

squeaker.net-Tipp: Wer sich als Kandidat im Interview mit den potenziellen Kollegen unwohl fühlt, sollte ehrlich zu sich selbst sein und die persönlichen Ambitionen für einen Moment zurückstellen, um zu erkennen, dass er in diesem Unternehmen wahrscheinlich nicht glücklich werden wird.

Interviewtypen

i) Einzelinterview

Die am häufigsten gewählte Interviewform sieht vor, dass Sie allein mit Ihrem Interviewer ein Gespräch von 30 bis 60 Minuten führen. Sie geben ihm in diesem Gespräch Argumente in die Hand, warum Sie der geeignet Kandidat für die zu besetzende Position sind. Daher sollten Sie hier die Empfehlungen zum Ablauf und zu typischen Fragen im Vorstellungsgespräch lesen und beherzigen.

ii) Panelinterview

Eine herausfordernde Form des Interviews ist ein so genanntes Panelinterview, das beispielsweise bei Kraft Foods Anwendung findet. Sie werden von einer Expertengruppe aus dem entsprechenden Fachbereich und dem Personalmanagement zu Ihrem Lebenslauf und Ihrer Motivation befragt. In der Regel werden Sie sich drei bis fünf Interviewern gegenübersehen, die sich abwechselnd mit Fragen an Sie wenden. Das Ziel des Panelinterviews ist identisch mit dem eines Einzelinterviews. Es wird von Ihnen allerdings eine erhöhte Bereitschaft und Fähigkeit erwartet, sich gleichzeitig auf unterschiedliche Gesprächspartner einzustellen. Bewahren Sie stets Ruhe und fragen Sie lieber noch einmal nach, damit Sie sicher sein können, die Fragen richtig verstanden zu haben. Zeigen Sie, dass Sie auch mit dieser erweiterten Interviewsituation professionell umgehen können.

iii) Stressinterview

Für die Erstanstellung sind Stressinterviews eher untypisch, jedoch für die Personalentwicklung und Qualifizierung für die nächsthöhere Managementstufe umso wichtiger. In einem Stressinterview sind Sie provozierenden und einschüchternden Fragen ausgesetzt, die alle das Ziel verfolgen, Ihre Selbstsicherheit und Ihr Selbstvertrauen zu prüfen. Typische Fragen sind:

1. *Warum haben Sie in „Allgemeine BWL" eine „Drei"?*
2. *Sie liegen deutlich über der Regelstudienzeit. Warum?*
3. *Sind Sie ein typischer BWLer?*
4. *Haben Sie viele Freunde?*
5. *Wie stressresistent sind Sie?*

   Ihre Bereitschaft, so lange zu arbeiten, wie es die Aufgaben und der hohe Leistungsanspruch erfordern, ohne dabei auf die vertraglich vereinbarte Stundenzahl zu pochen, wird hierbei geprüft, und die Frage nach der Akzeptanz von unvorhergesehener Wochenendarbeit kann durchaus auch Ihre Frustrationstoleranz ergründen. Diese Frage können Sie nur dann überzeugend beantworten, wenn Sie sich vorher überlegt haben, was Sie wollen, akzeptieren und mit sich und Ihrem Leben vereinbaren können. In jedem Fall gehört in die Antwort eine eindeutige Bestätigung der Bereitschaft, Ihre Aufgaben und Projekte zu Ende zu bringen, auch dann, wenn es Mehrarbeit und Überstunden betrifft.

6. *Welche Misserfolge haben Sie erlebt?*

Ein Stressinterview zeichnet sich nicht nur durch die Inhalte der Fragen, sondern auch die Art und Weise der Fragestellung aus. Sie werden in der Regel recht kurz und harsch hintereinander verschiedene Fragen aus ganz unterschiedlichen Themenbereichen gestellt bekommen. Es kann passieren, dass man Sie dabei nicht ausreden lassen wird, sondern Ihre Antworten unterbricht oder gegebenenfalls sogar missbilligend kommentiert. Nehmen Sie solche Äußerungen niemals persönlich, sondern wahren Sie die Contenance. Professionelle Interviewer werden Sie sofort nach Ende des Stressinterviews davon in Kenntnis setzen und Sie scherzhaft aufklären. Werten Sie nur bitte nicht jede kritische Frage als den Beginn eines Stressinterviews. Ein gesundes Maß an Gelassenheit und Ruhe strahlt Souveränität aus und hilft Ihnen in allen Situationen am meisten. Als Stressinterviews eignen sich entweder Diskussionsthemen, in denen Sie eine bestimmte Position vertreten und verteidigen müssen – beispielsweise in Kunden- oder Mitarbeitergesprächen – oder Fragen zu Ihrem Lebenslauf, so dass Sie sich selbst verteidigen müssen.

(Ver-)Kleidungstipps

In der Konsumgüterindustrie herrscht vor allem in vielen Marketingabteilungen eine für das Management eher lässige Kleiderordnung – Polo-Shirt und Jeans sind durchaus angesagt, sofern keine Kundenkontakte oder externe Besucher angekündigt sind. Grundsätzlich sieht die Kleiderordnung aber Anzug oder Kombination beziehungsweise Kostüm vor. Insbesondere beim Bewerbungsgespräch sollten Sie die Form einhalten und mit Ihrem Erscheinungsbild eine Visitenkarte abgeben. Verzichten Sie auf Extravaganz, also grelle Farben und übertriebene Maskerade. Bewerben Sie sich bei Kosmetikherstellern, dann dürfen Sie ruhig modisch auftreten, das heißt zum Beispiel für Männer, auf den Zweireiher und die Bundfalte zu verzichten und einen Zwei-Knopf-Einreiher mit Flatfront zu tragen. Avancieren Sie aber bitte nicht zum Dressman, der übertriebene Aufmerksamkeit auf sein Äußeres zieht anstatt mit seinen persönlichen Werten und Qualitäten zu punkten. Ihre Kleidung unterstützt im Idealfall Ihr angenehmes Auftreten, sollte aber auf gar keinen Fall dominieren. Natürlichkeit und Ungezwungenheit sind die grundlegenden Anforderungen an Ihr äußeres Erscheinungsbild.

Do	Don't
Frauen: dezente und wenig aufdringliche Kleidung, gedeckte und seriöse (dunkle) Farben	**Frauen:** tiefes Dekolleté, Spaghetti-Träger und Tanktops, ohne Strumpfhose, offene Schuhe, aufdringlicher Lippenstift
Männer: klassischer Businessdresscode, klassische Anzugfarben (dunkelgrau, blau, schwarz), weißes Hemd, ruhiges Krawattenmuster (oder sogar uni)	**Männer:** Motivsocken /-krawatten, Krawattennadel zu weit oben, kurzärmelige Hemden, auffallend farbiger Anzug / Kostüm, zerknitterte Hemden
Frauen & Männer: gepflegte, dezente Erscheinung	**Frauen & Männer:** protzige Accessoires und übertriebenes Parfüm, dreckige Fingernägel, Diskostempel auf dem Handrücken, übertrieben gestylte oder gegelte Frisuren

Körpersprache

Der beste maßgeschneiderte Anzug kann Ihnen auf dem Weg zum gewünschten Beruf im Wege stehen, wenn Ihr Auftreten unglaubwürdig, unsicher oder unpassend wirkt. Diese Wirkung erzielen Sie unterbewusst durch die Sprache Ihres Körpers, im Wesentlichen durch Mimik, Gestik, Körperhaltung, Blickverhalten und Geruch.

Einen Grundsatz möchten wir Ihnen mit auf den Weg geben: Versuchen Sie nicht, einige Tage vorher Ihr Verhalten zu ändern und mit geradem und offenem Blick durch die Welt zu laufen, nur weil es als zielstrebig und aufmerksam gewertet wird. Es wirkt künstlich bis komisch und alles andere als authentisch. Bleiben Sie sich selbst treu. Je mehr Sie sich selbst hinterfragen, desto unsicherer werden Sie. Sofern Ihre Eltern oder Freunde Ihnen von keinem nervösen Tick erzählt haben, brauchen Sie sich keine Sorgen zu machen. Dass Sie Ihren Gesprächspartner anschauen, freundlich und offen lächeln und ihn nicht angähnen, ist selbstverständlich.

Wortschatz & Reizwörter - Neurolinguistische Programmierung

Ihre Kommunikation wird umso effektiver sein, je exakter Ihre Sprache und Ihr Vokabular den individuellen Ansprüchen und Vorstellungen, Erfahrungen und dem Sprachmuster Ihres Gesprächspartners entsprechen. Sie schaffen auf diese Weise Akzeptanz und erleichtern Ihrem Gegenüber, Sie zu verstehen. Das wiederum ist die Basis für Sympathie und persönlichen Zugang zum Adressaten. Richten Sie also Ihr Vokabular konsequent an der Branche und Funktion, für die Sie sich bewerben, aus. Für eine Marketingposition in der Konsumgüterindustrie sollten Sie also auch klar mit den branchenbezogenen Schlüsselbegriffen routiniert umgehen können:

Peer Group, Unique Selling Proposition, Recall Rate, Share of Voice (Anteil an Marketingspendings der Produktkategorie relativ zu Wettbewerbersmarken), Share of Wallet (Anteil an Gesamtverbraucherausgaben), Mind Share, Consumer Insight, Consumer Need, Branding, Product Mix, Produktportfolio, Buzz Marketing, MaFo (Marktforschung), Consumer Panel, Agentur Pitching, HPC (Home & Personal Care), Advertainment, Magic Moments, Masstige Segment (Zwischensegment zwischen Massenmarkt und Prestige).

Setzen Sie diese oder ähnliche Begriffe und Abkürzungen bei Rollenspielen, Case Studies, Vorträgen oder Interviews gezielt und wohl dosiert ein, sofern sie für Ihr Tätigkeitsfeld von Bedeutung und typisch sind und Sie mit potentiellen zukünftigen Kollegen der Fachabteilung sprechen. Beachten Sie dabei die Reaktion Ihres Gegenübers und stimmen Sie Ihre Sprache genauestens auf ihn oder sie ab.

Demgegenüber sollten Sie unbedingt darauf achten, Reizworte wie Krise, Problem, Konflikt oder Schwäche zu vermeiden. Stattdessen sprechen Sie von Herausforderungen, die es zu meistern gilt. Vermeiden Sie außerdem Worthülsen und Floskeln aus dem Bereich von sozialer oder methodischer Kompetenz. Formulieren Sie konkret und illustrieren Sie mittels situativer Beispiele, um Ihre Stärken zu verdeutlichen, da abstrakte und vage Argumentationen die Unsicherheit der Beobachter oder Interviewer verstärken und tendenziell zu Distanz und Ablehnung führen. Ebenso sind Negativformulierungen in Ihrer Kommunikation eine mögliche Quelle für Missverständnisse und Kommunikationsstörungen. Üben Sie unbedingt positive Formulierungen, da der Zuhörer konzentrierter bleibt und sich sein Gedankenfluss mit positiven Auswirkungen und Folgen befasst.

Sie finden weitere typische Fachtermini in Kapitel 1 im Abschnitt über die Konsumgüterindustrie und ihre Berufsbilder. Außerdem empfiehlt es sich, einschlägige Quellen wie Lebensmittelzeitung, Absatzwirtschaft oder BrandEins zu lesen.

Smalltalk ist eine Fähigkeit, die in keinem Anforderungsprofil benannt wird, jedoch längst zu den so genannten Soft Skills gehört. Der Sinn und Zweck in Bewerbungs- und Berufssituationen ist es, eine soziale Basis und Verbindung zwischen den Gesprächspartnern herzustellen, Kontakte und Netzwerke aufzubauen und zu pflegen und peinlich empfundenes Schweigen zu verhindern.

Wir empfehlen Ihnen die **squeaker.net**-Grundregeln für erfolgreichen Smalltalk, damit Sie die richtigen Themen ansprechen und eine angenehme Atmosphäre zwischen Distanz und Nähe aufbauen:

- Die Grundvoraussetzung erfolgreichen Smalltalks ist, dass Sie aufmerksam und aktiv zuhören, so dass sich Ihr Gesprächspartner ernst genommen fühlt, selbst bei scheinbar belanglosen Themen.

- Als thematischer Aufhänger eignet sich beispielsweise ein gemeinsamer Anknüpfungspunkt – die Anreise zum Bewerbungsgespräch, ein gerade gehörter Vortrag im AC, das Wetter oder die Herkunft aus einer Region. Der zentrale Erfolgsfaktor für ein gelungenes Gespräch ist, schnell einen gemeinsamen Nenner zu finden.

- Fragen Sie Ihren Gesprächspartner nach seiner Meinung, seinem Rat oder Urteil zu dem Thema, auch wenn dieses nur von beiläufigem Interesse ist. Sowohl Ihre Fragen zur Meinung und Einschätzung als auch Ihre Bereitschaft zuzuhören tragen entscheidend dazu bei, dass das Gespräch als angenehm empfunden wird.

- Wir empfehlen Ihnen, Umstehende in den Smalltalk einzubeziehen. Gerade in den Pausen zwischen den AC-Übungen sind die meisten Bewerber dankbar, wenn sie sich einer Gruppe anschließen können. Außerdem erweitern Sie Ihr Themengebiet und Ihre sozialen Kontakte.

- Das Gespräch halten Sie am Laufen, indem Sie in Ihre Antworten zusätzliche Informationen einfließen lassen. Auf die Frage "Wie war ihr Flug?" antworten Sie besser nicht mit "gut", sondern mit "Viel besser als das letzte Mal ...". Nicht der Austausch von Information steht an erster Stelle, sondern das Reden an sich.

Natürlichkeit und authentisches Verhalten sind unabdingbar, auch Humor ist in aller Regel förderlich. Seien Sie aber weder kumpelhaft noch derb, sondern tasten Sie sich mit Fingerspitzengefühl vor. Nicht alle Themen eignen sich für Smalltalk, insbesondere solche nicht, die Menschen persönlich berühren oder leicht verletzten können sowie kontroverse Diskussionen nach sich ziehen können: Religion, Krankheiten, persönlich-intime Details, Geld und Politik. Prinzipiell als Gesprächsthema geeignet sind Hobbies, denn jeder redet gerne über das, was er in seiner Freizeit tut: Ski fahren, Inline-Skaten, Reisen oder in die Oper gehen. Selbst bei ganz verschiedenen Freizeitinteressen finden Sie zusammen, indem Sie sich das Hobby und die Motivation dahinter erklären lassen. Kulturelle Unterschiede erfordern Ihr Verständnis von differenzierten Kommunikationsregeln. Während in den USA ohne Vorbehalte über Gehaltsfragen offen gesprochen wird, wäre dies in Deutschland und Japan undenkbar. Südländer wiederum können verstimmt sein, wenn man sich nicht nach der Familie erkundigt. Dezenteste Zurückhaltung üben die meisten asiatischen Völker.

Do	Don't
Themen: • Städte, Reisen, Landschaften • Essen und Trinken • Aktuelles aus Medien, Fernsehen, Zeitungen, Sport • Telekommunikation, Börse	Themen: • Kirche • Politik • Gehalt, Geld, Vermögen • Krankheiten

3. Gruppenübungen / Assessment Center

Das Assessment Center (AC) ist ein systematisches Verfahren zur Einschätzung aktueller Kompetenzen und Prognose künftiger beruflicher und persönlicher Entwicklung mit dem Ziel der Auswahl der bestgeeigneten Mitarbeiter. Dabei werden mehrere leistungsrelevante Aufgaben in Übungsform aus unterschiedlichen Bereichen zusammengestellt und Ihnen zur Lösung allein oder in der Gruppe gegeben.

Ein AC kann von einigen Stunden bis zu einem oder gar mehreren Tagen dauern, in denen Sie von einer Prüfungskommission in diversen Tests, Übungen und Prüfungssituationen, aber auch in der Regel in den Pausen intensiv beobachtet werden. Je nach Zahl der Bewerber werden Sie sich drei bis sechs Assessoren, den Beobachtern und Prüfern, gegenübersehen und in der Regel einem Moderator, der Sie durch die Bausteine des AC führen, Ihnen die Aufgaben erklären und den Gesamtablauf koordinieren wird.

Im Wesentlichen lassen sich die Aufgaben im AC, die auch gerne Arbeitsproben genannt werden, in die folgenden Kategorien einteilen:

Einzelübungen stellen solche Aufgaben dar, in denen Sie auf sich allein gestellt überwiegend schriftliche und weniger interaktive Aufgaben lösen, beispielsweise Postkorb, Präsentationen, Einzelinterview oder schriftliche Tests.

Partnerübungen finden in der Regel in Dialogform zwischen Ihnen und mindestens einem Prüfer statt und sind im Unterschied zu Einzelübungen interaktiv. Klassischerweise führen Sie eine Pro- und Contradiskussion oder ein Konfliktgespräch (Rollenspiel in Form eines Mitarbeiter- oder Kundengespräches).

Gruppenübungen prüfen Ihre Fähigkeit, sich in einem Team zu behaupten und konstruktiv in der Gruppe zu arbeiten. Während Sie in der Gruppe mit Ihren Mitbewerbern arbeiten, beobachten die Assessoren Ihr Verhalten. Typische

Übungen sind Gruppendiskussionen, Moderation und kurze Gruppenprojekte in Form von Fallstudien oder Rollenspielen.

Zum AC sollten Sie unbedingt Ihre vollständigen Bewerbungsunterlagen mitbringen, ebenso wie Stifte, Papier und Taschenrechner. Außerdem empfehlen wir Ihnen, Lutschbonbons für den Hals und auch Traubenzucker mitzunehmen und für den Fall der Fälle Kopfschmerztabletten. Sie verhindern so das Absinken des Blutzuckerspiegels und Konzentrationsverlust bei AC-Übungen, die sich über längere Zeit hinziehen. Grundsätzlich sollten Sie aber bei ernsthaften gesundheitlichen Beschwerden vom AC Abstand nehmen.

Assessment Center – bange machen gilt nicht!
„Assessment Center sind nichts anderes als eine Ansammlung von Übungen, die nur einem Zweck dienen: Sie als Persönlichkeit in möglichst vielen Facetten kennen zu lernen. Und damit Sie so richtig Sie selbst sein können, hilft es, den Stresspegel auf ein anregendes Maß zu reduzieren. Bereiten Sie sich ruhig mit guter Lektüre vor, gehen Sie in Gedanken mögliche Situationen durch, aber versteifen Sie sich nicht auf angelesene Verhaltensregeln, sondern verlassen Sie sich auf Ihre natürliche Intuition und Ihren gesunden Menschenverstand."

Olaf Dehnbostel, Head of Resourcing, **Unilever**

Manche Unternehmen haben sehr firmenspezifische AC-Verfahren. Die Schwerpunkte kann man anhand der Firmenphilosophie sowie anhand des Stellenprofils und der Aussagen auf der Recruiting-Webseite des Unternehmens ableiten. Wichtige Hinweise geben auch die Unternehmensprofile im dritten Kapitel.

Präsentation

Die Präsentation – auch Kurzvortrag genannt – soll zeigen, ob Sie in der Lage sind, ein Thema in kurzer Zeit inhaltlich zu erfassen und es in einem mündlichen Vortrag den Zuhörern verständlich zu vermitteln. Für die Erstellung Ihrer Präsentation von ungefähr fünfminütiger Dauer werden Sie meist zwischen zehn und dreißig Minuten Vorbereitungszeit haben. Für längere Präsentationen oder komplexere Sachverhalte erhalten Sie meist umfangreichere Informationen und dreißig bis sechzig Minuten Vorbereitungszeit - unter Umständen wird die Aufgabe bei mehrtägigen ACs sogar am Vorabend gestellt.

Bewertet wird vor allem Ihr systematisches Denken und Handeln, also inwiefern Sie die Präsentation didaktisch sinnvoll und logisch aufbauen, Zeitvorgaben einhalten, Aufmerksamkeit erzielen, mit angemessener Selbstsicherheit möglichst frei reden und sich unmissverständlich ausdrücken können. In der Regel müssen Sie gründliche Überzeugungsarbeit leisten und Ihren Standpunkt glaubwürdig vertreten. Dazu gehören Ihre Sprache, Form, Ausdruck, Klarheit und Sicherheit als dominante Beurteilungskriterien. Die Inhalte fallen bei der Bewertung in aller Regel hinter das „Wie" der Präsentation zurück, dennoch wird auch die Plausibilität von Vorschlägen, Methoden und Zielen bewertet. Die fachliche Kompetenz wird natürlich umso wichtiger, je mehr Bezug das Thema zu Ihrer Position oder dem Unternehmen aufweist.

Die Vortragsthemen im AC können grundsätzlich aus allen thematischen Dimensionen stammen, lassen sich jedoch in zwei Gruppen einteilen:

1. Gruppe: Zukunftsvisionen für Industriezweige, Unternehmen oder Gesellschaften werden von Ihnen verlangt, um festzustellen, ob Sie aktuelle Entwicklungen und Trends verfolgen und langfristig denken. Folgende Beispiele sind denkbar:

- Wie sieht die Zukunft von Einzelhandelsunternehmen und Konsumgüterherstellern aus?
- Welche gesellschaftlichen Trends sind festzustellen?
- Wie wichtig sind Innovationen für Wachstum?

Für die Bearbeitung dieser Fragestellungen werden Sie in der Regel einige Unterlagen erhalten, die Ihnen eine Vielzahl von Informationen geben. Wählen Sie die Wichtigsten aus und wenden Sie das squeaker.net-Lösungsschema wie unten beschrieben an.

2. Gruppe: Berufliche Qualifikationen bestimmter Berufsbilder werden von Ihnen erfragt, um Ihr Wissen über die Bedeutung und den Umfang verschiedener harter und weicher Kompetenzen und Fähigkeiten zu prüfen:

- Welche Eigenschaften muss ein Top-Manager aufweisen? Bitte begründen Sie Ihre Ausführungen.
- Welche Führungsgrundsätze sind besonders wichtig?
- Was ist interkulturelles Management?
- Was ist strategisches Marketing?
- Welche Aufgaben hat ein Brand Manager?
- Welche Schritte umfasst ein Marketingplan für eine Produkteinführung?

Analysieren Sie bei der Vorbereitung eines fachlichen Themas dieses zielgerichtet und gliedern Sie den Vortrag nach den folgenden Fragen:

- Worin besteht das Problem?
- Wie ist bisher damit verfahren worden?
- Welche Lösungsansätze sind umsetzbar, welche nicht?
- Wie lautet Ihre Empfehlung?

Achten Sie unbedingt schon bei der Vorbereitung auf die Ihnen zur Verfügung stehende Zeit, sowohl für die Vorbereitung als auch für den Vortrag. Mit Hilfe des **squeaker.net-Präsentationsschemas** lässt sich jede Themenpräsentation souverän umsetzen:

1. Nennen Sie das Thema und machen Sie deutlich, warum es für Ihre Zuhörerschaft wichtig ist. Dabei ist es wichtig, den Adressatenkreis zu kennen und einen Bezug herzustellen. Eine unterhaltsame Eröffnung mittels eines Witzes oder einer Anekdote kann die Zuhörer zwar neugierig machen auf das, was folgt, kann aber auch ablenken und sollte bei einem fünfminütigen Vortrag wohl überlegt sein. In jedem Fall sollten Sie keine künstliche oder gewollte Witzigkeit an den Tag legen.

2. Stellen Sie Ihre fachliche und persönliche Eignung heraus und erklären Sie, warum Sie Experte für dieses Thema sind.

3. Beschreiben Sie die aktuelle Situation und das Problem, das alle betrifft und das es zu lösen gilt. Schreiben Sie dabei, sofern möglich, das Keyword auf ein Flipchart oder eine Folie. Laufen Sie nicht in die Wissensfalle – wenn Sie zu dem gefragten Thema aus Ihrem eigenen Wissen viele Informationen besitzen, ordnen Sie diese nach ihrer Relevanz und stellen Sie sie im Zweifel hinter die vom Unternehmen vorgegebenen Informationen zurück. Beachten Sie unbedingt die Vorbereitungszeit. Vermeiden Sie es außerdem, extreme Positionen einzunehmen, da Sie dadurch angreifbar werden und polarisierend wirken.

4. Erklären Sie die Ursachen, die zur derzeitigen Situation geführt haben. Die Ursachen können Sie durch Pfeile auf dem Chart illustrieren und Zusammenhänge visualisieren.

5. Erstellen Sie ein gedankliches Bild von der zukünftigen und wünschenswerten Situation, deren Zustand erreicht werden soll.

6. Benennen und erklären Sie die Maßnahmen, die zur Zielerreichung notwendig sind.

7. Fassen Sie in einem Schlussappell Ihre Botschaft mit konkreter Handlungsaufforderung zusammen.

squeaker.net-Tipp: Viele Ratgeber empfehlen die Gliederung und Betitelung Ihrer Präsentation in Einleitung, Hauptteil und Schluss. Für die gröbste Form einer Gliederung ist dies noch ausreichend, für die Betitelung in keinem Fall! Wählen Sie sprechende Überschriften für die einzelnen Teile Ihrer Präsentation. Stellen Sie eine Agenda voran. Sehr professionell ist es, wenn Sie die Aussagen des jeweiligen Präsentationscharts als Untertitel verwenden. Überfüllen Sie die Folien jedoch nicht!

Gute Präsentationen und Vorträge sind zum größten Teil eine reine Übungsfrage und lassen sich leicht trainieren, wenn Sie an der Universität in Seminaren oder Übungen jede Gelegenheit nutzen, um frei zu sprechen. Trainieren Sie dabei auch den Umgang mit der Präsentationstechnik. Der beste Vortrag wird zerstört, wenn Sie Ihre Kraft auf den Kampf mit der Technik konzentrieren müssen. Lassen Sie sich dabei so oft wie möglich ein Feedback geben!

Es kann vorkommen, dass Sie gebeten werden, Ihre Notizen und Ihr Manuskript zwecks Durchsicht und Bewertung abzugeben. Wenn Sie grundsätzlich davon ausgehen, diese abgeben zu müssen, halten Sie sich selbst dazu an, Ihre Notizen sorgfältig und lesbar zu erstellen. Das hilft Ihnen in der Präsentation, denn es ist einfach peinlich, die eigene Schrift nicht mehr lesen zu können – und es erleichtert den Prüfern, Ihre Präsentation nachträglich an Hand der Notizen nachzuvollziehen.

Do	Don't
Struktur: Geben Sie Ihrem Vortrag einen roten Faden und holen Sie die Zuhörer ab.	**Struktur:** Seien Sie nicht gewollt witzig und überziehen Sie nicht das Zeitlimit. Lassen Sie schwache Argumente weg.
Sprache: Sprechen Sie eher langsam und konzentriert. Je wichtiger der Satz, desto kürzer, betonter und deutlicher. Setzen Sie Sprechpausen gezielt ein, um Ihren Vortrag zu entschleunigen.	**Sprache:** Hektik und haspeln wirkt unprofessionell, nehmen Sie sich Zeit. Lesen Sie nicht ab, sondern stützen Sie sich in Ihren Notizen nur auf Stichworte.
Körpersprache: Halten Sie von Beginn an Blickkontakt - gerecht verteilt auf die Zuhörer.	**Körpersprache:** Hand vor den Mund halten, mit Kugelschreiber spielen, nervös durchs Haar fahren und Zappeln sind absolut tabu!
Schlussformel: Ich habe mich gefreut über ... sprechen zu dürfen und danke Ihnen für Ihre Aufmerksamkeit ...	**Schlussformel:** So, das war's eigentlich ... ich glaub, ich bin fertig.

Bei mehrtägigen ACs werden Ihnen manchmal die Unterlagen zur Vorbereitung Ihrer Präsentation bereits am Vorabend gegeben. Die Unterlagen sind dann meistens sehr umfangreich und erfordern viel Zeit zur Durchsicht. Versuchen Sie gemäß der 80-20-Regel zunächst die wichtigen Erkenntnisse und Ergebnisse herauszufiltern und Ihre Storyline zu erstellen. Wenn Sie noch ausreichend Zeit haben, können Sie immer noch an den Feinheiten arbeiten, sofern Sie noch fit sind. Schlagen Sie sich besser nicht die ganze Nacht um die Ohren, sondern gehen Sie so ausgeruht und ausgeschlafen wie möglich in den zweiten Tag, der nicht nur von der Präsentation entschieden wird. Nehmen Sie sich vor allem die Zeit, Ihren Vortrag einmal vor sich selbst zu halten.

Beispielaufgabe: Stellenanzeige

Bitte bereiten Sie eine zehnminütige Präsentation zu folgendem Thema vor: Welche Bedeutung hat die klassische Stellenanzeige im Zeitalter des World Wide Web bei der Suche nach qualifizierten neuen Mitarbeitern? Sie haben fünfzehn Minuten Zeit für Ihre Vorbereitung und können für Ihren Vortrag wahlweise Folien und einen Overheadprojektor oder ein Flipchart nutzen.

Trainingsaufgabe: Produktpräsentation

Vor allem bei einer Bewerbung für eine Position im Marketing oder Sales wird von Ihnen wahrscheinlich eine Präsentation für ein Produkt oder eine Produkteinführung verlangt. Zur Vorbereitung erhalten Sie dann umfassendes Informationsmaterial. Richten Sie Ihre Präsentation auf Ihren Adressatenkreis aus – beispielsweise Marketingdirektoren, Handelspartner oder Endverbraucher. Dieser weicht meist von Ihrer Zielgruppe - Kundengruppe – ab! Definieren Sie die Zielgruppe und erklären Sie die Anforderungen und Erwartungen an das Produkt.

Im zweiten Schritt stellen Sie das Produkt in den Mittelpunkt und legen den Fokus auf den Produktnutzen und die Wettbewerbsvorteile. Arbeiten Sie die Einzigartigkeit (im Fachterminus unique selling proposition (USP)) des Produktes genau heraus. Welchen Zusatznutzen bietet das Produkt gegenüber den Wettbewerbern? Bei der Strukturierung Ihrer Argumente sollten Sie stark beginnen und noch stärker enden, um die Wirkung und den Nachhall zu erhöhen. Das gelingt Ihnen am besten, wenn Sie Ihre Zuhörerschaft mit ihren Problemen und Interessen abholen, wo sie ist. Greifen Sie also eine für die Zuhörer relevante Frage auf.

Lockern Sie Ihre Präsentation auf und ermöglichen Sie Ihren Zuhörern den Bezug zum Produkt, indem Sie viel visualisieren. Sprechen Sie in bildhaften Vergleichen, wenn Sie das Produkt beschreiben. Benutzen Sie Zeichnungen und Skizzen, vielleicht erhalten Sie sogar ein Mock-up (Produktdummy). Das „touch & feel" - Erlebnis hilft Ihren Zuhörern, eine Beziehung zum Produkt herzustellen.

Viele Vorträge verlieren an Lebendigkeit und wirken langatmig, weil der Vortragende viele Substantive benutzt. Orientieren Sie Ihren Sprachrhythmus an Verben, so gewinnen Sie an Energie und Dynamik. Ihr Vortrag wirkt agil, aktiv und bewegt die Zuhörer. Am Ende Ihres Vortrages steht der klare Appell zur Entscheidung für die Produkteinführung oder der Kaufappell, je nach Adressatenkreis.

Beispielaufgabe: Selbstpräsentation

Besonders gerne wird zu Beginn eines AC eine Kurzpräsentation von Ihnen verlangt, in der Sie sich allen Mitbewerbern und den Assessoren in zwei bis fünf

Minuten vorstellen. Meist haben Sie zur Vorbereitung zirka zehn bis fünfzehn Minuten Zeit und dürfen Ihre Notizen dafür verwenden. Es kann aber auch vorkommen, dass Sie sich spontan vorstellen und vollkommen frei sprechen müssen. In der Regel sind solche Kurzpräsentationen recht sachlich gehalten. Legen Sie Ihre Schwerpunkte auf Ihre Eignung, Ihre Stärken und Fähigkeiten für die Position und stellen Sie Ihre Motivation für einen Berufseinstieg bei dem betreffenden Unternehmen dar. Stellen Sie auf jeden Fall Bezug zum Unternehmen her und begreifen Sie die Präsentation wie das gesamte AC als Chance.

Eine kreative Variante der Selbstpräsentation kann eine bildliche Vorstellung sein. Sie werden aufgefordert, sich als ein Produkt, Tier oder Auto vorzustellen. Dadurch sind Sie angeregt, auf besondere charakterliche Eigenschaften und Stärken und Schwächen einzugehen.

„Wenn ich ein Auto wäre, dann wahrscheinlich ein Van mit großzügigem Stauraum, also Fassungsvermögen und einem angenehmen Überblick über die Straße und das Geschehen vor mir. Ich konnte mir immer recht schnell einen Überblick schaffen, vor allem bei komplexen Projekten, beispielsweise habe ich in meinem letzten Praktikum bei ... . Das große Fassungsvermögen zeigt sich darin, dass ich belastbar bin. Neben meinem Studium, das ich unterhalb der Regelstudienzeit abgeschlossen habe, war ich weiterhin ehrenamtlich in der Kindertagesstätte aktiv, in der ich meinen Zivildienst geleistet habe. Außerdem habe ich zwei studentische Kongresse zum Thema Marketing und Globalisierung mitorganisiert ..."

„Wenn ich ein Produkt wäre, das Ihr Unternehmen herstellt, dann wäre ich ein Haarshampoo - aber nicht irgendeines, sondern 2-in-1. Warum ein Haarshampoo? Es ist für einen sauberen, gepflegten und ordentlichen Kopf gedacht, und ich bin ein Kopfmensch, und die Voraussetzung für gute Arbeit ist ein guter Kopf. Warum 2-in-1? Reinigung und Pflege der Kopfhaut sind wichtig. Die Reinigung schafft Sauberkeit und die Pflege den langfristigen Aufbau – im übertragenen Sinne vor allem von Wissen. Das Tolle am Shampoo ist auch, dass man sich danach gut fühlt - von daher ist es sicherlich auch eine emotionale Komponente, die meine Entscheidung beeinflusst hat. 2-in-1 bedeutet aber auch, dass ich mich selten mit nur einer Sichtweise begnüge. Ich habe Spaß daran, Sachverhalte von mehreren Seiten zu betrachten und zu untersuchen. So habe ich in meiner Diplomarbeit das Thema ..."

Bei dieser Form der Aufgabenstellung ist es natürlich erforderlich, seiner Kreativität freien Lauf zu lassen. Beachten Sie dabei aber bitte vor allem, dass Sie einen klaren Bezug zu Ihrem Lebenslauf herstellen und die Charaktereigenschaften positiv auf sich übertragen, den Mehrwert für das Unternehmen darstellen und diese Eigenschaften an Stationen in Ihrem Lebenslauf illustrieren. Diese Übung können Sie sehr gut zu Hause für sich vorbereiten. Erstellen Sie beispielsweise eine Tabelle mit den Eigenschaften von Tieren (schlauer Fuchs, Adlerblick, König der Meere ...) oder Produkten (reinigende Waschmittel, nahrhafte Müsliriegel, schnelle Running-Sportschuhe oder schwere Wanderstiefel...).

Postkorb

Diese komplexe Organisationsübung testet, ob Sie auch unter Stress ein entscheidungsfreudiges Organisationstalent sind und mit kühlem Kopf Prioritäten setzen, klare Entscheidungen treffen und Aufgaben delegieren können. Der Postkorb stellt eine Ablage beziehungsweise einen Posteingang mit einer größeren Anzahl an Schriftstücken (Briefe, Faxe, Mails) zur Durchsicht und Bearbeitung dar. Dabei handelt es sich um Entscheidungsvorlagen, Anfragen, Aufträge, Aufzeichnungen betrieblicher Vorgänge aller Art und auch um private Notizen.

Die Ausgangssituation ist derart angelegt, dass Sie als Manager im betreffenden Unternehmen kurz vor Abreise zu einem wichtigen auswärtigen Termin für eine Stunde in Ihr Büro kommen, um alle dort im Postkorb befindlichen beruflichen und privaten Vorgänge binnen einer Stunde abzuarbeiten, terminlich zu koordinieren und wenn möglich zu delegieren. Die Postkorbübung kann auch computergestützt erfolgen – Sie müssen die Mails abarbeiten und delegieren oder selber handeln. Ihre Handlungs- und Entscheidungsperspektive ergibt sich dabei aus der angegebenen fiktiven Position, die Sie bekleiden.

Sie haben meist eine Stunde Bearbeitungszeit; sollte mehr Wert auf Ihre Fähigkeiten zur Stressbewältigung gelegt werden, wird diese Übung vermutlich zeitlich auf bis zu dreißig Minuten verkürzt. Merken Sie sich wegen des Zeitdrucks und der sich widersprechenden oder gegensätzlichen Anfragen und Aufgaben im Posteingang vor allem folgende Grundregel: Sie werden es niemals schaffen, hundertprozentige Lösungen für alle Vorgänge zu erarbeiten. Versuchen Sie also bestmögliche Ergebnisse auszuarbeiten, die sich sinnvoll argumentieren lassen.

Die Bearbeitung dieser Aufgabe erfolgt stets schriftlich, kann aber durch ein anschließendes Interview mit Rückfragen nach Begründungen für Ihre Entscheidungen ergänzt werden. Geben Sie Ihre Lösung in möglichst strukturierter, lesbarer und sauberer Form ab. Als wichtigstes Lösungsmittel empfehlen wir die squeaker.net-Entscheidungsmatrix. Sie müssen Ihre Entscheidungen anhand der Kriterien „Wichtigkeit" und „Dringlichkeit" treffen, so dass sich für jeden zu beurteilenden Vorgang folgende Bewertungsmöglichkeiten ergeben:

Postkorb	zeitlich kritisch	zeitlich weniger kritisch
wichtig	erledigen (+w;+z)	verschieben (+w;–z)
weniger wichtig	delegieren (-w; +z)	eliminieren (-w;-z)

Somit haben Sie vier Möglichkeiten für die Einordnung der Anfragen:

1) Wichtige und dringliche Aufgaben müssen Sie in jedem Fall selbst bearbeiten und selbst entscheiden.

2) Wichtige, aber weniger dringliche Aufgaben legen Sie auf einen passenden zeitlichen Termin nach Ihrer Rückkehr, der mit keinem anderen kollidiert.

3) Weniger wichtige, aber dringliche Aufgaben können Sie gefahrlos an Ihre Mitarbeiter oder Assistenten delegieren.

4) Weniger wichtige und weniger dringliche Aufgaben sind Zeitfallen, die Sie bei der Bearbeitung nur kurz entsprechend markieren und dafür keine weitere Bearbeitung vorsehen.

Überlegen Sie bei der Bewertung eines jeden Vorganges nach der Wichtigkeit, wie sich die Auswirkungen auf das Unternehmen darstellen, und nach der Dringlichkeit, welche zeitliche Priorität er hat. Als Grundregel für die Bearbeitung gilt: „Erst kommt das Berufliche, dann das Private!" Bei der Durchsicht der Unterlagen im Postkorb können Sie diese direkt mit den Symbolen in der Matrix zur Vorsortierung versehen.

squeaker.net-Tipp: Lassen Sie bei Ihren Entscheidungen den Bezug zur Führungsposition erkennen und zeigen Sie, dass Sie sich mit betrieblichen Abläufen und Hierarchien auskennen. Haben Sie Mut zu delegieren, Informationen weiterzugeben oder auch anzufordern, falls Anfragen uneindeutig sind und zeigen Sie sich bei Handlungsbedarf entscheidungsfreudig.

Sie müssen in jedem Fall alle Notizen und Aufgaben gelesen haben, bevor Sie mit der Bearbeitung und Bewertung beginnen. Mit Sicherheit werden sich Anfragen terminlich überschneiden. Zur besseren Übersichtlichkeit sollten Sie daher alle Termine in einen Terminkalender eintragen. Falls Ihnen kein Kalender ausgehändigt wurde, fertigen Sie rasch eine Kalenderskizze an. Es wird Ihnen besser gelingen zu delegieren, wenn Sie über die Organisation und die Mitarbeiterfunktionen Bescheid wissen. Häufig ist dem Postkorb ein Organigramm beigefügt. Manchmal ergeben sich die Mitarbeiterinformationen auch nur aus dem Kontext der beigefügten E-Mails und den jeweiligen Adresszeilen.

Do	Don't
Lesen Sie alle (!) Notizen gründlich durch bevor Sie mit der Bearbeitung beginnen.	Versuchen Sie nicht, alles selbst zu erledigen, sondern haben Sie den Mut zu delegieren.
Fertigen Sie eine kalendarische Übersicht aller Termine an und ein Organigramm aller beteiligten Personen.	Geben Sie keine unleserliche Notiz, sondern eine strukturierte und prägnant begründete Lösung ab.
Nutzen Sie zur Beurteilung aller Vorgänge die squeaker.net-Entscheidungsmatrix.	

Es kann vorkommen, dass Sie im Anschluss an diese Übung zu einem Gespräch aufgefordert werden, in dem Sie noch einmal Ihre Entscheidungen nachvollziehbar begründen und argumentieren sollen. Dabei kann der Ton Ihres Gesprächpartners durchaus gereizt oder aggressiv sein. Außerdem können Fragen zu Sachverhalten gestellt werden, die in den bisherigen Informationen nicht bekannt waren. Lassen Sie sich davon nicht irritieren, da es sich in diesem Fall wahrscheinlich um ein verdecktes Stressinterview handelt. Bei neuen Sachverhalten müssen Sie anhand Ihrer Lösungsskizze Entscheidungen revidieren und die hinzugewonnenen Informationen in die Lösung einpassen. Bleiben Sie bei Ihren Antworten konsequent und argumentieren Sie stets in einem ruhigen und sachlichen Ton. Reagieren Sie nicht auf persönliche Angriffe oder das Hinterfragen Ihrer Kompetenz.

Rollenspiel

Das Rollenspiel ist grundsätzlich als Gespräch zwischen zwei Personen angelegt; seltener wird es in Gruppenform durchgeführt. Sie und Ihr Interviewpartner schlüpfen in unterschiedliche betriebliche Rollen und simulieren betriebliche Interaktion in Form eines Konfliktgespräches. Typischerweise nehmen Sie die Rolle des Personalchefs, Vorgesetzten, Geschäftsführers oder Teamleiters wahr, dessen Führungspotential, nämlich Kontaktfähigkeit, Einfühlungsvermögen, Verhandlungsgeschick und Durchsetzungsfähigkeit sowie Überzeugungskraft verlangt sind.

Für die zehn- bis zwanzigminütige Diskussion haben Sie eine in der Regel als zu knapp empfundene Vorbereitungszeit von zirka fünf bis fünfzehn Minuten, in der Sie sich mit der Rollenbeschreibung und Situation vertraut machen können.

Thematisch wird entweder ein internes Konfliktgespräch zwischen Vorgesetztem (in der Regel Ihre Rolle) und Mitarbeiter oder ein externes Kundengespräch zwischen Key Account Manager (wieder Ihre Rolle) und Kunde simuliert. Ihre Rolle ist nicht leicht oder angenehm, da Ihnen nicht viel Entgegenkommen von Ihrem Rollenspielpartner geschenkt wird, sondern Ihnen häufig sogar Geduld erfordernde Uneinsichtigkeit entgegenschlägt. Oberstes Ziel des Gespräches ist immer die Wahrung der Interessen des Unternehmens.

Fast immer werden Sie es mit mehrschichtigen Problemstellungen zu tun haben. Es gibt ein sachlich-objektives Problem, das Ihnen in der Aufgabenstellung mitgeteilt wurde. Dieses ist zu klären und im Sinne und Wohl des Unternehmens zu lösen. Darunter verbirgt sich jedoch häufig ein persönlich-emotionales Problem, das zu den objektiv beobachtbaren Verhaltensweisen führt. Für Ihr Verständnis und Ihren Erfolg ist es zentral, dass Sie beide Probleme erkennen und eine Verhaltensänderung des Mitarbeiters bewirken. Diese doppelte Problemstruktur ist insbesondere bei Mitarbeitergesprächen zu finden, während bei Verkaufsgesprächen vor allem das Verhandeln und Handeln im Unternehmenssinn verlangt sind.

Sie überzeugen in Rollenspielen, wenn Sie strukturiert sprechen, aktiv zuhören, teilnehmerbezogen argumentieren und schließlich ein Ergebnis in entsprechender Zeit erreichen. Es wird in dieser Übung von Ihnen verlangt, dass Sie in der Lage sind, sich Ziele zu setzen und diese im Gespräch konsequent umzusetzen sowie die Ursachen und Hintergründe des „Problems" durch geschickte Gesprächsführung und Fragetechnik herauszufinden. Verwenden Sie offene Fragen, so dass Ihr Gegenüber sich selbst erklären kann und nicht zu Ja- oder Nein-Antworten verleitet wird.

Erweisen Sie sich geschickt in Ihrer Kommunikation, indem Sie auch bei diesen kritischen Gesprächen einen kühlen Kopf und die Geduld und Nerven bewahren. Aus Ihrem Gesprächsverhalten versuchen die Personaler, Rückschlüsse auf Ihr Führungspotential zu ziehen: Zeigen Sie Ansätze einer Gesprächsstrategie? Gelingt Ihnen eine Klärung? Können Sie Ihre Agenda platzieren? Sind Sie in der Lage, Entscheidungen zu treffen und zu kommunizieren?

i) Mitarbeitergespräch

Im Mitarbeitergespräch sind Ihr Ziel und Ihre Aufgabe, eine Verhaltensänderung Ihres Mitarbeiters zu bewirken. Dies setzt voraus, dass Sie die Hintergründe und Ursachen des Fehlverhaltens herausfinden. Auf dieser Basis können Sie Vereinbarungen zur Verbesserung der Situation treffen. Die beiden großen Fehler bei diesem Gespräch liegen darin, entweder in einen zu soften und angepassten Kuschelgesprächston („Haben Sie ein Problem? Ich helfe Ihnen und mache es Ihnen recht.") oder aber zu autoritär-abwertenden Kommunikationsstil („Draußen warten genügend andere auf Ihren Job!") zu verfallen. Diese Fehler vermeiden Sie, indem Sie Mitarbeitergespräche professionell nach folgendem Ablaufschema führen:

1. Begrüßen Sie den Mitarbeiter mit seinem Namen und weisen Sie ihn freundlich darauf hin, dass es sich um ein Gespräch über das Verhalten des Mitarbeiters handelt. Ganz wichtig und auch nicht leicht: Seien Sie dabei ehrlich, direkt und fair, indem Sie nicht lange um den heißen Brei reden, sondern auf den Punkt kommen und die Agenda platzieren.

2. Schildern Sie wertungsfrei das beobachtete Verhalten des Mitarbeiters entsprechend der Ihnen vorliegenden Information und versuchen Sie diese mit Hilfe des Mitarbeiters zu vervollständigen. Vermeiden Sie hierbei wertende Adjektive, denn es geht nicht um Schuldzuweisung – das Ziel ist es, gemeinsam die Situation zu verbessern, also Vereinbarungen zur Verhaltensänderung zu treffen. Klären Sie in diesem Schritt den Sachverhalt und holen Sie sich die Bestätigung des Mitarbeiters zu einem bestimmten Fehlverhalten. Arbeiten Sie Ihre Kritikpunkte dabei so konkret und sachlich wie möglich heraus - vermeiden Sie Pauschalisierungen. Lassen Sie sich dabei nicht von Ausreden und Unterbrechungen ablenken, sondern teilen Sie dem Mitarbeiter mit, dass er im Anschluss seine Ausführungen zum Sachverhalt machen kann. Werden

Sie hierbei nicht zum Dauerredner, sondern beherrschen Sie sich und lassen Sie auch den Mitarbeiter zügig zu Wort kommen.

3. Räumen Sie nun dem Mitarbeiter ausreichend Zeit für eine Stellungnahme zu den Beobachtungen ein und hören Sie aufmerksam zu. Versuchen Sie, sich in die Lage des Mitarbeiters hineinzuversetzen und seine Argumentation nachzuvollziehen. Unterbrechen Sie ihn erst dann, wenn er den Zeitrahmen zu überspannen droht. Versuchen Sie, die Begründung des Mitarbeiters für sein Verhalten zur Sprache zu bringen und ihm dabei gut zuzuhören und seine Einsicht zu fördern, dass derartige Vorkommnisse zukünftig vermieden werden sollten. Im Rahmen eines Gespräches können die Phasen zwei und drei überlappend stattfinden.

4. Geben Sie erst nach dieser Klärung eine eigene Stellungnahme und Bewertung ab. Erst jetzt haben Sie die argumentative Basis geschaffen, um Ihren Mitarbeiter zu Verhaltensänderungen zu bewegen. Sprechen Sie von der „Signalwirkung" seines Verhaltens und dem „Ruf" der Abteilung oder des Unternehmens. Zeigen Sie auch entsprechende Folgen seines Verhaltens auf, die letztlich auch ihn treffen, ohne dabei drohend zu wirken. Appellieren Sie an die Gemeinschaft und den Zusammenhalt im Unternehmen oder der Abteilung, indem Sie Formulierungen wie „wir" und „gemeinsame Lösung finden" betonen.

squeaker.net-Tipp: Eine scharfe argumentative Waffe ist die sinngemäße Formulierung: „Wenn Sie an meiner Stelle wären, was würden Sie dann sagen und unternehmen, um das Verhalten zukünftig zu ändern?" Der Perspektivenwechsel zwingt den Mitarbeiter, seine Blockadehaltung aufzugeben. Sollte der Mitarbeiter nach mehreren Versuchen uneinsichtig bleiben und nicht einlenken wollen, dann können Sie ruhigen Gewissens mit einer Abmahnung drohen. Behalten Sie sich diesen Schritt aber unbedingt als ultima ratio auf und vermeiden Sie ihn wenn möglich.

5. Wenn Ihr Mitarbeiter einlenkt, bestätigen Sie ihn und fassen Sie das Gesprächsergebnis zusammen, wobei Sie unbedingt überprüfbare Ergebnisse vereinbaren und explizit darauf hinweisen, dass Sie nun von ihm erwarten, das kritisierte Verhalten zu verändern. („Wir sind also zu dem Ergebnis gekommen, dass...") Wir empfehlen Ihnen, das Gespräch aktiv zu beenden, aufzustehen und Ihren Mitarbeiter zu verabschieden, um so abschließend Entschlossenheit und Sicherheit zu dokumentieren, wie beispielsweise: „Ich freue mich, dass wir trotz der Schwierigkeiten gemeinsam eine Lösung gefunden haben."

   Ein klassisches Ablenkungsmanöver des Interviewers ist die Verdrehung der Ausgangssituation: Die gespielte Annahme des Mitarbeiters weicht von der Vorabinformation ab. So erwartet der Mitarbeiter plötzlich eine Gehaltserhöhung, während Sie bestens für ein disziplinarisches Gespräch vorbereitet sind.

> *„Ganz wichtig und auch nicht leicht: Seien Sie dabei ehrlich, direkt und fair, indem Sie nicht lange um den heißen Brei reden, sondern auf den Punkt kommen. Dabei ist für uns bei Unilever wichtig, dass Sie im Gespräch gemeinsam und konstruktiv zu einer Lösung kommen."*
>
> Manuela Stahl, Personalreferentin, **Unilever**

Bleiben Sie sachlich und ruhig und erklären Sie ihm die Situation. Spielen Sie sofort mit offenen Karten und machen Sie verbindlich, aber unmissverständlich klar, um was es geht. Erwidern Sie seine Frage nach einer Gehaltserhöhung keinesfalls mit einer Frage nach den Gründen oder ähnlichem, da Sie Gefahr laufen, das Gespräch schnell in eine andere Richtung zu lenken und Ihre Agenda nicht mehr durchsetzen können.

Do	Don't
Beachten Sie die Zeitvorgabe und finden Sie in diesem Rahmen eine Lösung. Notieren Sie Anfangs- und Endzeitpunkt.	Belohnen Sie in keinem Fall negatives Verhalten mit Weiterbildung, Beförderung oder Ähnlichem.
Understatement und Authentizität werden hoch geschätzt.	Vermeiden Sie den verstehend-verzeihenden Stil und den autoritär-abwertenden Stil.
Lassen Sie sich nicht unterbrechen, bleiben Sie ruhig, aber hören Sie auch zu.	Es geht nicht um Schuldzuweisung, sondern um Verhaltensänderung des Mitarbeiters!

ii) Kundengespräch

Beweisen Sie, dass Sie mit schwierigen Kunden umgehen können, indem Sie einen Ausgleich zwischen Kundeninteressen und denen des Unternehmens schaffen, ohne in die Kostenfalle oder Kundenverlustfalle zu tappen. In der Regel handelt es sich beim Kundengespräch um ein Verkaufsgespräch, dessen Ziel ein Vertragsabschluss ist. Es können aber abweichend davon auch Reklamationsgespräche mit verärgerten Kunden geführt werden. In diesem Fall geht es darum, dass aus dem reklamierenden Kunden wieder ein zufriedener Kunde wird. Versuchen Sie daher herauszufinden, welche Motive Ihr Kunde hat. Zeigen Sie Verständnis und geben Sie Fehler zu und beziehen Sie sich dabei ein. In keinem Fall dürfen Sie Verantwortlichkeiten anonym beim Unternehmen abladen, sondern stehen persönlich für eine Verbesserung der Situation ein. Ihr Ziel, den Kunden zu beruhigen oder das Produkt zu verkaufen, dürfen Sie jedoch nicht um jeden Preis verfolgen. Sie haben sich in jedem Fall an die Regeln und Abmachungen Ihrer Firma zu halten.

Grundsätzlich gilt im Kundengespräch ein ähnlicher Gesprächsablauf wie im Mitarbeitergespräch:

1. Bereits bei der Begrüßung und namentlichen Anrede erklären Sie Ihrem Gesprächspartner, worum es konkret geht.

2. Schildern Sie Ihr Angebot und beschreiben Sie die Vorteile Ihres Produktes, beziehungsweise Ihrer Aktion oder Promotion. Verweisen Sie dabei auf die gute und langjährige Zusammenarbeit und das Win-Win Ihrer geschäftlichen Aktivitäten. Stehen Sie ehrlich zu Ihren Zielen und unterstreichen Sie die gemeinsamen Potenziale und Möglichkeiten. Richten Sie dabei Ihre Fachsprache konsequent am Kunden aus und befragen Sie ihn zu seinen Vorstellungen, Wünschen und Anregungen. Die Technik der Perspektivenübernahme ist hier extrem wichtig. Vermeiden Sie unbedingt Suggestivfragen („Sind Sie nicht auch der Meinung, dass ..."), da sie den Kunden im Zweifel verärgern. Hüten Sie sich auch vor Alternativfragen („entweder ... oder ..."), da diese oft zu der Antwort „weder ... noch ..." führen. Stellen Sie in jedem Fall das Kundenbedürfnis in den Mittelpunkt. Hinsichtlich Ihres Vokabulars sollten Sie sich gut überlegen, wen Sie vor sich haben. Der Filialleiter eines kleinen Supermarktes wird vielleicht nicht über den gleichen Wortschatz und das gleiche profunde Marketingwissen wie Sie verfügen. Gehen Sie auf seine Einwände ein. Im Zweifel kennt er jedenfalls seine Kunden besser, als Sie es tun. Arbeiten Sie auf diese Weise Punkt für Punkt heraus, warum Ihr Angebot seinen Wünschen entspricht.

3. Wenn nicht das Verkaufen, sondern das Besänftigen verärgerter Kunden im Vordergrund steht, sollten Sie zwar dem Kunden ein wenig Zeit geben, die Luft abzulassen, müssen ihn aber recht bald unterbrechen, weil er sonst den Weg ins konstruktive Gespräch kaum zurückfinden wird. Bringen Sie ihn zurück auf die Sachebene und sehen Sie großzügig über persönliche Angriffe hinweg und lenken Sie ein: „Es tut mir leid, dass ... Was können wir unternehmen, um zu unserer erfolgreichen Geschäftsbasis vor diesem Vorfall zurückzukommen?"

Beenden Sie das Kundengespräch aktiv und kommen Sie zum Abschluss des Deals, indem Sie auf die erzielte Einigung hinweisen und die Bestellung schriftlich fixieren. Halten Sie gegebenenfalls diejenigen Punkte fest, zu denen noch Klärungsbedarf besteht. Verteilen Sie die Aufgaben nach der Regel: „Wer macht was bis wann?" und vereinbaren Sie einen neuen Termin zur Klärung dieser Fragen. Sowohl beim Verkaufen als auch beim Besänftigen müssen Sie die Beobachter durch ausdauerndes Argumentieren und strukturierte Gesprächsführung sowie die Fähigkeit, Sachverhalte differenzierend darzustellen, beeindrucken.

> *"Sie sollten für gemachte Fehler Verantwortung übernehmen und konstruktiv auf eine Lösung hinarbeiten"*
>
> Manuela Stahl, Personalreferentin, **Unilever**

Beispielaufgaben: Rollenspiel

Messestand: Als Vertriebsmitarbeiter einer Messegesellschaft ist es Ihre Aufgabe, den Geschäftsführer eines mittelständischen Anlagenherstellers mit 200 Mitarbeitern davon zu überzeugen, als Aussteller auf der Messe einen Standplatz zu mieten. Die Standmiete beträgt 10.000 Euro. Sie haben für Ihr Gespräch sieben Minuten Zeit.

Außendienst: Als Außendienstmitarbeiter eines Waschmittelherstellers besuchen Sie den Regionalgebietsleiter einer größeren Supermarktkette. Sie sollen ihn für eine spezielle Promotion gewinnen, die durch Servicekräfte in seinen Filialen durchgeführt werden soll. Dafür sind jedoch kleinere Umbauarbeiten im Kassenbereich aller Filialen notwendig. Sie haben fünf Minuten Zeit, den Regionalgebietsleiter zu überzeugen.

Kühlschrankverkauf: Sie sind Vertriebsmanager in Grönland und sollen den Absatz an Kühlschränken für Eskimos erhöhen. Sie führen ein Verkaufsgespräch, und es wird erwartet, dass Sie einen Kühlschrank verkaufen.

Produktmanagement: Als Brand Manager mit nationaler Verantwortung haben Sie für den Relaunch Ihrer Marke eine Kampagne entwickelt, die etwa 20 Prozent über dem geplanten finanziellen Rahmen liegt. Insbesondere die Mediaspendings sind umfangreicher als ursprünglich geplant, jedoch gemäß den Marktforschungsdaten in dieser Größenordnung für den Erfolg des Relaunches notwendig. Sie sollen den Etat bei Ihrem Marketingdirektor durchsetzen.

Ressortleiter: Sie leiten ein Ressort innerhalb eines Unternehmensbereiches und berichten direkt an den Bereichsleiter. Für die Sitzung der Bereichsleiter haben Sie eine umfangreiche Datensammlung und Präsentation durch Ihre Assistenz zusammenstellen lassen und in der Besprechung vorgetragen. Dabei sind mehrere fehlerhafte Daten entdeckt worden, so dass Ihr Vortrag an Glaubwürdigkeit eingebüßt hat. Wie stellen Sie eine bessere Vorbereitung durch Ihre Assistenz sicher?

Abteilungsfeedback: Als Abteilungsleiter sind Ihnen mehrfach vertrauensvolle Beschwerden über das unkooperative Verhalten eines Kollegen innerhalb der Abteilung zu Ohren gekommen. Konkrete Anhaltspunkte haben Sie dafür jedoch nicht. Sie spüren, dass sich das Klima verschlechtert, und müssen den Kollegen zum Gespräch bitten. Wie können Sie eine Verhaltensänderung bewirken?

Projektverantwortung: Sie haben als Führungsperson ein Projekt initiiert und einen Projektleiter mit der Durchführung und Koordination beauftragt. Die Projektteammitglieder haben in letzter Zeit gehäuft Beschwerden über das arrogante Benehmen des Projektleiters geäußert. Die Stimmung ist schlecht und der Projektausgang in Gefahr. Sie haben als Vorbereitung für das Gespräch eine Akte, die mit mehreren Seiten Beschwerdemails gefüllt ist, und 30 Minuten Zeit zur Bearbeitung. Das Gespräch dauert 20 Minuten. Zielvorgabe ist es, mit dem Mitarbeiter zu einer Lösung des Problems zu gelangen.

Skizzieren Sie als Übung einmal kritisch die Argumentationsketten aus den Perspektiven von beiden Verhandlungspartnern.

Do	Don't
Hören Sie aktiv zu! Die geduldige Bereitschaft des Zuhörens zeigt Ihrem Gegenüber, dass Sie ihn ernst nehmen und schafft dadurch Akzeptanz.	Vermeiden Sie das Spiel aus Angriff, Verteidigung und Gegenangriff.
Kommunizieren Sie deutlich! Konstruktive Ergebnisse erreichen Sie durch klare und konkrete Kommunikation.	Schwammige Aussagen führen wegen ihres zu großen Interpretationsspielraumes zu Missverständnissen.
Wählen Sie Argumente geschickt! Beginnen Sie mit starken Argumenten und hören Sie mit noch stärkeren auf.	Verschießen Sie Ihre Argumente nicht zu früh und enden Sie nicht mit dem schwächsten Argument.
Verdeutlichen Sie Motive und Ziele! Stellen Sie die Hintergründe Ihres Standpunktes dar und ermöglichen Sie so ein besseres Verständnis.	Diffuse Hintergründe führen zu Vermutungen, Misstrauen und schließlich zu Unklarheit.

Case Study

Anders als bei Beratungen oder Banken verwenden die meisten FMCG-Unternehmen kürzere und weniger komplexe Case Studies. Jedoch ist die Zahl der Unternehmen, die anwendungsorientiertes Denken prüfen und Wissen auf diese Weise abfragen, steigend. Die Unternehmen wollen mittels Fallstudien Ihr analytisches und qualitatives Urteilsvermögen kennen lernen.

Beispielaufgabe: Markenstrategie

Bei der Bewerbung für eine Marketingposition kann es Ihnen schon einmal passieren, dass der Marketing Manager - Ihr zukünftiger Vorgesetzter – eine Empfehlung zur Weiterführung einer Markenstrategie von Ihnen erwartet: Soll eine differenzierte Markenstrategie mit drei separaten Marken gewählt oder soll der Fokus auf eine Dachmarke gelegt werden? Sie erhalten lediglich die Produktdummies als einziges Informationsmaterial. Alle wesentlichen Informationen, die für Ihre Entscheidung notwendig sind, müssen Sie durch gezielte Nachfragen gewinnen. So werden indirekt Ihre (markt-)forscherischen Qualitäten getestet. Im Rahmen der Überprüfung Ihrer analytischen und qualitativen Bewertungsdimension wird auch erwartet, dass Sie den Produktdeckungsbeitrag ausrechnen können, aber auch andere Faktoren wie Image, Markenwert etc. in Ihre Empfehlung einbeziehen. In diesem bis zu dreißigminütigen Gespräch wird eine einigermaßen strukturierte Vorgehensweise und am Ende der Fallstudie eine gut begründete, plausible Antwort erwartet. Alternativ zu der Interviewform der Fallstudien kann es auch komplexere Problemstellungen inklusive umfangreichen Aktenmaterials geben, die ausführlich und schriftlich gelöst und abschließend gegebenenfalls präsentiert werden.

Fallbeispiel für die Besetzung einer Finanz- / Controllingposition:

Sie sind Geschäftsführer eines in Deutschland ansässigen Unternehmens mit amerikanischer Konzernmutter. Das Unternehmen ist mit der Herstellung von Scannern, Druckern und Faxgeräten beauftragt. Im letzten Jahr wurde erstmals ein Verlust erwirtschaftet. Sie sollen eine Präsentation für die amerikanische Mutter entwerfen, in der eine Strategie für die nächsten drei bis fünf Jahre entwickelt wird, durch die das deutsche Tochterunternehmen wieder Gewinne erwirtschaften kann.

Die 14-seitige Fallstudie enthält Informationen zu einzelnen Bereiche wie F&E und Marketing, die ihrerseits wiederum Einschätzungen der Lage abgeben. Sehr wichtig ist eine GuV des Unternehmens, die über die letzten Jahre eine Aufgliederung der Gewinne und Verluste der einzelnen Geschäftsbereiche liefert. Diese kann als Ansatzpunkt der Umstrukturierung genutzt werden. Außer der Aufgabenstellung, eine 15-minütige englische Präsentation zu halten, die sich mit dem Thema auseinandersetzt, wie das deutsche Unternehmen wieder gewinnbringend wird, gibt es keine weitere Eingrenzung.

Lösungshinweise:

Bei der Lösung der Case Study geht es darum, wesentliche Sachverhalte zu verstehen und sinnvoll in die Präsentation einzuarbeiten. Es sollte bei der Präsentation ein logischer Ablauf eingehalten werden (Einführung, Gliederung, Maßnahmen, Bewertung der Maßnahmen, Fazit). Wichtig ist es, einer klaren roten Linie zu folgen und sich von dieser auch bei den kritischen Nachfragen durch den Interviewer nicht abbringen zu lassen.

Versuchen Sie zunächst Auffälligkeiten an der Fallstudie zu identifizieren: Welche Unternehmensbereiche und -standorte sind vielleicht defizitär? Nutzen Sie ruhig

„Grundsätzlich dienen Rollenspiele, Präsentationen, Simulationen in einem AC der Erkennung von Persönlichkeit, Stärken und Schwächen sowie gewissen Verhaltensmustern. Im Rahmen einer Gruppendiskussion können wir beispielweise erkennen, wie engagiert ein Kandidat sich einbringt, welche Argumentationsstränge verfolgt werden, wie und wodurch er zu überzeugen versucht. Erwähnenswert ist hier sicherlich, dass es dabei nicht immer drauf ankommt, den größten Redeanteil zu haben – die Qualität der Redebeiträge und Interaktion spielen für uns hier eine entscheidende Rolle."

Markus Dinslacken, HR-Manager, **Henkel**

Managementkonzepte, die Sie aus Vorlesungen kennen, wie beispielsweise die Value Chain von Michael Porter. Fragen Sie sich, in welchem Segment der Wertkette Probleme bestehen und was die Ursachen sind. Beispielsweise könnte in der gestellten Aufgabe ein Unternehmensbereich defizitär sein oder es könnten hohe Transport- und Lagerkosten durch nicht mehr benötigte Zwischenlager verursacht werden. Würde bei Schließung eines defizitären Unternehmensbereiches der profitable Bereich langfristig gesichert?

Als Bewerber und Führungsnachwuchskraft sollen Sie unternehmerisch denken und das langfristige Interesse des Unternehmens sicherstellen. Der Mut zu Veränderungen, unpopulären Maßnahmen und Risikobereitschaft gehört zu solchen Aufgaben dazu. Machen Sie deutlich, dass Sie sich für das Unternehmen einschneidende Maßnahmen einfallen lassen und nicht denken, dass man alles so lassen sollte oder nur diese oder jene „kleine" Veränderung vornehmen könnte. Von allgemeinen Aussagen sollte Abstand genommen werden. Vermeiden Sie jedoch gefühlsloses Sanierergehabe, erwähnen Sie im Falle von Restrukturierung immer sozialverträgliche Regelungen.

Gruppendiskussion

In dieser klassischen AC-Übung diskutieren vier bis sechs Teilnehmer ein in der Regel vorgegebenes Thema; unter Umständen werden Sie als Gruppe aber auch zunächst aufgefordert, sich auf ein Thema zu einigen. Sollte dies der Fall sein, dann ist bereits der Auswahlprozess ein wichtiger Bestandteil der Beobachtung und Beurteilung: Wer hier eine Führungsrolle einnehmen kann, die von den anderen Gruppenmitgliedern akzeptiert wird, hat positive Managementqualitäten bewiesen - anders als der stille Mitläufer oder der blockende Neinsager.

Gruppendiskussionen werden ohne oder mit Rollenvorgabe durchgeführt. Grundsätzlich gilt für Diskussionen ohne Rollenvorgabe eine eher kooperative Verhaltens- und Diskussionsempfehlung, während die Variante Rollenspiel recht konfliktionär angelegt ist, obwohl natürlich als Gruppenziel ein gemeinsames Fazit oder ein Ausgleich der Interessen zu erreichen ist. Etwas seltener wird die Gruppendiskussion mit Moderator als Auswahlübung genutzt. Die nachfolgenden Beschreibungen der Varianten an Gruppendiskussionen ergänzen sich - wir empfehlen daher unbedingt alle drei Varianten zu lesen.

Die Beobachter bewerten die Art und Weise des Umganges miteinander. Wesentliche Beurteilungskriterien sind daher: Kommunikationsverhalten, Durchsetzungsvermögen, Stressresistenz, Einfühlungsvermögen. Ihre soziale Kompetenz ist hier fast ausschließlich auf der verbalen Ebene unter Beweis zu stellen. Dabei bewerten die Assessoren eine ausgewogene Mischung der nachstehenden Verhaltensweisen positiv:

Do	Don't
Allgemeinverhalten: freundlich, hilfsbereit, rücksichtsvoll, gelassen, Gesprächspartner ernstnehmen und zuhören	**Allgemeinverhalten:** weder innere noch äußere Verkrampfung zeigen
Diskussionsregeln: sicher auftreten, eigene Meinung vertreten, oberflächliche oder fehlerhafte Argumentation reflektieren, ausreden lassen, ausgeglichene Redebeiträge sicherstellen, Beiträge loben	**Diskussionsregeln:** keine deplazierten Bemerkungen, keine Monologe, nicht die eigene Meinung durchdrücken, kein Sarkasmus, Ironie oder Herabsetzung
Sprachverhalten: präzise und sachorientierte Beiträge leisten, deutliche und ruhige Aussprache	**Sprachverhalten:** keine Superlative, keine Füllwörter (also, sicherlich, ja)
Inhaltlich: Nachfragen stellen und zulassen bei Unklarheiten, Ergebnis und Ziel im Auge behalten, fremde Ideen aufgreifen und weiterentwickeln	**Inhaltlich:** unbekannte Fachtermini vermeiden (insbesondere bei interdisziplinärer Gruppe)

i) Gruppendiskussion ohne Rollenvorgabe

Nutzen Sie vor allem die knappe Vorbereitungszeit gut. Arbeiten Sie die Kernpunkte Ihrer Argumentation heraus und finden Sie entsprechende Beispiele zur Illustration. Wenn die Vorbereitungszeit ausreicht, dann bereiten Sie eine kurze Darstellung des Themas zur Eröffnung vor.

Häufig verharren die Teilnehmer für einen Moment in befangener Starre und die Diskussion kommt nur schleppend in Gang. Ergreifen Sie die Initiative und versuchen Sie eine Struktur für die Gruppendiskussion zu erarbeiten. Zu Beginn gilt es, das Eis mit kurzen Fragen zum Meinungsbild in der Gruppe zu brechen:

- Wie sieht jeder von uns die Problematik?
- Wo sind die Meinungsschwerpunkte?
- Wo gibt es verbindende und wo trennende Punkte?

Da vielleicht mehrere Diskussionsteilnehmer versuchen werden zu beginnen, ist es nicht tragisch, wenn Sie nicht zum Zuge kommen.

squeaker.net-Tipp: Wenn die Diskussion erst einmal läuft, dann sollten alle Teilnehmer auf eine ausgeglichene Rollenverteilung und Redebeiträge achten. Da weniger das Ergebnis als vielmehr der Prozess zur Ergebnisfindung für die Beobachter von Interesse ist, gilt eine Gruppenarbeit erst dann als erfolgreich, wenn alle Teammitglieder in den Prozess eingebunden waren und sich mit dem Ergebnis identifizieren können. Im betrieblichen Geschehen ist dieser Aspekt für die Umsetzung von Beschlüssen von zentraler Bedeutung, da Teammitglieder die Umsetzung nur dann vollkommen unterstützen, wenn Sie das verabschiedete Ergebnis miterarbeitet und beschlossen haben.

Aufgrund unterschiedlicher Gewichtungen von Bewertungskriterien, die auf unterschiedlichen Stellenanforderungsprofilen basieren, werden in Gruppendiskussionen unterschiedliche Verhaltensweisen beobachtet und verlangt. Eine Empfehlung für „richtiges" Verhalten ist daher nur insoweit zu geben: Bleiben Sie grundsätzlich Sie selbst und bringen Sie sich aktiv ein, denn in keinem Fall wird in einem AC der Vielschwätzer oder der Schweigsame gesucht.

Stellen Sie in der Diskussion in jedem Fall klar und präzise Ihren Standpunkt dar, jedoch nicht, ohne Ihre Beweggründe zu erklären. Ermöglichen Sie es den anderen Diskussionsteilnehmern, Ihre Motive und Ziele zu begreifen. So gewinnt Ihr Standpunkt an Klarheit und kann nachvollzogen werden.

Die wichtigste rhetorische Technik dafür ist die Fünfsatz-Technik:

- Standpunkt benennen: „Ich bin überzeugt, dass ..."
- Argumente präsentieren: „Meine Erfahrungen hierbei sind ..."
- Beispiele erläutern: „Wir haben alle gesehen ..."
- Einwänden zuvorkommen: „Sie werden jetzt denken ..."
- Fazit ziehen: „Daher sollten wir ..."

Setzen Sie diese Methode jedoch nicht mit aller Gewalt durch. In einer Diskussion wird man Sie unterbrechen, und Sie müssen Gegenmeinungen und Einwände zulassen. Außerdem würden Sie wahrscheinlich einen längeren Monolog halten, wenn Sie diese Methode konsequent durchziehen. Sie eignet sich aber in jedem Fall sehr gut für die Vorbereitung und kann auch sukzessive angewandt werden.

Wir empfehlen Ihnen, den Diskussionsteilnehmern aufmerksam und mit der angemessenen Geduld zuzuhören und sie ernst zu nehmen. Vermeiden Sie es, auf alles, was von anderen gesagt wurde, spontan mit einer Gegenrede (Angriff und Verteidigung) zu reagieren. Konzentrieren Sie sich auf das, was der jeweils Sprechende sagt, und halten Sie Blickkontakt. Lassen Sie die anderen ausreden und setzen auch Sie beim Sprechen gezielt den Blickkontakt ein, um alle Diskussionsteilnehmer einzubinden. Greifen Sie Ideen und Anregungen anderer Teilnehmer auf und entwickeln Sie diese mit Ihren eigenen Ideen weiter. Unterstützen Sie Argumente von Teammitgliedern, die Sie als valide ansehen. Wenn

Ihnen eine Aussage oder ein Ausdruck unklar ist, fragen Sie gezielt nach – meist sind Sie dann nicht allein.

Versuchen Sie, der Diskussion Struktur zu geben, indem Sie Zwischenergebnisse zusammenfassen und die Agenda beziehungsweise die zeitlichen Restriktionen im Auge behalten, insbesondere wenn sich die Gruppe an einem Detail festbeißt. „Diesen Aspekt haben wir nun ausführlich besprochen und festgestellt, dass ... Angesichts der Zeit schlage ich vor, dass wir uns nun ..." Ebenso sollten Sie sich bemühen, die Diskussion auf das Thema zu zentrieren: „Ich bezweifle, dass wir unserer Aufgabe gerecht werden, wenn wir das Thema zu weit ausdehnen ... Wir sollten im Hinblick auf eine Entscheidung ..." Des Weiteren empfiehlt es sich, genauso wie in der beruflichen Praxis, das Unternehmensinteresse vor persönliche Interessen zu stellen: „Unsere Argumentation muss von der Ressort- / Bereichsleitung akzeptiert werden. Dazu sollten wir auch die kritischen Punkte diskutieren ..."

Eindeutige Vielredner sollten Sie diplomatisch darauf hinweisen, dass für das Gruppenergebnis die Meinung und der Beitrag der anderen sehr wichtig und zu berücksichtigen sei. Lassen Sie sich auf gar keinen Fall provozieren. Ihre Gegenstrategie ist Deeskalation, das heißt Zurückleitung auf die sachliche Ebene und Unterstreichen der Partnerrolle. Kritisieren Sie keinen der anderen Teilnehmer, sondern überlassen Sie diese Aufgabe den Beobachtern.

Versuchen Sie auch durch Ihre Körpersprache Gelassenheit zu dokumentieren; weit auf den Tisch gelehntes Aufstützen des Körpers kann einen aggressiven Eindruck vermitteln, während ein zurückgezogenes, legeres Sitzen im Sessel eher Desinteresse ausstrahlt. Nervosität schlägt sich auffällig in Wippen, Fingerspielen (Verknoten, Trommeln auf der Tischplatte, Kugelschreiber klickern) und Umschlingen der Stuhlbeine nieder. Setzen Sie sich so angenehm und entspannt wie möglich hin, da der Gesamteindruck für die Assessoren wichtig ist.

squeaker.net-Tipp: Machen Sie sich unbedingt von dem Erwartungsdruck frei, das Diskussionsthema bis in alle Facetten zu diskutieren und ein für alle Teammitglieder gleichermaßen perfektes Ergebnis abzuliefern. Dies verhindert meist schon die knappe Zeit. Natürlich sollen Sie ergebnisorientiert arbeiten und ein ordentliches Ergebnis abliefern, aber das Augenmerk der Prüfer liegt zum einen auf einem fairen und offenen Miteinander und zum anderen auf der Erarbeitung einer guten und nicht einer perfekten Lösung.

Beispielaufgaben: Allgemeine Themen

- Wie lässt sich der Energieverbrauch am Standort Deutschland reduzieren?
- Ist der Standort Deutschland noch wettbewerbsfähig?
- Welche Eigenschaften sollte eine gute Führungskraft haben?
- Wie sieht eine gute Mitarbeiterzeitung aus?

Beispielaufgaben: Themen mit Branchenbezug

- Was wäre für Sie eine erfolgreiche Marketingstrategie, um eine Haarstylingserie speziell für die Zielgruppe der unter 20-Jährigen im Markt einzuführen?
- Wie bewerten Sie die Optionen organischen gegenüber externen Wachstums in der Konsumgüterindustrie?
- Wie kann eine kontinuierliche Verbesserung der Maßnahmen zur Qualitätssicherung in der Nahrungsmittelproduktion gewährleistet werden?
- Wie kann ein bestmögliches Customizing (Anpassung an Kundenwünschen) in der Marketingorganisation umgesetzt werden?

ii) Gruppendiskussion mit vorgegebenen Rollen

Diese Form der Gruppendiskussion hat starke Ähnlichkeiten mit der Rollenspielübung. Vor Beginn der Übung erhalten Sie eine Beschreibung der Aufgabe und Ihrer Rolle mit definierten Merkmalen und Forderungen, die Sie zu vertreten haben. Die Grundlage stellen schriftliche Regieanweisungen und Informationsmaterialien dar, die eine fiktive unternehmerische Situation erklären und Managemententscheidungen erfordern. Die Rollen der anderen Teilnehmer sind Ihnen nur grob bekannt; meist kennen Sie nur deren Position oder Funktion im Unternehmen. Zentral für Ihren Erfolg ist, dass Sie die Standpunkte, Interessen und Beweggründe der anderen Teilnehmer herausfinden. Das Ziel der Gruppe ist es dann, einen Ausgleich beziehungsweise einen Vorschlag zur Aufgabenlösung zu erarbeiten.

Beispielaufgabe: Product Launch

Sie sind Produktmanager und sollen mit Ihren Kollegen aus Forschung & Entwicklung, Produktion und Supply Chain Management die Vorgehensweise zur Markteinführung eines neuen Produktes diskutieren und eine Ablaufempfehlung für die Geschäftsführung formulieren. Sie haben dazu 45 Minuten Zeit.

Eine Variante zu der reinen Diskussion können ein kurzes Projekt oder eine Case Study sein. Hierbei wird das Zusammenwirken aller Mitspieler noch wichtiger, da es sein kann, dass jeder Teilnehmer aus seiner Rollenbeschreibung über unterschiedliche Informationen verfügt, die erst im Austausch untereinander Sinn ergeben. Daher müssen Sie innerhalb der Gruppe als erstes jedem Teilnehmer alle Informationen zugänglich machen. Sofern Ihnen Medien wie beispielsweise ein Flipchart zur Verfügung gestellt werden, sollten Sie diese auf jeden Fall nutzen, um eine transparente Übersicht aller Informationen zu erstellen. Gehen Sie bei der Sammlung, Sortierung und Interpretation der Informationen systematisch vor und achten Sie darauf, alle Mitarbeiter im Boot zu haben.

Trainingsaufgabe: Fallstudie Produktdesign

Sie sind in einer Gruppenübung mit vier Teilnehmern, die unterschiedliche Rollen wahrnehmen – ein Marktforscher, ein Produktmanager, ein Controller und ein Kollege aus Forschung und Entwicklung. Sie arbeiten an einem neuen Produkt und verlangen basierend auf Ihren Erkenntnissen und Anforderungen bestimmte, unterschiedliche und sich teilweise widersprechende Eigenschaften des Produktes. Das Produkt und die geforderten Eigenschaften werden zwecks Vereinfachung in Form von Legosteinen gewünscht. Sie sollen abschließend ein fertiges Produkt aus Legosteinen und das dazugehörige Marketingkonzept vorstellen. Auf Ihrer Regieanweisung finden Sie Informationen, die nur in einer der jeweiligen Regieanweisungen vorhanden und nicht allen Teilnehmern bekannt oder zugänglich sind:

Marktforschung: Das Produkt muss eine ausgefallene Form und besondere Ästhetik aufweisen. Die farbliche Gestaltung muss alle Farben beinhalten.

Marketing: Das Produkt soll mindestens zehn Reihen hoch und vier Reihen breit sein. Rote Steine müssen weiße Steine berühren. Rote Steine sollen mindestens in zwei aufeinander folgenden Reihen verbaut werden. Blaue Steine dürfen die gelben Steine nicht berühren. Schwarze Steine sollen vermieden werden.

Forschung&Entwicklung: Mehr als zehn Reihen sind instabil und können aus Gründen der Produktsicherheit nicht realisiert werden. Die chemischen Strukturen verlangen, dass schwarze auf rote auf weiße Steine folgen. Blaue Steine können nicht verwendet werden.

Controlling: Aus Kostengesichtspunkten (Material- und Transportkosten) ist das Produkt so kompakt wie möglich zu gestalten. Schwarze und weiße Steine sollen so viel wie möglich verbaut werden. Insgesamt können wegen des Kostendrucks nur vier verschiedene Farben - inklusive schwarz und weiß - verwendet werden.

Als Materialien stehen Ihnen Papier, Stifte, eine große Kiste mit Legosteinen, ein Flipchart, ein Overheadprojektor und Folien zur Verfügung. Sie haben 60 Minuten Zeit für die Produktgestaltung und die Erarbeitung und Präsentation des Marketingkonzeptes.

Lösungshinweis: Es gibt sicherlich viele verschiedene Lösungsansätze. squeaker.net präsentiert Ihnen eine Musterlösung, die auf Interaktion, Projektleitung, Delegation und Teamwork setzt.

Relativ schnell wird Ihnen klar, dass zuerst eine klare Informationslage geschaffen werden muss. Bestimmen Sie also einen Teamleiter, der diesen Prozess koordiniert - bei der Auswahl richten Sie sich beispielsweise nach den entsprechenden vertretenen Funktionen und der Aufgabenstellung. Von Anfang an sollten Sie sich als Gruppe zeitliche Vorgaben setzen. Empfehlenswert sind für den Produkterstellungsprozess 30 Minuten, für die Konzepterstellung und den Produktbau 20 Minuten und die eigentliche Präsentation fünf Minuten inklusive eines zeitlichen Puffers von fünf Minuten vor der Präsentation. Die Produkterstellung sollte am Kunden unter den gegebenen internen Restriktionen ausgerichtet werden. Dafür und auch für die Erstellung des Marketingkonzeptes eignet sich als Koordinator klassischerweise der Marketing Manager. Nachdem Sie alle Informationen gesammelt haben, ordnen Sie diese nach zwingend vorgeschriebenen Anforderungen und Restriktionen (Muss) sowie wünschenswerten Eigenschaften (Kann). Die sich widersprechenden Anforderungen müssen diskutiert und eine Einigung herbeigeführt werden. Nach diesem Prozess steht eine Skizze des Produktes, und ein Teil der Gruppe kann, geführt von dem Forscher&Entwickler, mit dem Bau des Produktes beginnen. Der Rest kann den Marketingplan schreiben. Dieses parallele Vorgehen eignet sich besonders bei Zeitdruck. In der Präsentation sind dann sogleich die Rollen vergeben. Jedes Gruppenmitglied sollte einen Teil präsentieren, so dass fünf Minuten vollkommen ausreichen. Der Projektleiter kann eine kurze Vorstellung und Prozessdokumentation übernehmen. Der Forscher&Entwickler erklärt den Produktaufbau, wobei er vom Controller ergänzt wird, der die Restriktion erläutert. Der Marktforscher vervollständigt die Anforderungen und erklärt den Nutzen für die Zielgruppe. Der Marketingmanager und Projektleiter rundet den Vortrag mit einigen schließenden Bemerkungen zum Marketing Mix ab.

squeaker.net-Tipp: Natürlich sollten Sie ein Ergebnis vorweisen können, jedoch geht es bei dem gesamten Projekt vielmehr um den Prozess der Problemlösung und Aufgabenbewältigung, also den Umgang miteinander. Achten Sie also besonders auf Ihre soziale Interaktion untereinander und Ihre Kooperationsbereitschaft. Bei Fallstudien und kurzen Projekten sind Teamwork, gute Informationspolitik der Teammitglieder sowie eine zielgerichtete, systematische Vorgehensweise gefragt.

Beispielaufgabe: Konstruktionsübung

Manche Unternehmen setzen als interaktive Gruppenübung eine so genannte Konstruktionsübung ein. Ihre Aufgabe als Gruppe ist es, einen Turm oder eine Brücke zu bauen. Als Arbeitsmittel erhalten Sie dazu lediglich Papier, Schere und Klebstoff. In der vorgegebenen Zeit sollen Sie das gefragte Objekt bauen, das möglichst hoch oder lang und dazu stabil und originell sein soll.

Bei dieser Übung ist nicht nur Kreativität gefragt, sondern vor allem ein konstruktives Teamverhalten und ein vorzeigbares Ergebnis am Ende der Übung. Die Prüfer beobachten sehr genau, wer sich mit seiner Idee durchsetzt, wie die Gruppe sich auf das Vorgehen einigt und wer das Projekt führt. Die Übung ist in jedem Fall zu schaffen - zeitlich und technisch. Wenn Sie kein fertiges Objekt vorweisen können, gilt die Konstruktionsübung im Allgemeinen als gescheitert. Lassen Sie sich auf diese Übung einfach ein und versuchen Sie Spaß daran zu gewinnen. Mit Begeisterung lässt sich diese Aufgabe am Besten lösen.

Es empfiehlt sich zunächst ein Brainstorming in angemessener Zeit durchzuführen. Eine Beschreibung der Brainstormingtechnik finden Sie im Abschnitt Kreativitätstestverfahren im zweiten Kapitel. Die Gruppe sollte sich danach auf einen

Projektkoordinator einigen, häufig ist dies derjenige, der danach fragt oder der die Idee hatte, die sich durchgesetzt hat. Der Projektleiter koordiniert alle Tätigkeiten - viele können in der Regel parallel durchgeführt werden – und hält die Zeit im Auge.

Bringen Sie unbedingt Ihre Ideen ein und werben Sie für Ihre Idee. Sie sollten natürlich nicht versuchen, Ihre Idee unbedingt durchzusetzen, verteidigen Sie jedoch ihre Vorteile. Viele Unternehmen sehen gerne eine gewisse Überzeugungskraft und Durchsetzungsfähigkeit. Übernehmen Sie nötigenfalls auch die Führungsrolle. Das ist nicht zwingend, zeigt aber eine gewisse Initiative und die Bereitschaft, Verantwortung zu übernehmen. Achten Sie immer darauf, die Balance zwischen kooperativem Verhalten und Ihrem Durchsetzungsvermögen sowohl bezüglich Ihrer eigenen Vorschläge als auch bezogen auf die Erreichung des Zieles zu halten.

Der Schlüsselmoment ist das Zusammenfügen aller separat in Teilgruppen gebauten Module und der anschließende Test der gemeinsamen Konstruktion. Den Teamerfolg können Sie alle zusammen feiern. Der Projektkoordinator übergibt oder präsentiert, sofern gewünscht, das Modell.

iii) Gruppendiskussion mit Moderator

Abteilungs- und funktionsübergreifende Projektarbeiten zwischen Mitarbeitern, die unterschiedliche Denkweisen und Interessen einbringen und sich nicht oder nur oberflächlich kennen, stellen Führungskräfte regelmäßig vor Herausforderungen. Wichtige Kernkompetenzen für diese sind daher die Moderation von Gruppendiskussion und Fähigkeiten hinsichtlich sozialer Interaktion, um die Stärken der jeweiligen Mitarbeiter zu mobilisieren, Aufgaben zu delegieren und das Team zur Zielerreichung zu motivieren. Daher werden diese Fähigkeiten gerne in AC-Übungen getestet. Es kann vorkommen, dass Sie eine Gruppe von Bewerbern oder Prüfern moderieren sollen.

Ein guter Moderator wird im günstigsten Falle kaum wahrgenommen; er schafft unauffällig die optimalen Rahmenbedingungen für die Arbeit der Gruppe. Nicht jede Gruppe benötigt einen Moderator. Je besser der Arbeitsfluss läuft und je besser die Teilnehmer miteinander auskommen, desto weniger wird er gebraucht. Denken Sie daran: Kreativität benötigt eine entspannte Atmosphäre. Deshalb ist es wichtig, als Moderator nicht wie ein Befehlshaber aufzutreten - es gilt also anzuleiten und nicht autoritär Befehle zu erteilen. Zumeist ist schon vor dem Meeting klar, wer die Rolle des Moderators übernimmt. Manchmal ist die Situation aber auch offen. Bevor Sie sich mit einer Arbeitsgruppe treffen, müssen Sie eine wichtige Entscheidung treffen: Will ich moderieren? Und: Will ich explizit oder implizit moderieren?

Explizit bedeutet, dass Sie offen den Vorschlag machen, das Treffen zu moderieren. Das ist der Normalfall, und es ist auch das Beste. So sind die Rollen klar verteilt, und alle wissen, woran sie sind. Für manchen ist ein Moderator aber vielleicht ungewohnt. Sie könnten Angst haben, dass Sie sich nur aufspielen oder die Kontrolle an sich reißen wollen. Das können Sie verhindern, wenn Sie implizit moderieren.

Implizit bedeutet, dass Sie die Aufgaben des Moderators ergreifen, ohne dass Sie offen dazu ernannt werden. Auch als einfacher Teilnehmer können Sie ein Meeting durch Nachfragen beleben oder gegen unfaire Beiträge vorgehen – und sich damit wie ein Moderator verhalten. Diese Methode hat jedoch Nachteile, weil Sie sich eben nicht so verhalten wie die anderen Diskussionsteilnehmer. Wenn Sie nicht sehr geschickt sind, wird das früher oder später auffallen. Implizit sollten Sie deshalb nur vorgehen, wenn Sie das Gefühl haben, dass die Gruppe dringend einen Moderator braucht, aber – warum auch immer – offiziell keinen will.

Der Moderator begrüßt die Gesprächsteilnehmer und stellt sie vor, soweit sie nicht schon bekannt sind. Anschließend nennt er das Thema, die Aufgabe der Gruppe und wenn es komplexer ist, eine Struktur. Dabei sollten die zentralen Probleme genannt werden. Die einzelnen Punkte, die diskutiert werden sollen, müssen für jeden Teilnehmer sichtbar vorliegen, beispielsweise auf einem Flipchart. Dieser Anfang ist wichtig: Erstens versetzt er alle Teilnehmer in eine ähnliche Ausgangslage, außerdem etablieren Sie so Ihre Funktion als Moderator. Während des Treffens achten Sie darauf, dass alles reibungslos und fair zugeht. Sie verhindern, dass sich Einzelne aufspielen und andere ausstechen. Dafür können Sie zum Beispiel nachfragen, ob der Rest der Gruppe derselben Meinung ist. Wenn die Diskussion abschweift, müssen Sie die Teilnehmer zurück auf das Thema bringen. Eine Möglichkeit ist, die neue Frage in einem „Ideenspeicher" festzuhalten und später zu diskutieren. Oft erübrigen sich solche Randpunkte, wenn das eigentliche Thema vorankommt. Die Fragen sollten Sie aber keinesfalls vergessen! Das wird als Manipulation empfunden. Oft sind Beiträge zu technisch oder zu anspruchsvoll. Teilnehmer ohne das nötige Hintergrundwissen sind dann oft aus der Diskussion ausgeschlossen, wollen sich aber nicht die Blöße geben, nachzufragen. Hier müssen Sie als Moderator selbst nachfragen oder Details erklären.

Sie dürfen es aber nicht übertreiben. Je besser eine Diskussion läuft, desto mehr muss sich der Moderator heraus- oder zumindest zurückhalten. Sie dürfen vor allem keine eigene Meinung vertreten oder eigene Inputs einbringen, denn damit würden Sie Ihre neutrale Position verlassen. Wenn Sachfragen auftauchen, dann gibt der Moderator sie an die Gruppe zurück. Als Moderator sind Sie für den Ablauf der Diskussion verantwortlich, nicht für ihren Inhalt. Am Ende ist es die Aufgabe des Moderators, Ergebnisse, auch Zwischenergebnisse, festzuhalten. Sie sollten dabei darauf achten, dass keine Unklarheiten oder Zweifel bestehen bleiben. Die Ergebnisse müssen glasklar formuliert und aufgeschrieben werden. Es macht keinen Sinn, eine Diskussion nochmals aufrollen zu müssen, weil nicht jeder das Ergebnis verstanden hat und am Ende möglicherweise nicht damit einverstanden ist.

Do	Don't
Verhalten in den AC-Übungen soll dem beruflichen Anforderungsprofil entsprechen.	Gruppendiskussionen weder als Kampfveranstaltung noch als Kuschelrunde verstehen.
Berücksichtigen Sie, dass das AC auch in den Pausen zwischen den Übungen und beim Mittagessen weiterläuft.	Mitarbeiter in simulierten Gesprächen zur inneren Kündigung bewegen. In Kundengesprächen Orientierung am Kunden mit Gewinnvermeidung gleichsetzen.
Nutzen Sie alle Möglichkeiten, die Beobachterwahrnehmungen positiv zu beeinflussen.	Themenpräsentationen als Zahlenfriedhof ohne klares Informationsziel halten.
Freude und Spaß an der herausfordernden Aufgabenstellung ausstrahlen.	Postkorb-Übung untrainiert angehen.

Feedbackrunde: Peer-Review

Im weiteren Verlauf des AC, beispielsweise in einem Einzelinterview oder in dem abschließenden Feedbackgespräch, werden Kandidaten häufig gefragt, wie sie die Diskussionsrunde beziehungsweise Gruppenübung erlebt haben und wie sie den eigenen Beitrag und den der anderen Teilnehmer einschätzen. Mit detaillierten Fragen wie: „Wer hat die Gruppe geführt?" oder „Wer hat am meisten und wer am wenigsten zum Ergebnis beigetragen?" werden Sie als Kandidat in die Bewertung miteinbezogen. Wenn beispielsweise alle Teilnehmer einer Gruppe ein oder zwei Mitglieder besonders negativ erlebt haben, bleibt dies für die genannten Personen nicht ohne Konsequenzen. Hüten Sie sich vor scheinbar harmlosen Fragen wie „Mit wem aus der Gruppe würden Sie am ehesten einen gemeinsamen Urlaub planen?" oder „Wen würden Sie als Begleiter zu einer gefährlichen Expedition mitnehmen?". Bei Fragen zu Ihren Mitbewerbern ist diplomatisches Geschick gefragt: Zeigen Sie Anerkennung für gute Leistungen und aufrichtiges Mitgefühl, wenn sich jemand offensichtlich blamiert haben sollte. Treffen Sie jedoch noch keine abschließenden Urteile oder Bewertungen – selbst wenn Sie dazu aufgefordert werden – und äußern Sie sich in keinem Fall abschätzig oder herablassend.

Die AC-Veranstalter beurteilen weniger das Ergebnis der Gruppenübung als vielmehr den Weg, wie dieses Ergebnis zustande gekommen ist. Im Mittelpunkt steht die Qualität der Interaktion, also Ihr Sozialverhalten und sprachliches Ausdrucksvermögen!

C. Die vielfältige Welt der Unternehmen

Die folgenden Unternehmensprofile sind – sofern nicht anders vermerkt - in Zusammenarbeit mit den jeweiligen Unternehmen erstellt und von squeaker.net um Erfahrungsberichte und Interviews ergänzt worden. Die Unternehmensprofile, die uns nicht von Unternehmen zur Verfügung gestellt wurden, sind von squeaker.net auf Basis der aktuellsten verfügbaren Unternehmensinformationen recherchiert worden - in der Regel beziehen wir uns auf online verfügbare Unternehmensinformationen. Diese Quellen sind entsprechend vermerkt.

Sie finden in diesem Kapitel aufschlussreiche Informationen über die Unternehmenskultur sowie detaillierte Berichte über den Bewerbungsprozess und die Karrieremöglichkeiten bei den Top-Unternehmen der Branche, die Ihnen helfen werden, den richtigen Arbeitgeber für sich zu finden. Lesen Sie auch die Tipps und Berichte aus der Insider-Perspektive. Die Profile sind in der gleichen Reihenfolge aufgeführt wie die Kurzportraits im ersten Kapitel. Weitere aktuelle Karriere-Themen der Konsumgüterindustrie stellen wir Ihnen auf → www.squeaker.net/consumergoods ausführlich vor.

Wir bedanken uns besonders bei unseren Premium-Partnern für die Unterstützung bei der Erstellung dieses Buches:

Außerdem bedanken wir uns bei allen unseren Partnerunternehmen für die gute Zusammenarbeit:

Kraft Foods

Johnson & Johnson

I. Home & Personal Care

Henkel

Henkel KGaA
Henkelstr. 67
40191 Düsseldorf
Tel.: +49 (0)211 797 0
www.henkel.com

Das sagt das Unternehmen ...

... über sich selbst:

Wir sind führend mit Marken und Technologien, die das Leben der Menschen leichter, besser und schöner machen. Unsere Kernkompetenzen sind Wasch- und Reinigungsmittel (Home Care), Kosmetik und Körperpflege (Personal Care), Kleb- und Dichtstoffe sowie Oberflächentechnik (Adhesives, Sealants and Surface Treatment). Wir produzieren und vermarkten weltweit bekannte Produkte wie Persil, LeChat, Fa, Schwarzkopf, Pritt und Loctite und belegen weltweite Spitzenpositionen durch unsere 129-jährige Erfahrung mit höchster Markenqualität und unserer langen Tradition in Innovationen.

Henkel ist ein deutsches Familienunternehmen mit Stammsitz in Düsseldorf, das 1876 von Fritz Henkel gegründet wurde. Henkel zeichnet sich durch Offenheit und eine starke internationale Ausrichtung aus. Die Familie Henkel ist dem Unternehmen sehr stark verpflichtet und jeder Mitarbeiter bildet als „Henkelaner" einen Teil der Familie, so dass eine einzigartige familiäre Unternehmenskultur besteht. Die Familien unserer Mitarbeiter liegen uns am Herzen; wir engagieren uns für die Vereinbarkeit von Familie und Beruf. So ist Henkel im Jahr 2005 vom Bundesministerium für Familie zum familienfreundlichsten Unternehmen Deutschlands ausgezeichnet worden.

Wir sind in über 125 Ländern vertreten und beschäftigen weltweit über 50.000 Mitarbeiter, davon gut 10.500 Kollegen in Deutschland. Wir bieten Ihnen europäische Standorte in Barcelona, Stockholm, Mailand, Istanbul, Brüssel, Athen, Wien, Paris, Warschau, Budapest, Lissabon oder London und des Weiteren in zahlreichen Ländern und Städten auf allen Kontinenten.

... über die Karriere:

Wir bieten sowohl Einstiegspositionen für Hochschulabsolventen als auch Praktika in allen Unternehmensbereichen und Funktionen an. Sie können entweder in einem der operativen Unternehmensbereiche (Waschmittel, Kosmetik, Klebstoffe, Technologie) oder in Corporate (Finanzen, Strategie, Supply Chain, Public Relations, Investor Relations, Human Resources) beginnen. Bei der Wahl legen Sie keinesfalls Ihren Lebensweg fest, denn wir fördern und ermutigen Sie ausdrücklich, verschiedene Unternehmensbereiche und Funktionen kennen zu lernen. In allen betriebswirtschaftlichen und naturwissenschaftlichen Funktionen bieten wir Ihnen einen Direkteinstieg an, darunter vor allem in den Funktionsbereichen Marketing, Sales, Controlling, Accounting, Logistik, Einkauf.

... was wir unseren Mitarbeitern bieten:

- **Training on-the-job**

Wir bieten unseren Mitarbeitern vom ersten Tag an volle Verantwortung im „Training on-the-job" und volle Unterstützung für „Learning by doing". Henkel bietet kein Traineeprogramm an, weil Sie bei uns direkt vom ersten Tag an ein vollwertiger Mitarbeiter sind und Sie bereits umfangreiche Praxiserfahrung während Ihres Studiums gesammelt haben und Ihre Kenntnisse nun anwenden und eigenverantwortlich arbeiten wollen.

Selbstverständlich werden Sie von erfahrenen Kollegen und einem persönlichen Mentor unterstützt, der Sie betreut und Ihnen in allen praktischen, inhaltlichen oder organisatorischen Fragen mit Rat und Tat zur Seite steht.

- **Inplacement-Programm**

Wenn Sie bei uns Ihren Direkteinstieg wählen, dann erwartet Sie ein intensives Inplacement-Programm mit dem Ziel, Sie mit der Henkel Gruppe, den Strukturen und unserer Vision und Strategie im Detail vertraut zu machen. Das Programm setzt sich aus verschiedenen Bausteinen zusammen und besteht aus mehreren Online-Trainingssessions und Live-Seminaren mit Vertretern aus sämtlichen Unternehmens- und Funktionsbereichen. Diese Sessions und Trainings verteilen sich über Ihre ersten 18 Monate im Unternehmen und bieten Ihnen die idealen Startvoraussetzungen und die Möglichkeit, schon frühzeitig ein interdisziplinäres Netzwerk im Unternehmen zu knüpfen.

- **Triple 2 – individuelles Entwicklungsprogramm**

Henkel bietet Ihnen ein internationales Umfeld mit Menschen und Aufgaben sowie umfangreichen Entwicklungsmöglichkeiten rund um den Globus an. Wir unterstützen stets unsere Mitarbeiter darin, Henkel noch besser und auf vielfältige Art und Weise kennen zu lernen. Wir bieten unseren hochqualifizierten Mitarbeitern die Möglichkeit, Henkel in mindestens 2 Ländern, 2 Unternehmensbereichen und 2 Funktionen kennen zu lernen – intern Triple-2 genannt. Sie erhalten jede notwendige Unterstützung von uns, und wir entwickeln mit Ihnen zusammen auf Sie persönlich zugeschnittene Karrierepläne.

- **Seminare und Weiterbildung**

Wir bieten einen umfangreichen Katalog mit internen und externen Trainingsprogrammen und Fortbildungen an. Zusätzlich erhalten Sie im Rahmen unserer Management-Entwicklung in der „Henkel Global Academy" funktions- und bereichsabhängige Management Education an Top Business Schools sowie Skill- und Developmentcenter.

- **Gehalt, Incentive, Zusatzleistungen**

Eine attraktive, leistungsorientierte Vergütung in Höhe von 40.200 Euro zuzüglich eines Incentives erwartet den Managementnachwuchs. Der Incentiveanteil steigt mit dem Managementlevel. Außerdem bieten wir eine betriebliche Altersvorsorge, ein Mitarbeiteraktienprogramm und freiwillige Zusatzversicherungen. Zahlreiche Sonderleistungen wie eine umfangreiche Bibliothek zur kostenlosen Benutzung, beste Konditionen im werksnahen Sportpark oder ein umfassender Reiseservice sind bei uns selbstverständlich.

... was wir Praktikanten bieten:

- **Praktika und Praktikantenprogramm**

Wir bieten Ihnen Praktika rund um den Globus an. Wir binden Sie dabei aktiv in das jeweilige Team ein und geben Ihnen eigene Verantwortlichkeiten. Sie sind für drei bis sechs Monate an der Umsetzung interessanter Projekte beteiligt und übernehmen wichtige Teilaufgaben oder führen eigene Analysen oder Projekte eigenverantwortlich durch. Mit Praktikanten führen wir, genauso wie mit unseren festangestellten Mitarbeitern, ein Zielgespräch und vergüten die Zielerreichung mit einem Incentive am Ende Ihres Praktikums. Die Vergütung in Deutschland liegt zwischen 600 und 1.050 Euro inklusive des Incentives. Außerdem erhalten Sie einen persönlichen Mentor, der Sie in allen wichtigen Fragen berät.

Neben Praktika in allen Funktions- und Unternehmensbereichen an unserem Hauptsitz in Düsseldorf bieten wir auch im Rahmen unseres Praktikantenprogrammes „International" Praktika an grundsätzlich allen unseren Auslandsstandorten auf allen fünf Kontinenten an. Sie haben die Möglichkeit, sich über unsere Konzernzentrale in Düsseldorf oder direkt bei unseren verbundenen Unternehmen im Ausland zu bewerben. Selbstverständlich ist der Wettbewerb um die Plätze in unserem „International"-Programm intensiv, und Sie sollten sich so früh wie möglich mit uns in Verbindung setzen. Sprechen Sie uns für weitergehende Informationen jederzeit unter +49 (0)211 797 7552 oder auf unserer Homepage an.

- **Career Track - Praktikantenförderung**

Unsere besten Praktikanten laden wir nach bestandenem Assessment Center in unseren Career Track ein. Dieses Programm ermöglicht es Ihnen, Skill-Seminare an unserem Firmensitz in Düsseldorf zusammen mit anderen „Trackies" zu besuchen. Wir unterstützen Sie, auf diese Weise Ihre Fähigkeiten und Persönlichkeit weiterzuentwickeln – zum Beispiel in Bereichen wie Business Communication oder Project Management.

Darüber hinaus bietet sich Ihnen die Möglichkeit, ein Netzwerk innerhalb Henkels aufzubauen und an speziellen Karriereforen teilzunehmen. Wenn Sie möchten, bleiben Sie bis zum Studienende mit uns in Kontakt und haben einen Vorsprung bei der Bewerbung.

- **Dr. Jost Henkel Stiftung**

Soziale Verantwortung und gesellschaftliches Engagement sind für Henkel selbstverständlich. Ausbildung und Wissen sind die wichtigste Ressource im Wettbewerb um die wirtschaftliche Zukunft Deutschlands.

Die Dr. Jost-Henkel-Stiftung offeriert Stipendien für Studienfächer, die für die gesellschaftliche und wirtschaftliche Entwicklung der Zukunft wichtig sind. Sie wurde 1958 gegründet, benannt nach einem Enkel des Firmengründers, und gewährt direkte und indirekte Stipendien an herausragende Studenten, sowohl national als auch international, in Form von Auslandszuschüssen, Forschungsaufenthalten, Büchergeld oder Fortbildung.

...unsere Erwartungen:

Wir suchen Nachwuchstalente mit internationaler Ausrichtung, überdurchschnittlicher geistiger Flexibilität und Offenheit. Dies dokumentieren Sie insbesondere durch:

- exzellente Hochschulleistungen, vorzugsweise in der Fachrichtung Betriebs- oder Volkswirtschaft
- internationale Erfahrung durch Praktika und Studium im Ausland
- sehr gute Fremdsprachenkenntnisse, idealerweise in Englisch und einer weiteren Fremdsprache
- außeruniversitäres und soziales Engagement

Wir suchen die „Besten" und „Bestpassenden" für unser Unternehmen. Daher sind wesentliche Einstellungskriterien neben den Formalkriterien unsere persönlichen Kernkompetenzen:

- **Drive**: Haben Sie die positive Grundhaltung, um voranzukommen, und das Bestreben, gesetzte Ziele zu erreichen?
- **Analytisches und konzeptionelles Denkvermögen**: Verstehen Sie die Vergangenheit und die Gegenwart, um die Zukunft zu gestalten?
- **Kommunikationsfähigkeit**: Überzeugen Sie und holen Sie sich die Unterstützung anderer!? Verfügen Sie über geistige Flexibilität?
- **Selbst-Entwicklung**: Lernen Sie aus Erfahrung und entwickeln Sie sich weiter!? Haben Sie eine internationale Orientierung?

- **Autonomie und Initiative**: Besitzen Sie ausreichend Initiative und Unabhängigkeit, um Ziele zu erreichen?

- **Teamwork und Kooperation**: Tragen Sie zur Leistungsfähigkeit der Gruppe bei?

Wir suchen Nachwuchskräfte, die bereit sind, Herausforderungen anzunehmen und mit Begeisterung die Zukunft zu gestalten.

... über das Bewerbungsverfahren:

Das Bewerbungsverfahren besteht aus einer Reihe von Assessments, die in ihrer zeitlichen Abfolge und Ausgestaltung grundsätzlich variieren können. Prinzipiell sind die Auswahlverfahren für alle Funktions- und Unternehmensbereiche gleich. Finden Sie im Folgenden eine Beschreibung unseres Bewerbungsprozesses:

Nach einer ersten Auswahl anhand der Bewerbungsunterlagen, die Sie uns online zugesandt beziehungsweise über **eHire** auf unserer Website hochgeladen haben, erfolgt bei Hochschulabsolventen vor dem persönlichen Interview mit unseren Recruiting Managern ein **online-basierter Persönlichkeitsfragebogen**, den Sie zu Hause ausfüllen. Dieser Fragebogen, der Occupational Personality Questionnaire (OPQ), basiert auf Ihrer Selbstbeschreibung und ermöglicht es, berufsbezogene Denkstile, Motivationen und Verhaltensweisen zu erfassen. Es gibt hierbei keine richtigen oder falschen Antworten, sondern nur solche, die Ihnen und uns zeigen, wo Sie persönlich Ihre Schwerpunkte und Stärken sehen.

Daran kann sich ein **Telefoninterview** anschließen oder bereits ein **persönliches Interview** bei uns im Hause, das dazu dient, Ihre Motivation für einen Berufseinstieg bei Henkel genau kennen zu lernen und Ihre Qualifikationen einzuschätzen. Dieses Interview ist eine grundsätzliche Voraussetzung für anschließende Interviews mit dem Unternehmens- und Fachbereich.

Dieser Interviewprozess wird begleitet von weiteren **klassischen Assessmentübungen** wie etwa einem Mitarbeitergespräch oder einer Präsentation. Ebenso kann es vorkommen, dass wir Sie zu einer **Gruppenübung** einladen, in der Sie im Team einen Business Case lösen. Außer diesen Assessmentübungen führen wir in jedem Fall **analytische Testverfahren** durch, die der Erkennung Ihres beruflichen Potentials dienen, beispielsweise Ihr konzeptionelles Denkvermögen erfassen. Mit Hilfe dieser Einstellungsschritte gelingt es uns, Ihre Fähigkeiten und Kenntnisse optimal mit den von uns gesuchten Kompetenzen abzugleichen. Für uns stellen diese Testverfahren einen möglichst objektiven und fairen Auswahlprozess sicher. Die individuellen Tests sind grundsätzlich in Ihrer Muttersprache gehalten. In den Interviews ist es aber möglich, dass wir Sie in eine fremdsprachliche Konversation verwickeln.

Abschließend wird Sie Ihr zukünftiger Vorgesetzter und eventuell Ihr Kollegenkreis kennen lernen. In diesem **Interview** werden Sie sowohl mit fachlichen Fragen als auch mit solchen zu Ihrem Werdegang, Motivation und Persönlichkeit konfrontiert.

Ein Marketingmanager kann Ihnen eine Fallstudie zu einer Produkteinführung stellen und ein Sales Manager simuliert ein Verkaufsgespräch mit Ihnen.

Es gibt bei uns keine Bewerbungsfristen. Wir empfehlen Ihnen, unseren Online-Stellenmarkt im Auge zu behalten oder sich initiativ bei uns zu bewerben. Bewerbungen für Praktika bitten wir Sie, online über unser Corporate Recruitment einzustellen. Für einen Direkteinstieg bewerben Sie sich bitte online. Nähere Informationen erhalten Sie auf unserer Homepage unter der Rubrik Mitarbeiter und Karriere.

Hochschulabsolventen erhalten Informationen bei:

Markus Dinslacken (Human Resources Manager)
Tel.: +49 (0)211 797 2198
E-Mail: markus.dinslacken@henkel.com

Informationen für **Praktikanten** gibt es bei:

Nicole Fassbender (Human Resources Manager)
Te.: +49 (0)211 797 3241
E-Mail: nicole.fassbender@henkel.com

Wir wünschen Ihnen viel Erfolg bei Ihrer Bewerbung und freuen uns, Sie vielleicht bald persönlich kennen zu lernen!

Bewerber-Tipps aus der Insider-Perspektive:

Wenn Sie begeistert sind von der Vielfältigkeit der Konsumgüterindustrie, ist es ratsam, mittels Praktika, Teilnahme an branchenspezifischen Events und Workshops verschiedene Bereiche kennen zu lernen, und sich ein **konsistentes Profil** aufzubauen und **Brand Feeling** zu erlernen. Natürlich sollten Sie Praktika in verschiedenen Unternehmen und Funktionen absolviert haben, aber ein roter Faden sollte schon erkennbar sein. Gerade im Marketing wird auf die Praxiserfahrung von Hochschulabsolventen geschaut.

*„Insbesondere wenn Sie bereits **Erfahrung in der Konsumgüterindustrie** gesammelt haben und vielleicht sogar Agenturerfahrung mitbringen, haben Sie einen großen Vorteil gegenüber reinen Theoretikern"*, weiß Ina Classen, Corporate Recruiting Management. *„Stellen Sie sich vor allem die Frage, ob Sie nur bestimmte Produktkategorien vermarkten wollen oder sich für Marketing generell interessieren und ob Sie eine globale Ausrichtung des strategischen Marketings bevorzugen oder im operativen Marketing auf Landesebene tätig sein wollen"*, rät Ina Classen. *„Seien Sie sich im Klaren darüber, was und warum Sie es wollen"*, appelliert die erfahrene HR Managerin.

Wir laden Sie ein, uns auf einer unserer Recruitingveranstaltungen oder Messen persönlich kennen zu lernen. *„Nutzen Sie frühzeitig und so oft es geht die Gelegenheit, Kontakte zu knüpfen und ein großes Netzwerk aufzubauen. Seien Sie im gesamten Bewerbungsverfahren **authentisch**, denn nur so können Sie* *überzeugen und auch an Ihrem Job täglich aufs Neue Bestätigung und Zufriedenheit als Grundlage für dauerhaften Erfolg erfahren*" rät Markus Dinslacken, HR Manager. „*Ein erfahrener Personaler entdeckt sofort inkonsistentes und gespieltes Verhalten*", weiß Dinslacken. Nutzen Sie in jedem Fall die Möglichkeit, ein **Praktikum** zu absolvieren. Sie erfahren dadurch, wo Ihre Potentiale liegen. Häufig führt das Praktikum zu einer Festeinstellung nach dem Studienabschluss. Jeder Bewerber sollte sich im Vorfeld einer Bewerbung über das Unternehmen informieren. Wenn Sie zu einem Interview eingeladen sind, bringt eine gezielte Vorbereitung die notwendige Sicherheit – bleiben Sie dabei offen, und seien Sie immer Sie selbst. Versuchen Sie **Freunde und Bekannte** anzusprechen, die in Ihrem Wunschunternehmen arbeiten, und fragen Sie nach persönlichen Erfahrungen und Erlebnissen, damit Sie die **Unternehmenskultur** einschätzen können.

Do	Don't
Zeigen Sie Eigeninitiative und begründen Sie Ihre Motivation.	Kommen Sie nicht unvorbereitet.
Understatement und Authentizität werden hoch geschätzt.	Tragen Sie nicht zu dick auf und antworten Sie nicht mit Floskeln.
Absolvieren Sie vorher Praktika in FMCG und bauen Sie Netzwerke.	Geringe Begeisterung und Desinteresse werden sehr negativ bewertet.
Bleiben Sie souverän und kommunizieren Sie klar.	Keine Bereitschaft sich zu integrieren.

Erfahrungsbericht zum Bewerbungsverfahren:

„Die verbalen und analytischen Testaufgaben sind selbsterklärend und werden am PC durchgeführt. Die Schwierigkeit lag vor allem in dem starken zeitlichen Druck und darin, dass Fragen sofort beantwortet werden mussten und es nicht möglich war, zu vorherigen Fragen zurückzuspringen. Besonders anspruchsvoll im Bewerbungsprozess fand ich die Case Study im AC, da die umfangreichen deutschsprachigen Informationsmaterialien in kurzer Zeit (45 Minuten) bearbeitet und in eine englischsprachige Präsentation eingearbeitet werden mussten (15 Minuten). Es war dabei sehr wichtig, einen roten Faden in seiner Präsentation zu haben.

Schließlich stellte der Prüfer noch Nachfragen. Hierbei durfte man sich nicht von seinen Ergebnissen abbringen lassen, sondern sollte auch kritischen Nachfragen standhalten und sein Konzept verteidigen. Das Mitarbeitergespräch war vollkommen klassisch gehalten, und die Persönlichkeitsinterviews zielten ebenfalls ganz typisch auf persönliche Motivation, Beweggründe und Ziele. Das Bewerbungsverfahren hat sich fast über zwei Monate erstreckt, wobei Zeitabsprachen absolut eingehalten wurden. Ich musste nie persönlich nachfragen, sondern Henkel hat sich immer bei mir gemeldet und so Interesse signalisiert. Da ich nach jeder Stufe im Bewerbungsprozess ein Feedback erhalten habe, war der Prozess insgesamt fair und nachvollziehbar."

Verena, 26, absolvierte am Ende Ihres BWL-Studiums in Düsseldorf zunächst ein Praktikum bei Henkel im Finanzbereich und begann wenige Monate später ihren ersten Job im Controlling.

Erfahrungsberichte zum Berufseinstieg:

„Mein Berufseinstieg knüpfte nahtlos an mein Praktikum bei Henkel an. Ich empfand das als sehr angenehm, denn ich konnte mich in Ruhe einarbeiten und erst einmal viel lernen, bevor es dann richtig losging. Mein Tipp für den Berufseinstieg: fragen, fragen, fragen! Es ist sehr hilfreich, ein Unternehmen vorab im Rahmen eines Praktikums kennen zu lernen. Es ist wichtig, festzustellen, ob man sich dort wirklich wohlfühlt. Außerdem fällt der Start leichter, wenn man seine Fähigkeiten bereits unter Beweis stellen und persönliche Kontakte aufbauen konnte. Als Junior Manager Corporate Logistics & Consulting unterstütze ich meine Kollegen dabei, Logistikkonzepte zu erarbeiten um letztendlich die Kosten entlang der Wertkette zu optimieren. Dabei stehe ich in regelmäßigem Kontakt zu internationalen Kollegen, häufig sogar vor Ort."

Isabelle, 25, Junior Manager Corporate Logistics & Consulting. Am Ende ihres Studiums an der Universiteit Maastricht lernte Isabelle in einem viermonatigen Praktikum die Abteilung Corporate Logistics & Consulting der Henkel Group kennen; darauf folgte ihr Direkteinstieg.

„Henkel lernte ich bei einer von 'access' geführten Recruitment-Veranstaltung kennen. Mit meinen im Studium gesetzten Schwerpunkten im Bereich Finanzen und einem Interesse für das operative Geschäft war ich kein einfacher Kandidat. Aber als Henkel vorschlug, zunächst einmal im strategischen Controlling zu beginnen, um sich dann mit der gewonnenen Übersicht für einen der operativen Unternehmensbereiche zu entscheiden, wusste ich, dass ich an der richtigen Stelle gelandet war. In beiden Bereichen ist die Arbeit vielseitig und spannend. Nach zwei Jahren wechselte ich in den Bereich Technologies. Auf der einen Seite bin ich nun in einer völlig neuen Umgebung mit ganz verschiedenen Inhalten konfrontiert, die täglich neue Herausforderungen für mich darstellen. Auf der anderen Seite kann ich meine Erfahrung aus dem Finanzbereich einbringen, was mir sehr weiterhilft."

Sebastian, 27, ist Manager Strategic Marketing. Nach seinem Studium fing Sebastian im Januar 2003 als Konzerncontroller der Henkel Gruppe an. Im Januar 2005 wechselte er im Rahmen von Triple 2 ins strategische Marketing im Unternehmensbereich Technologies.

Johnson & Johnson

Johnson & Johnson

Johnson & Johnson GmbH
Kaiserswerther Str. 270
40474 Düsseldorf
Tel.: +49 (0)211 4305 0
www.jnjgermany.de

Das sagt das Unternehmen ...

... über sich selbst:

Johnson & Johnson ist als eines der führenden internationalen Unternehmen im Bereich Gesundheitspflege und -vorsorge unter anderem mit Markenartikeln im Bereich Frauenhygiene, Baby- und Körperpflege vertreten.

Zu unseren Marken gehören beispielsweise:

Neutrogena®

Die Johnson&Johnson Unternehmensgruppe steht in über 60 Ländern für höchste Produktqualität zum Nutzen unserer Kunden. Weltweit erwirtschafteten wir in 2004 mit mehr als 104.000 Mitarbeitern in 197 Unternehmen einen Umsatz von 47,4 Mrd. US-Dollar.

Die Produkte und Dienstleistungen, die wir anbieten, sollen dazu beitragen, die Gesundheit und das Wohlbefinden der Menschen zu verbessern. Wir fordern uns selbst heraus und akzeptieren keinerlei Grenzen, ständig besser und innovativer zu werden.

... über die Karriere:

Als Berufseinsteiger erhalten Sie bei Johnson & Johnson von Anfang an einen eigenen Verantwortungsbereich, in dem Sie sich bewähren können.

Ein Sprung ins kalte Wasser? Ein wenig schon, aber eine solche Herausforderung hat auch ihre Vorteile: „Training on-the-job" ist nach unseren Erfahrungen der beste Einstieg. Außerdem wollen Sie nach Ihrer Ausbildung doch sicher endlich praktisch arbeiten, oder? Die Einarbeitung erfolgt nach einem individuellen Plan, abgestimmt auf das spezielle Arbeitsumfeld und unterstützt durch Informations- und Trainingsveranstaltungen sowie durch Kollegen und Vorgesetzte.

Unsere Firmenkultur kann am besten so beschrieben werden:
„small-company environment big-company impact".

Wer bereit ist, **Verantwortung** zu übernehmen, der bekommt sie auch. Sie können selbständig arbeiten - und noch mehr Vertrauen in Ihre Fähigkeiten aufbauen. Den nötigen Spielraum für Ihre Entwicklung erhalten Sie von Anfang an:

- Sie finden keine standardisierten, fest vorgegebenen Karrierewege vor. Gemeinsam erarbeiten wir **individuelle Karrierepläne** in Abstimmung mit Ihrer persönlichen Lebensvorstellung und unseren Unternehmenszielen.

- Jeder kann nur so gut sein, wie es seine Aufgabenstellung zulässt. Zeigen Sie, was in Ihnen steckt an fachlichen, sozialen und emotionalen Kompetenzen. Wir schauen genau hin - und besetzen **Führungspositionen vorrangig aus den eigenen Reihen.**

- Nichts fördert das Verständnis für Zusammenhänge mehr, als die Erfahrung anderer Welten. **Job Rotation**, auch abteilungsübergreifend, bringt Sie vorwärts.

- Wer an sich selbst arbeiten kann, kann auch mit anderen immer besser arbeiten. Regelmäßige **Mitarbeiterentwicklungsgespräche** bieten konstruktive Unterstützung. Um unsere gemeinsamen Ziele festzulegen und zu verwirklichen sowie um individuelle Fördermaßnahmen abzustimmen, gestalten wir Weiterentwicklungspläne.

... über das Bewerbungsverfahren:

1. Schriftliche Bewerbung:

Bitte senden Sie uns Ihre vollständigen Bewerbungsunterlagen je nach Fachrichtung und der Position, für die Sie sich bewerben an die folgende Adresse:

Für Marketing und Vertrieb, Finanzen, IT und Human Resources:
Johnson & Johnson GmbH
Personalabteilung
Kaiserswerther Straße 270
D-40474 Düsseldorf
E-Mail: HR@cscde.jnj.com

Für Produktion und Forschung & Entwicklung:
Johnson & Johnson GmbH
Personalabteilung
Heckinghauser Straße 263
D-42289 Wuppertal
E-Mail: HR-WU@cscde.jnj.com

Ihre Unterlagen sollten ein umfassendes Bild Ihrer bisherigen Leistungen, Aktivitäten, Ergebnisse und Zielvorstellungen darlegen. Nähere Fragen beantwortet Ihnen gerne Petra Ringhofer (+49 (0)211 4305 305).

2. Test und Interviews

Nach einem datenlogischen Test zur Einschätzung Ihrer analytischen Fähigkeiten finden Interviews mit der Fach- und Personalabteilung statt. Sie werden dabei sowohl fachliche als auch persönliche Fragen gestellt bekommen hinsichtlich Ihrer Motivation, Ihres Lebenslaufes und Ihrer Qualifikation sowie Ihrer Stärken und Schwächen.

... was wir von Praktikanten / Hochschulabsolventen erwarten:

Wir erwarten von Ihnen Lust auf Leistung, Kreativität und Einsatz.

Voraussetzungen für Praktikanten / Berufseinsteiger:

- abgeschlossenes Vordiplom oder fortgeschrittenes Hauptstudium beziehungsweise ein abgeschlossenes (Fach-) Hochschulstudium

- erste praktische Erfahrungen im Konsumgüterbereich, Auslandserfahrung (wünschenswert)

- sehr gute Deutsch- und Englischkenntnisse

... was wir Praktikanten / Hochschulabsolventen bieten:

Qualifizierter Nachwuchs nimmt in unserem Hause eine bedeutende Stellung ein. Als Berufseinsteiger erhalten Sie die Gelegenheit, Ihr bisher eher theoretisches Wissen in die Praxis umzusetzen. Es erwarten Sie vom ersten Tag an spannende, abwechslungsreiche und anspruchsvolle Aufgaben. Als Praktikant/in bieten wir Ihnen die Möglichkeit, Ihr Studium praxisbezogen zu ergänzen. Während des Praktikums - vorzugsweise sechs Monate - erhalten Sie nicht nur Einblicke, sondern Sie unterstützen Ihre Vorgesetzten im operativen Geschäft und bei der Projektarbeit und leisten somit einen wertvollen Beitrag.

Erfahrungsbericht:
„Ich habe als Junior Produkt Managerin für die Marke RoC angefangen. Bei meinem Einstieg empfand ich es als sehr hilfreich, dass ich während meiner Einarbeitungszeit nicht nur intensive Gespräche mit verschiedenen Abteilungen führen konnte und mit dem Außendienst bzw. Klinikaußendienst reisen konnte, sondern auch umfangreiche Einführungsseminare wie zum Beispiel das Startseminar für neue Mitarbeiter besuchen konnte. Dadurch fühlte ich mich nach vier Wochen total fit in meinem neuen Job" **Marie**, 27, **Produkt Managerin RoC**.

Klicken Sie doch einfach mal unter → www.jnjgermany.de auf Karriereperspektiven und entdecken Sie weitere Erfahrungsberichte unserer Mitarbeiter!

... über Ihre Weiterentwicklung:

Die Möglichkeit zur Weiterentwicklung dient der eigenen Selbstentfaltung. Wir fördern Ihre fachliche und soziale Kompetenz durch verschiedenste Trainings und begleitende Weiterbildungsmaßnahmen, entsprechend Ihren individuellen Bedürfnissen, abgestimmt mit den Unternehmenszielen. Dazu gehören Trainings, die allgemeine Kenntnisse und Fähigkeiten zur individuellen, zwischenmenschlichen und organisatorischen Effektivität vermitteln. Fachliches Training umfasst alle Inhalte, die für eine bestimmte Funktion relevant sind. „Training on-the-job" bringt Sie durch tägliches Feedback, Betreuung und Schulung durch den Vorgesetzten weiter. „Last but not least" gehört Selbststudium und Eigeninitiative dazu, sich in unserer immer rascher wandelnden Welt auf dem Laufenden zu halten.

... Tipps für Bewerber:

Klicken Sie doch einfach mal unter → www.jnjgermany.de auf Karriereperspektiven und entdecken Sie unter anderem Erfahrungsberichte von Mitarbeitern!

Wenn Sie neugierig geworden sind und sich für einen der Bereiche Marketing, Internet, Consumer Affairs, Information Management, Vertrieb und Finance interessieren, senden Sie bitte Ihre vollständigen Unterlagen per Post oder per E-Mail an obige Adresse. Bitte denken Sie auch an die Angabe des gewünschten Einstiegsdatums für den Berufseinstieg beziehungsweise Zeitraum für die Dauer des Praktikums.

Experten-Tipp:

„Die Fragen, Wünsche und Bedürfnisse unserer Verbraucher nehmen einen sehr hohen Stellenwert ein. Wir sind erst zufrieden, wenn unsere Kunden es sind. Daher ist es uns wichtig, dass Sie an sich hohe Ansprüche stellen. Ihre Initiative und Kundenorientierung sowie Ihre Teamfähigkeit sind daher für uns sehr wichtige Einstellungskriterien. Ein ausgeprägtes Analyse- und Problemlöseverhalten erwarten wir selbstverständlich ebenso."

Petra Ringhofer, Johnson&Johnson Düsseldorf

L'Oréal

L'Oréal Deutschland GmbH
Georg-Glock-Straße 18
40474 Düsseldorf
Marion Perissutti
+49 (0)211 4378 251
www.loreal.de

Das sagt das Unternehmen ...

... über sich selbst:

Wir sind das führende Kosmetikunternehmen. Aus der Position des Spitzenreiters sehen wir uns den Menschen, der Gesellschaft und der Umwelt gegenüber zu einem verantwortungsvollen und nachhaltigen Wachstum verpflichtet. Darüber hinaus unterstützen wir weltweit zahlreiche soziale Einrichtungen und Projekte wie zum Beispiel den L'Oréal-UNESCO „For Women In Science"-Award.

Mit unserem einmaligen Markenportfolio ist es uns gelungen, kulturell vielfältige Marken weltweit erfolgreich zu machen. Dabei konzentrieren wir uns ausschließlich auf die Schönheitsindustrie, wo es uns gelungen ist, alle Segmente vom Massenmarkt bis hin zum Luxussegment erfolgreich zu bedienen.

Unser besonderer Schwerpunkt liegt seit der Unternehmensgründung 1907 in der Erforschung und Entwicklung neuer Produkte, die den unterschiedlichen Bedürfnissen unserer Kunden auf der ganzen Welt optimal angepasst sind. In diesen Bereich investieren wir doppelt so viel wie jedes andere Kosmetikunternehmen und verfügen auch im Bereich der Grundlagenforschung, zum Beispiel der Untersuchung ethnischer Besonderheiten, über ein anerkanntes Expertenwissen.

Unsere Unternehmenskultur baut auf Internationalität, Vielfalt und der Leidenschaft für unsere Arbeit. Als eine Gemeinschaft aus Individuen bauen wir auf eine gute Kommunikation, funktionierende Netzwerke und die Bereitschaft jedes Einzelnen, schnell Verantwortung zu übernehmen.

Durch die matrizenartige Anordnung der Unternehmensbereiche zueinander können die verschiedenen Einheiten weitgehend unabhängig und eigenverantwortlich tätig sein. Dadurch werden Erfolge der einzelnen Teams schnell sichtbar und können auf andere Bereiche übertragen werden.

Eine Karriere bei L'Oréal folgt keinem Muster, das Tempo und der Weg nach oben werden der jeweiligen Persönlichkeit angepasst und auch dementsprechend individuell gefördert. Fachliche und räumliche Mobilität sind dabei von zentraler Bedeutung.

... über die Karriere:

Einstiegsmöglichkeiten als Hochschulabsolventen oder Young Professionals bieten sich grundsätzlich in allen Bereichen, insbesondere aber im Marketing, Vertrieb oder Controlling an. Branchenerfahrung beziehungsweise Erfahrung aus dem FMCG Bereich ist dabei ein großes Plus. Gesucht werden vor allem Wirtschaftswissenschaftler, aber auch andere Studiengänge sind willkommen. Was zählt, ist die Persönlichkeit.

Karrieren verlaufen bei L'Oréal sehr individuell, ein rascher Aufstieg ist durchaus möglich. Einsteiger bekommen früh Verantwortung übertragen und können sich so beweisen. Ein regelmäßiger Wechsel des Funktionsbereiches, oft über die Landesgrenzen hinaus, ist erwünscht und ein wichtiger Bestandteil des Talent Developments. Auch Praktika sind in fast allen Bereichen möglich und häufig der erste Schritt zu einer Karriere bei L'Oréal.

... was wir unseren Mitarbeitern bieten:

- Direkteinstieg

Neue Mitarbeiter werden vom ersten Tag an voll integriert. In eigenen Projekten und im Team können die Inhalte des Studiums und bereits gesammelte Praxiserfahrungen direkt und eigenverantwortlich umgesetzt werden. Unterstützt werden sie dabei von zentralen Ansprechpartnern, wie auch durch die Kollegen und Vorgesetzten des jeweiligen Bereichs. Zum regelmäßigen Feedback gehört auch das gemeinsame Setzen und Bewerten individueller Ziele. Darüber hinaus begleiten Einarbeitungs- und Weiterbildungsprogramme die persönliche Entwicklung.

- Einarbeitungsprogramm

Neuen Mitarbeitern bei L'Oréal bieten wir funktionsbezogene und erfahrungsabhängige Einarbeitungsprogramme an, die einerseits viele übergreifende Maßnahmen aber auch maßgeschneiderte Einzelaktivitäten umfassen.

Neben der fachlichen Integration steht die kulturelle Integration im Mittelpunkt. Die Durchführung so genannter „Welcome Days" oder die Teilnahme an einem Mentoring-Programm geben maßgebliche Hilfestellungen für eine erfolgreiche Integration in das Unternehmen.

- Weiterbildung

Auf Basis regelmäßiger Feedbackgespräche (Halbjahresgespräche und Jahresendgespräche) werden individuelle Trainingspläne für unsere Mitarbeiter entwickelt. Diese Pläne sind auf den Bedarf in der jeweiligen Position oder die zukünftige Position ausgerichtet und abgestimmt. Die individuellen Maßnahmen umfassen dabei on-the-job Projekte und Qualifizierungsmaßnahmen sowie auch off-the-job Seminare. Das umfassende Portfolio an Weiterbildungsmaßnahmen –

auf nationaler oder internationaler Ebene – ist in drei wesentliche Gruppen aufzuteilen: Integrationsveranstaltungen, Metier- und Managementseminare.

- Gehalt, Incentive, Zusatzleistung

Unseren Mitarbeitern bieten wir eine marktgerechte, leistungsbezogene und erfahrungsabhängige Vergütung. Diese auf individuellen Faktoren basierende Größe wird ergänzt durch eine Reihe von freiwilligen Zusatzleistungen wie zum Beispiel betriebliche Altersvorsorge, freiwilligen Zusatzversicherungen und Profitsharing.

Darüber hinaus bietet L'Oréal Initiativen an, wie beispielsweise Gesundheitstage, die dem Mitarbeiter eine Hilfestellung sein und zum Wohlbefinden beitragen sollen.

... was wir Praktikanten bieten:

Praktika sind vor allem im Bereich Vertrieb, Marketing und Controlling ab einem Zeitraum von drei Monaten möglich. Voraussetzung ist ein abgeschlossenes Vordiplom, gerne geben wir aber auch Bachelorstudenten die Möglichkeit, sich bei uns zu beweisen.

Ziel ist es, den Studenten eine praktische und qualifizierende Erfahrung als Ergänzung ihrer akademischen Ausbildung zukommen zu lassen. Im Rahmen des Praktikums sollen die Studenten Verantwortung in eigenen Projekten übernehmen.

Betreut werden die Praktikanten durch zentrale Ansprechpartner, die auch den Erfahrungsaustausch untereinander im regelmäßigen „i-2-i" organisieren. Der Netzwerkgedanke geht über die berufliche Einbindung hinaus und sorgt für ein besonderes Gemeinschaftsgefühl. Vereinzelt werden auch Tätigkeiten als Werkstudent angeboten.

Eine weitere Möglichkeit, erste Kontakte mit L'Oréal zu knüpfen, ohne dabei das Studium zu unterbrechen, sind die beiden weltweiten Strategiespiele Brandstorm und e-Strat. Beim Brandstorm Award entwickeln die Studenten als Produktmanager eine Marketingstrategie - von der Verpackung bis zur Werbekampagne. Auf die Sieger wartet eine Weltreise. Informationen finden Sie unter: → www.brandstorm.loreal.com

Bei der e-Strat Challenge können die Teilnehmer in die Rolle eines General Managers schlüpfen und ihr strategisches Unternehmerdenken bei der Führung eines virtuellen Kosmetikunternehmens unter Beweis stellen. Informieren Sie sich unter: → www.e-strat.loreal.com

...unsere Erwartungen:

L' Oréal sucht Persönlichkeiten. L' Oréal sucht Talente.

Sie sollten mitbringen:

- Abgeschlossenes Hochschulstudium
- Internationale Erfahrung, Mehrsprachigkeit
- Praktische Arbeitserfahrung, idealerweise bereits im Bereich der Konsumgüterindustrie
- Leidenschaft und eine hohe Affinität für den Bereich Kosmetik

Sie sollten in der Lage sein, ihr Talent in einem kreativen, international vernetzten, leistungsorientierten und marktführenden Konzern einzubringen.

Wir fördern unternehmerische Kompetenz durch systematische Übertragung von Verantwortung. Dafür suchen wir Mitarbeiter, die bereit sind Kreativität, Dynamik, Teamgeist und Flexibilität unter Beweis zu stellen aber auch in der Lage sind, neue eigene Ideen zu entwickeln, sich und andere dafür zu begeistern und diese Ideen auch durchzusetzen. Die Identifikation mit und die Begeisterung für unsere Branche sowie starke Kommunikationsfähigkeit sind dabei unerlässlich.

... über das Bewerbungsverfahren:

Sie können sich bei L'Oréal unter → www.loreal.de online über alle aktuellen Berufsfelder und Einstiegsmöglichkeiten informieren und bewerben. Auch klassische Bewerbungen werden angenommen (siehe Anschrift). Das Bewerbungsverfahren besteht aus einer Reihe mehrstufiger Interviews mit HR Verantwortlichen und Line Managern.

Erfahrungsberichte zum Berufseinstieg:

„Meine erste Zeit bei L'Oréal war naturgemäß ein Schock. Ich hatte weder zuvor in Kanada gearbeitet noch in einem französischen Unternehmen, geschweige denn in der Kosmetikbranche. Doch die Leidenschaft sowie der Teamgeist, mit denen alle zu Werke gingen, haben mich sofort angesteckt und zur schnellen Integration beigetragen.

Jetzt bin ich für die Marken- und Geschäftsentwicklung von Vichy und innéov in Deutschland verantwortlich: Am besten gefällt mir an meiner momentanen Tätigkeit als Geschäftsleiter Vichy/innéov Deutschland die dynamische Zusammenarbeit mit hoch motivierten und sehr professionellen Mitarbeitern, die den Erfolg der beiden Marken heute ausmachen.

L'Oréal gibt die Möglichkeit, eigene Ideen zu verwirklichen, große Ziele gemeinsam im Team zu erreichen – und dabei jede Menge Spaß zu haben."

Frank K., 35, **Leiter des Geschäftsbereiches Vichy/innéov**

„Als ich bei L'Oréal anfing, habe ich schnell die Werte erkannt, die das Unternehmen ausmachen. Es sind Stärke, Zielorientierung, Vitalität und Dynamik. Schon damals hatte ich das Gefühl, bei wichtigen Entscheidungen mitwirken zu können.

Jetzt bin ich für den gesamten Friseurmarkt in Hongkong verantwortlich, insbesondere für die Entwicklung der verschiedenen friseurexklusiven Marken (L'Oréal Professionnel, Kérastase, Matrix). Diese Aufgabe erfordert Eigenständigkeit, Unternehmergeist und eine hohe Internationalität. Das gefällt mir!

Das Besondere an L'Oréal ist schnell auf den Punkt gebracht: In kurzer Zeit zu hoher Verantwortung bei sehr guten Karriereaussichten. L'Oréal bietet Menschen, die gerne Verantwortung übernehmen und Initiative zeigen eine Menge Möglichkeiten. L'Oréal ist für mich jeden Tag eine neue Herausforderung."

Alexander F., 34, **Professional Products Division**, Hongkong

„Ich habe im Außendienst im Bereich Consumer Products L'Oréal Paris in München angefangen. Es war eine sehr lehrreiche Zeit, um in die Productrange im deutschen Handel und in die Welt von L'Oréal Paris einzusteigen.

Ich habe sehr früh an wichtigen Projekten wie Lancierungen oder Produktentwicklungen teilgenommen. Dabei hatte ich das erste Erfolgserlebnis, die Marke Plénitude auf Nummer zwei im deutschen Markt zu bringen. Ein Jahr später war ich bereits für fünf Product Manager und zwei Praktikanten verantwortlich und hatte eine persönliche Assistentin.

Jetzt umfasst das Team 25 Mitarbeiter. Es ist eine spannende und vielfältige Herausforderung, die sehr viel Spaß bereitet.

L'Oréal ist für mich ein Konzern, der durch seine besonderen Mitarbeiter und deren Liebe und Leidenschaft für Kosmetikprodukte lebt."

Eva L., 32, **Marketingleiterin** L'Oréal Paris

Procter & Gamble

Procter & Gamble Service GmbH
Sulzbacher Str. 40
65824 Schwalbach
Tel.: +49 (0)6196 89 4843
www.pgcareers.com/ger

Das sagt das Unternehmen ...

... über sich selbst:

Unser Ziel ist es, Markenprodukte und Dienstleistungen von überlegener Qualität und hohem Nutzwert anzubieten, die das Leben der Verbraucher in aller Welt verbessern. Wenn wir dies erreichen, werden uns die Verbraucher mit Spitzenumsätzen und wachsenden Erträgen belohnen - zum Wohl unserer Mitarbeiter, unserer Aktionäre und der Gemeinden, in denen wir leben und arbeiten.

Unsere Marken und unsere Mitarbeiter sind die Grundlagen für den Erfolg des Unternehmens. Die P&G-Mitarbeiter handeln den Unternehmenswerten entsprechend und stellen damit die Verbesserung der Lebensqualität der Verbraucher in aller Welt in den Mittelpunkt ihrer Arbeit.

... über die Karriere:

P&G bietet Ihnen eine internationale Karriere an attraktiven Standorten weltweit, darunter in Europa in unmittelbarer Nähe der Hauptstädte und Metropolen. Sie beginnt typischerweise in einer Global Business Unit (GBU) oder Market Development Organization (MDO). In der GBU sind Sie für die Entwicklung weltweiter Geschäftsstrategien und Produktinnovationen verantwortlich. Unsere GBUs betreuen die Produktbereiche Babypflege und Hygieneprodukte, Textil- und Haushaltspflege, Schönheits- und Gesundheitspflege sowie Snacks. Die MDOs setzen die globalen Strategien getreu dem Motto „Think global, act local" in den lokalen Märkten um und nutzen dabei ihr umfassendes Wissen über lokale Verbraucher, Märkte und Geschäftspartner. Unsere MDOs Nordamerika, Westeuropa, Südamerika, Mittel- und Osteuropa, China und Taiwan, Mittlerer Osten und Afrika, Nordostasien, Australien und Asien sowie Indien tragen den vielfältigen kulturellen Unterschieden der Verbraucher Rechnung.

In Ihrer Laufbahn bei P&G werden Sie unterschiedliche Funktionen wahrnehmen und auch zwischen MDO und GBU wechseln, um so die Vielfalt unserer Geschäftsaktivitäten kennen zu lernen. Des Weiteren können Sie in unseren Corporate Funktionen bereichsübergreifende Aufgaben im Gesamtunternehmen übernehmen. Sie generieren zukunftsweisendes Wissen und stellen es den Unternehmensbereichen zur Verfügung.

Unsere Mitarbeiter lernen P&G von Grund auf kennen. Daher finden sich auch in unseren Führungspositionen ausschließlich Mitarbeiter, die langjährige Erfahrung im Unternehmen gesammelt haben und eine hohe Identifikation mit P&G besitzen.

... über das Bewerbungsverfahren: Einzelgespräche und Problemlösungstest

Hochschulabsolventen und Studenten können sich ganzjährig für Managementpositionen oder Praktika online auf → www.pgcareers.com/ger bewerben. Unser Bewerbungsverfahren läuft in drei Schritten ab:

1. Schritt: Check Vacancies & Apply

Der Recruitingprozess beginnt, indem Sie unsere „Job Vacancies" online prüfen oder direkt die Funktion „Apply Now" für eine Initiativbewerbung auf der Homepage auswählen. Vergewissern Sie sich, dass die Beschreibung der Position und Anforderungen zu Ihrer Persönlichkeit, Ihren Fähigkeiten und Erwartungen passen. Wählen Sie die Funktion „Apply Online" für die Bewerbung auf die ausgewählte Position und bestätigen Sie unser „Personal Data Privacy Statement". Nachdem Sie uns Ihre E-Mail-Adresse mitgeteilt und das Bewerbungsformular ausgefüllt sowie eine elektronische Fassung Ihres Lebenslaufes hochgeladen haben, prüfen wir Ihre Bewerbung auf Übereinstimmung mit dem Profil der Position.

Sie erhalten daraufhin einen Link per E-Mail, der Sie zu einem online Fragebogen (Personality Questionnaire) weiterleitet (nur bei Bewerbungen auf „Job Vacancies" und Managementpositionen). Sie können sich einen Musterfragebogen auf unserer Homepage in Ihrer Sprache herunterladen; beachten Sie jedoch bitte, dass Sie den Fragebogen online in englischer Sprache beantworten müssen. Wir bitten Sie, die Fragen ehrlich und realistisch zu beantworten, es gibt hierbei keine richtigen oder falschen Antworten, wir möchten lediglich sichergehen, von allen Bewerbern dieselbe Informationsbasis zu haben, um fair vergleichen zu können. Wenn die Beantwortung des Fragebogens sowie Ihre Fähigkeiten und Kenntnisse mit unserem Profil übereinstimmen, laden wir Sie zum Problem Solving Test ein.

2. Schritt: Problem Solving Test

Dieser Test wird entweder bei uns vor Ort oder auf einer Recruiting-Veranstaltung durchgeführt. Er dauert 65 Minuten und besteht aus analytischen Teilen und Aufgaben zum Thema Textverständnis, die in der jeweiligen Muttersprache gestellt sind. Als Hilfsmittel zur Beantwortung der Multiple-Choice-Fragen ist ein Taschenrechner erlaubt.

Bei der Bewertung zählen nur Ihre richtigen Antworten; es gibt keine Punktabzüge für falsche Antworten. Der Test prüft, wie leistungsfähig Sie unter Zeitdruck arbeiten können. Wir empfehlen Ihnen, einen Mustertest mit vergleichbaren Aufgaben von unserer Homepage herunterzuladen, um sich mit dem Stil der Fragen vertraut zu machen. Diesen finden Sie unter → www.pgcareers.com/pst. Sie finden Beispielaufgaben auch im zweiten Kapitel dieses Karriereführers.

3. Schritt: Interview
Abschließend führen Sie drei Interviews mit erfahrenen Managern aus der Fachabteilung. Diese dauern ungefähr 45 bis 60 Minuten. In den Interviews möchten wir mehr über Sie als Mensch und Ihre Motivation für die Arbeit bei Procter&Gamble erfahren. Zeigen Sie uns, was Sie dazu beitragen können, Procter&Gamble auf dem Erfolgskurs zuhalten. Wir möchten dabei vor allem mehr über Ihre Erfahrungen und Aktivitäten kennen lernen, die Sie als Mensch geformt und geprägt haben.

Wir werden Ihnen sowohl allgemeine Fragen zu Ihrem Werdegang als auch detaillierte Fragen zu bestimmten Tätigkeiten und Stationen Ihres Lebenslaufes stellen. Unsere Fragen richten sich vor allem auf unsere „Success Driver", Kernkompetenzen, die wir von unseren Mitarbeitern erwarten. Wenn alle Interviewpartner zustimmen, dann erhalten Sie zeitnah, manchmal sogar noch am selben Tag ein entsprechendes Angebot von uns.

... über unsere Anforderungen:

Wir erwarten von Ihnen überdurchschnittlich gute Studienergebnisse bei einer kurzen Studienzeit sowie nachgewiesene praktische Erfahrung in Form von Praktika oder Werkstudententätigkeit. Außerdem setzen wir Ihr außeruniversitäres Engagement genauso voraus wie sehr gute Englisch- und EDV-Kenntnisse. Als Zusatzqualifikationen verlangen wir von Ihnen Führungseigenschaften, Initiative und Durchsetzungsvermögen sowie die Fähigkeit Prioritäten zu setzen. Ebenso wichtig sind uns Ihre Team- und Kommunikationsfähigkeit sowie analytisches Denkvermögen.

... über unsere Grundwerte:

Die Menschen und Marken von Procter&Gamble sind das Fundament unseres Erfolges. Wir leben unsere Werte indem wir uns darauf konzentrieren das Leben der Verbraucher zu verbessern. Unsere zentralen Werte sind Führungsqualität, Verantwortungsbewusstsein, Integrität, Streben nach Erfolg und Vertrauen.

... über unsere Success Drivers:

- **Power of P&G Minds:** Unsere Fähigkeit, besser als die Wettbewerber zu sein resultiert aus unserem gemeinsamen und gebündelten Wissen, das wir zum Wohle unserer Kunden nutzen. Wir erwarten von Ihnen unbegrenzte Neugier und ein starkes Interesse, die Welt um Sie herum zu entdecken und mit unkonventionellen Ideen zu verändern. Wir schätzen Ihre geistige Flexibilität und Offenheit, sich auf Herausforderungen einzulassen.
- **Power of P&G People:** Die einzigartigen Menschen bei P&G sind der wichtigste Wettbewerbsvorteil in einem Umfeld, das vollkommen das Potenzial seiner Talente fördert. Wir schätzen Ihre Fähigkeit, die Vielseitigkeit bei P&G zu entdecken und sich in vollem Umfang zur Verbesserung von Geschäftsfeldern oder Lösungen einzubringen. Wir schaffen eine Atmosphäre des Vertrauens, zu der jeder bestmöglich beitragen kann.

- **Power of P&G Agility:** Dank unserer Fähigkeit schnell, flexibel und anpassungsfähig auf sich schnell ändernde Geschäfts- und Umweltbedingungen zu reagieren, schaffen wir Wettbewerbsvorteile. Wir verstehen unsere Kunden, Konsumenten, Wettbewerber und Mitarbeiter und bauen darauf unser Geschäft. Es geht um Ihre Fähigkeit auf Veränderungen einzugehen und umsetzungsstark zu sein. Diese Fähigkeit hilft uns in unserem ständigen Bestreben uns selbst zu erneuern, zu verbessern und am Markt zu gewinnen.

... über Praktikumsangebote:

- **Nationales / Internationales Praktikantenprogramm**

Procter&Gamble bietet im Inland und europäischen Ausland über 500 Praktikantenstellen für Studenten jeglicher Studienrichtung an. So können Praktika in den Funktionsbereichen Marketing, Finanzen, Sales (Customer Business Development), Human Resources, Marktforschung (Consumer&Market Knowledge), Information Decision Solution/IT, Engineering/Manufacturing, Forschung und Entwicklung, Logistik und im Einkauf (Purchasing) absolviert werden. Das Programm ist offen für alle Studenten aus europäischen Ländern mit folgendem Anforderungsprofil:

- Sehr gutes Vordiplom oder ab 3. Semester im Bachelorstudium
- Praktische Erfahrung, außeruniversitäres Engagement
- Sehr gute Englischkenntnisse
- Ggf. gute Sprachkenntnisse in der Sprache des jeweiligen Ziellandes

Praktika sind u. a. möglich an unseren Standorten in Frankfurt, Paris, Stockholm, London, Rom, Brüssel, Rotterdam und Genf.

Bei allen unseren Praktika erwarten Sie zwei- bis sechsmonatige anspruchsvolle Aufgaben in spezifischen Projekten meist in internationalen Teams, für die Sie vom ersten Tag an verantwortlich sind. Dabei erhalten Sie persönliche Unterstützung und fachliche Betreuung durch erfahrene Manager. Zudem erhalten Sie (z. B. in Deutschland) eine attraktive Vergütung von 1.500 Euro pro Monat. Wenn Sie motiviert und begeistert von der Welt der Marken sind und Ihre Ideen und Leidenschaft in einem der größten Konsumgüterunternehmen der Welt ausleben möchten, dann freuen wir uns auf Ihre Online-Bewerbung!

Bewerbungen sind das ganze Jahr über möglich unter:
→ www.pgcareers.com/internships. Bitte bewerben Sie sich auch für Auslandspraktika in Ihrem jeweiligen Heimatland und kreuzen Sie im Rahmen der Online Bewerbung an, dass Sie gerne ein Praktikum im Ausland machen möchten.

Experten-Tipp:
„Es ist unser Bestreben, Praktikanten, die erfolgreich ihre Projekte abgeschlossen haben, nach Beendigung ihres Studiums in eine Vollzeitbeschäftigung zu übernehmen, soweit dies von dem Praktikanten gewünscht wird. Aus diesem Grunde durchlaufen Praktikanten den gleichen Auswahlprozess wie Berufseinsteiger.

Nach Beendigung Ihres Studiums müssen ehemalige Praktikanten kein Auswahlverfahren mehr durchlaufen, um eine Festeinstellung bei Procter&Gamble antreten zu können." **Nina Noormann**, Corporate Recruiting

- **Diplomarbeiten, Bachelor- / Masterarbeiten**

Grundsätzlich besteht die Möglichkeit Diplom-, Bachelor- oder Masterarbeiten in Zusammenarbeit mit uns und Ihrer Universität zu schreiben. Bitte richten Sie Ihre Anfrage frühzeitig an uns. Mit zirka zehn Projekten pro Jahr sind solche Arbeiten vorwiegend technischen Bereichen vorbehalten.

... über Angebote für Studenten:

- **Just in Case**

Mit Just in Case bieten wir Ihnen eine umfangreiche Marketing Case Study an, die Sie online auf unserer Homepage unter → www.pgcareers.com unter der Rubrik Seminars and Courses aufrufen können. In diesem Case erarbeiten Sie für eine reale P&G Brand eine Marketing Initiative und müssen diese gegen einen Wettbewerbsangriff verteidigen. Ihre Aufgabe ist es, die Wettbewerbsposition Ihrer Marke gegenüber dem Wettbewerbsprodukt auszubauen und den Marktanteil in der Kategorie deutlich zu stärken. Trainieren Sie Ihre analytischen Business Skills und Ihre Kommunikationsfähigkeit. It's time to play!

- **P&G Career Academy**

Im Rahmen der P&G Career Academy können Studenten aller Studienrichtungen erste Einblicke in mögliche spätere Einstiegs- und Aufgabenbereiche bei Procter&Gamble gewinnen. Im Rahmen eines solchen Seminars treffen Studenten verschiedener Länder zusammen und knüpfen erste Kontakte zu Top Management und Managern der jeweiligen Bereiche.

Lernen Sie uns bei diesen einwöchigen Arbeitsseminaren, die entweder in unserer europäischen Zentrale in Genf stattfinden oder aber in einer der anderen europäischen Niederlassungen, näher kennen. Im Rahmen von Case Studies, die im Zuge der Seminare bearbeitet werden, verantworten Sie in internationalen Teams multinationale Markengeschäfte, treffen strategische Entscheidungen und entwickeln Ihre Führungs- und Managementskills. Dabei arbeiten Sie mit erfahrenen P&G Managern zusammen. Auf diese Art lernen wir Sie besser kennen und können Ihnen Optionen für Ihre Karriere bei Procter&Gamble aufzeigen. Wir möchten Ihnen nicht zu viel verraten, aber wir versprechen Ihnen, dass Sie nicht enttäuscht werden vom International Financial Seminar oder einem der anderen Seminare, die sich im Portfolio der P&G Career Academy befinden. Ehemalige Teilnehmer berichten: *"It was one of the most exhilarating and challenging weeks of my life. Meeting people from diverse nationalities and working as a team brought out the best in everyone. Very well organized. UPS, DOWNS, TENSION, LOVE, HATE ... BUT FUN! GREAT!!!"*

Bewerben Sie sich rechtzeitig mit Ihrer online Bewerbung für die kommenden Seminare unter www.pgcareers.com/careeracademy. Aus erfahrungsgemäß über 2.000 Bewerbungen pro Seminar wählen wir 25 bis 36 internationale Teilnehmer aus.

Folgende Seminare werden im Rahmen von P&G Career Academy angeboten:

- International Financial Seminar, April 2006
- European Marketing Seminar, April 2006
- Supply Chain Technology Seminar, May 2006
- R&D European PhD Seminar, April 2006
- Sales Management Seminar, June 2006
- International Business Decisions Challenge, May 2006

Weitere Informationen, Termine und die Möglichkeit zur Online Bewerbung für alle Seminare finden sich im Internet unter:

→ www.pgcareers.com/careeracademy

- **Go, Give & Grow**

Jungen Absolventen bieten wir die Möglichkeit, vor Ihrem Berufseinstieg bei uns ein einzigartiges internationales humanitäres Projekt mit unserer Unterstützung und in Zusammenarbeit mit der Weltgesundheitsorganisation (WHO) durchzuführen. Erweitern Sie Ihren Horizont und zeigen Sie mit uns zusammen verantwortungsbewusste Wege des Managements auf, das auf Nachhaltigkeit und soziale Entwicklung in allen Teilen der Welt großen Wert legt. Diese Auffassung ist integraler Bestanteil der P&G-Philosophie. Gehen Sie in die Welt und geben Sie von Ihrem Enthusiasmus und Ihren Fähigkeiten etwas ab und wachsen Sie dabei über sich selbst hinaus. Informieren Sie sich auf unserer Homepage über die zahlreichen Möglichkeiten von NGO-Arbeit bis hin zu konkreten WHO-Projekten. In jedem Fall übernimmt P&G sämtliche Kosten und zahlt Ihnen einen lokalen Arbeitslohn.

... über Angebote für Mitarbeiter:

Sie steigen bei uns direkt ein mit einem Training on-the-job, unterstützt durch individuelle Trainingsprogramme zur Einarbeitung und Weiterentwicklung sowie einem Mentorenprogramm, das Ihnen langfristig einen Coach und Mentor anbietet. Die persönlichen Arbeits- und Entwicklungspläne werden mit Ihnen abgestimmt und beinhalten beispielsweise Auslandseinsätze durch Job-Rotation.

Unsere Philosophie lautet: Beförderung aus eigenen Reihen. Daher finden Sie in den führenden Managementpositionen Menschen, die genau wie Sie bei P&G angefangen haben und das Geschäft bestens kennen. Bei der Auswahl legen wir großen Wert auf die Vielfalt unserer Mitarbeiter, die wir durch den Einsatz verschiedener Initiativen fördern.

P&G zahlt ein überdurchschnittliches Gehalt für Top-Absolventen ab ca. 44.000 Euro in Deutschland und bietet Ihnen einen persönlichen Entwicklungsplan und eine Welt vieler unterschiedlicher Möglichkeiten für Ihre Karriere. Wir stimmen Ihre Ideen und Vorhaben mit unseren ab und entwickeln gemeinsam die Zukunft. Abgerundet wird unser Angebot durch attraktive Sozialleistungen inklusive Firmenpensionsplan und Aktienkaufplan. Des Weiteren bieten flexible Arbeitszeitmodelle ausreichenden Freiraum für Ihre individuellen Ansprüche; variable oder reduzierte Arbeitszeit, Job Sharing, Telearbeit, Freistellung zur Betreuung von Familienmitgliedern, Mutterschafts- und Vaterschaftsurlaube sowie persönliche Weiterbildungsurlaube und Sabbaticals für wissenschaftliche Forschungen oder private Auszeiten erlauben großzügige Freiräume.

P&G Deutschland erhielt 1999 und 2002 das Total-E-Quality Prädikat, eine Auszeichnung für beispielhaftes Handeln im Sinne einer auf Chancengleichheit ausgerichteten Personalführung. Im Wettbewerb „Bester Arbeitgeber Deutschlands" erreichte die deutsche P&G Market Development Organization in den Jahren 2003 und 2005 den achten Platz und liegt damit an der Spitze in der Konsumgüterindustrie. Unsere Mitarbeiter haben vor allem die Kriterien Glaubwürdigkeit, Respekt, Fairness, Teamorientierung und Stolz auf die Arbeit sehr positiv bewertet.

Wir suchen jährlich ungefähr 80 Hochschulabsolventen und 100 Praktikanten für unterschiedliche Managementfunktionen in Deutschland.

Sind Sie bereit für eine Herausforderung?

Dann sind wir bereit für Sie.

Ihr Kontakt bei P&G:

Esther Lea Limburg – Leiterin Hochschulmarketing und Recruiting
Tel.: +49 (0)6196 89 3106
E-Mail: Limburg.el@pg.com

... unsere Tipps:

Bereiten Sie sich schon vor der eigentlichen Bewerbung gut vor. Wir bieten Ihnen umfangreiche Hilfe dafür an:

Career Advice Centre – Soft-Skill Online Course

Der Berufseinstieg stellt für Sie den Aufbruch in eine neue Welt dar. Sie haben ein anspruchsvolles und zügiges Studium abgeschlossen und kennen die akademische Welt sowie Ihre fachlichen Schwerpunkte bestens. Der Erfolg im Berufsleben besteht aus Ihrem fachlichen Können und vielen – häufig unausgesprochenen – Feinheiten, die Sie in Ihrem Studium nicht so detailliert kennen gelernt haben wie den Marketing Mix.

Kennen und beherrschen Sie beispielsweise souverän die Business Etikette in verschiedenen Situationen? Wie arbeiten Sie effektiv im Team? Wie verstehen Sie die Körpersprache Ihrer Mitmenschen? Außerdem geben wir Ihnen wertvolle Tipps zur Gestaltung Ihres Lebenslaufes, so dass die für P&G relevanten Inhalte gut sichtbar positioniert sind.

Diese Themen und viele weitere können Ihre Karriere positiv beeinflussen. Unser Career Advice Centre ist ein online Kurs und hilft Ihnen bei der Vorbereitung auf den Berufsstart. Registrieren Sie sich unverbindlich und kostenlos und werden Sie Mitglied in der Community, um die aktuellsten Kurse, Trainings und Informationen für Ihre Karriere zu erhalten.

Anmeldung unter: → http://www.pg.com/jobs/cac

Erweitern Sie Ihre Fähigkeiten.

Sie werden es schätzen!

Testaufgaben

Auf unserer Homepage finden Sie online umfangreiche Testaufgaben zur Vorbereitung auf unseren analytischen Test. Lernen Sie die Aufgabentypen kennen und trainieren Sie die Bearbeitung der Aufgaben. So kommen Sie optimal vorbereitet zu uns. Die Testaufgaben umfassen verbale und numerische Aufgabenteile. Sie werden unter anderem auf businessrelevantes Text- und Zahlenverständnis getestet.

Download: → www.pgcareers.com/PST

Ratschlag von Esther Lea Limburg, Recruitment Manager:

„Unser unternehmerisches Denken und Handeln wird von den Bedürfnissen der Verbraucher bestimmt. Deshalb sollten unsere Mitarbeiter genauso vielfältig sein wie unsere Verbraucher. Zeigen Sie schon im Bewerbungsgespräch Ihre individuellen Fähigkeiten und Qualifikationen. Persönlichkeiten sind gefragt, die ihren Weg gehen", erläutert Esther-Lea Limburg, Recruiting Managerin für Deutschland, Österreich und die Schweiz.

Do	Don't
Bereiten Sie sich sorgfältig auf den Bewerbertag vor und nutzen Sie die Informationen auf: www.pgcareers.com	Eine negative Grundhaltung, Misstrauen & Respektlosigkeit zeigen.
Erläutern Sie in Ihren Bewerbungsgesprächen klar und strukturiert Ihre bisherigen Erfahrungen, Projekte, Erlebnisse.	Eine Rolle spielen - bleiben Sie authentisch, seien Sie Sie selbst!
Zeigen Sie Interesse und Neugierde an der Außenwelt. Beherzigen Sie unsere Philosophie: *Consumer is the boss – be in touch!*	Sich „unter Wert" verkaufen (zeigen Sie selbstbewusst die eigenen Resultate und Leistungen auf). Legen Sie bereits viel Wert auf die Online-Bewerbung, diese öffnet Ihnen die Tür zum Unternehmen.
Haben Sie stets eine gesunde Unzufriedenheit mit dem Status quo. Hinterfragen Sie Strukturen und Prozesse.	Keine Eigeninitiative oder Verantwortung zeigen.

...Erfahrungsbericht:

What do you like about working for Procter & Gamble?
„Every day is a challenge – the responsibility and autonomy. When I first started I was overwhelmed by the stuff I already was expected to know. I first needed to learn that there is nothing more important in Marketing than truly understand and assess the landscape – knowing your markets, your consumers and your objectives as well as your business result.

On the other hand I enjoyed having so much autonomy right away. I am learning Marketing every day and its very different from the stuff they told me at University. Especially the trainings help a lot to dig deep in the P&G Marketing Model, which you apply in your daily work. The time we spend on training and the importance coaching and mentoring have in this company really shows how important people management is. I appreciate this fact a lot."
Kristina Struse, Marketing Manager

Unilever

Unilever Deutschland GmbH
Dammtorwall 15
20355 Hamburg
Tel.: +49 (0)40 3490 3464
www.unilever-karriere.de

Das sagt das Unternehmen ...

... über sich selbst:

Unser Ziel ist es, Verbraucherwünsche in einer einzigartigen und effektiven Weise zu befriedigen und so die Lebensqualität der Menschen zu steigern. Wir erfüllen täglich menschliche Bedürfnisse nach Ernährung, Hygiene und Körperpflege mit Marken, die den Menschen dabei helfen, sich gut zu fühlen, gut auszusehen und mehr vom Leben zu haben. Jeden Tag entscheiden sich 150 Millionen Menschen in über 150 Ländern für unsere Produkte.

Unser langfristiger Erfolg erfordert die absolute Bereitschaft zu außergewöhnlicher Leistung und Produktivität, zu effektiver Zusammenarbeit und den Willen, neue Ideen durchzusetzen und immer wieder hinzuzulernen. Um Außergewöhnliches zu schaffen, brauchen wir Menschen mit Qualifikation und Persönlichkeit. Wer die Freiheit schätzt, eigene Ideen umzusetzen, wer Verantwortung gern übernimmt und die Initiative nicht den anderen überlässt, wird bei uns und mit uns viel bewegen. Gemeinsam wachsen, Sie und wir – das ist unser Ziel.

Bei Unilever findet man viele unterschiedliche Persönlichkeiten, die alle die Leidenschaft für Marken teilen, die man im Alltag nutzt. Wir sind geprägt vom niederländisch-englischen Einfluss, das heißt einer starken Leistungsorientierung mit menschlichem Touch. Wir sind kein globaler Konzern, sondern ein multinationales Unternehmen mit starken Wurzeln in den einzelnen Ländern. Wir sehen uns als Teil des öffentlichen Lebens in der Verantwortung für die Menschen und die Umwelt. Unsere Mitarbeiter machen uns zu dem, was wir wirklich sind - einem der größten, erfolgreichsten und vielfältigsten Konsumgüterhersteller der Welt. Und Sie könnten bald dazugehören!

... über die Karriere:

Egal, ob Sie uns vor Ihrem Studienabschluss im Rahmen von Praktika oder Diplomarbeiten kennen lernen möchten oder sich für einen Berufseinstieg bei uns interessieren – wir bieten Ihnen viele unterschiedliche Möglichkeiten: Lassen Sie sich inspirieren und wählen Sie zwischen fünf Einstiegsbereichen je nach Ihren Studien- und Interessensschwerpunkten!

Absatzmanagement: Eine Karriere im Absatzbereich beinhaltet für Sie Stationen in den Bereichen Marketing, Verkauf, Category Management und Marktforschung. Wir wollen schließlich, dass Sie „Ihr" Metier beherrschen. Dabei arbeiten Sie fast immer in internationalen Teams.

Financial Management: Ihr Berufseinstieg im Finanzmanagement umfasst Aufgaben in den Funktionsbereichen Management Accounting, Controlling, Financial Accounting.

Supply Chain Management: Ihre Karriere im Supply Chain Management beinhaltet Projekte und Stationen in den Funktionsbereichen Planung, Einkauf sowie Logistik und Distribution. Arbeiten Sie vernetzt in weltweiten Projekten und Teams und meistern Sie die Herausforderung, konkurrierende Anforderungen nach Kosten und Qualität, Service und Innovation auszubalancieren.

Technisches Management: Im Technischen Management sichern Sie maßgeblich Unilevers Wettbewerbsvorsprung durch Ihr Know-how. Ihnen bietet sich im Technischen Management eine frühe Projekt- oder Linienverantwortung in den Bereichen Produktion, Engineering oder Entwicklung.

Personalmanagement: Moderne Personalarbeit ist integrierter Bestandteil unserer Unternehmensstrategie. Sie arbeiten eng mit anderen Fachbereichen zusammen und bewegen sich immer im Spannungsfeld von wirtschaftlichen Notwendigkeiten und individuellen Bedürfnissen der Mitarbeiter. Egal, wofür Sie sich entscheiden – wir bieten Ihnen in allen Bereichen die richtige Mischung aus Direkteinstieg mit viel Verantwortung und einer soliden Ausbildung. Sie finden detaillierte Informationen unter: → http://www.unilever-karriere.de

... was wir Top-Studenten bieten:

Sie studieren noch und wollen uns schon jetzt kennen lernen? Wir geben Ihnen die Möglichkeit durch ein Praktikum bei uns. Sie sammeln Erfahrungen und Entscheidungshilfen für Ihren späteren Berufseinstieg.

Learning & Earning-Praktikantenprogramm

Learning&Earning ist unser spezielles Praktikantenprogramm für High Potentials. Im Rahmen dieses Programms arbeiten Sie eigenverantwortlich an einem herausfordernden Projekt, sind vollkommen in das Team eingegliedert und erhalten umfassende Einblicke in unsere Organisation und geschäftlichen Abläufe. Außerdem halten wir vielfältige begleitende Maßnahmen für Sie bereit. Sie nehmen an einem zweitägigen Seminar unter Mitwirkung von Mitgliedern der Geschäftsleitung teil, besichtigen ein Werk und lernen die Produktionsprozesse kennen. Außerdem lernen Sie im Außendiensteinsatz unsere Kunden und Vertriebsstrukturen kennen. Das Programm dauert mindestens drei Monate und wird das ganze Jahr über angeboten, so dass Sie jederzeit einsteigen können. Wir bieten jährlich ungefähr 30 Plätze an.

Reguläre Praktika

Wir bieten in den beschriebenen Funktionsbereichen ganzjährig reguläre Praktika mit einer Dauer von drei bis sechs Monaten an. Wenn Sie im Hauptstudium sind und eine Herausforderung suchen, um Ihr Wissen praktisch zu erproben, dann bewerben Sie sich online bei uns. Sie sollten gute Englischkenntnisse und Spaß an der Zusammenarbeit in einem Team haben, den Willen zur Weiterentwicklung Ihrer fachlichen Fähigkeiten und Ihrer Persönlichkeit mitbringen sowie Kreativität und Begeisterungsfähigkeit besitzen. Ihre bisherigen Noten sollten sich sehen lassen können.

Auslandspraktika

Auslandspraktika sind nur in Ausnahmefällen und bei entsprechenden Vakanzen möglich.

Diplomarbeiten

Sie wollen eine praxisorientierte Diplomarbeit im Bereich des Technischen Managements oder im Bereich Supply Chain / Logistik schreiben und haben auch schon mit Ihrem Professor über mögliche Themen gesprochen? Dann sprechen Sie uns an; wir sind für Themenvorschläge immer offen. Überzeugen Ihre Vorschläge unsere Fachleute, weil wir uns damit auch auseinandersetzen, könnte eine Zusammenarbeit entstehen, von der beide Seiten profitieren. Und Sie haben die Gewissheit, dass Ihre Arbeit ein wichtiger Beitrag für die weitere Entwicklung unseres Unternehmens ist.

Top Talent Club

Der Top Talent Club ist ein Praktikantenförderprogramm für ehemalige Teilnehmer des Learning&Earning-Programmes, die bereits das Assessment Center erfolgreich bestanden haben. Im Top Talent Club können Sie Erfahrungen mit anderen Teilnehmern austauschen, Netzwerke knüpfen, an Seminaren teilnehmen und den Kontakt zu Unilever und Ihrer Abteilung halten.

... was wir Top-Absolventen bieten:

UniTrain

UniTrain ist ein strukturiertes Einstiegsprogramm mit intensiven off-the-job Maßnahmen, die Ihren Direkteinstieg bei uns flankieren. Sie lernen in diesem Programm zum Beispiel Themen wie Projektmanagement, Teamwork oder Personal Development kennen. Entsprechend unserer Philosophie fördern und begleiten wir Ihre Karriere vom ersten Tag an.

Sie beginnen bei uns von Anfang an „on-the-job“, das heißt in einer bestimmten Abteilung mit einem konkreten Job und Verantwortung, zum Beispiel als Assistant Brand Manager. Sie erhalten dabei regelmäßig von Ihrem Vorgesetzten Feedback über Ihre Leistungen, Stärken und Ihr Potenzial. Die Tätigkeit on-the-job wird ergänzt durch Seminare und Workshops zur Entwicklung Ihrer Soft Skills, an denen Sie gemeinsam mit anderen Neueinsteigern aus dem Konzern teilnehmen. Darüber hinaus bekommen Sie auch erste Einblicke in andere Abteilungen und in die Struktur des Unileverkonzerns.

Nach einigen Monaten erhalten Sie zusätzliche Verantwortung in Form einer neuen Aufgabe oder Funktion. Selbstverständlich werden Sie weiter über Seminare und persönliche Coachings gefördert. Sie stellen sich Herausforderungen und bringen dabei Ihr Wissen und Ihre Erfahrungen ein. Wenn Sie im Anschluss an das komplette Programm eine entsprechende Leistung gezeigt haben, sollten Sie für Ihre erste Managementposition fit sein. Hier könnten Sie dann zum Beispiel erste Personal- oder Budgetverantwortung erhalten.

Zu Beginn des Programms entscheiden Sie sich für einen unserer fünf Einstiegsbereiche (Absatz, Personal, Finance, Technik, Supply Chain). Während des zweijährigen Programms lernen Sie dann diesen Bereich sehr genau kennen. Über Ihren ersten Managementeinsatz unterhalten Sie sich gemeinsam mit Ihrem Vorgesetzten und einem Personalentwickler und schauen, welcher Karriereschritt am besten zu Ihren Fertigkeiten und Fähigkeiten passt.

UniTrain hat als Direkteinstiegsprogramm keine fixen Einstellungstermine, so dass wir kontinuierlich über das Jahr rekrutieren. Das Einstiegsgehalt beträgt 43.000 Euro und beinhaltet Aktienoptionen und erfolgsabhängige Gehaltsbestandteile ab der Managementebene sowie eine betriebliche Altersvorsorge.

... unsere Anforderungen:

Um Außergewöhnliches zu schaffen, brauchen wir sehr gute Leute, denn wir besetzen nicht nur eine Position, sondern entwickeln auch eine Karriere. Wir suchen pro Jahr ungefähr 20 bis 30 Hochschulabsolventen der Studienrichtungen Wirtschaftswissenschaften (BWL), Verfahrenstechnik, Maschinenbau, Chemieingenieurwesen und Lebensmitteltechnologie.

Wir erwarten von Ihnen ein zügig absolviertes Studium, einen guten Abschluss sowie Erfahrung durch qualifizierte Praktika. Außerdem ist uns wichtig, dass Sie über Auslandserfahrung in Form von Studium oder Praktikum verfügen und uns Ihre Fähigkeit, in internationalen Teams zu arbeiten dokumentieren. Des Weiteren sollten Sie zur Abrundung Ihres Profils und Ihrer Persönlichkeit außeruniversitäres Engagement in Studentenorganisationen, im Sport oder ähnlichem vorweisen können.

Was Sie bei uns unbedingt mitbringen sollten: Leistungs- und Teamorientierung, unternehmerisches Denken, eigene Ideen und Vorstellungen sowie Mobilität. Die Bereitschaft zur frühen Verantwortungsübernahme an Unilever-Standorten weltweit und Ihr Engagement, die Zukunft von Unilever aktiv mitzugestalten, gehören für uns ebenfalls dazu.

Bei Ihrer Bewerbung für das UniTrain Programm ist wichtig, dass Sie nicht nur studiert, sondern auch einmal über den Tellerrand geschaut haben. Natürlich bilden die „harten" Kriterien wie Studiendauer und Noten die grundsätzliche Voraussetzung für die Teilnahme am Assessment Center, aber Ihre Persönlichkeit ist uns genauso wichtig. Gerade im AC möchten wir uns ein gutes Bild von Ihnen machen.

„Suchen Sie sich das Unternehmen aus, das zu Ihnen passt und den Einstieg und Funktionsbereich, der Ihren Leidenschaften entspricht, denn nur dort werden Sie Dinge bewegen können und somit erfolgreich sein. Bei Bewerbern achten wir auf Zielstrebigkeit und Leistungsbereitschaft. Dabei ist für Unilever das Wichtigste, ob Sie außergewöhnliche Ideen entwickeln und diese mit Leidenschaft vorantreiben" rät **Manuela Stahl,** Personalreferentin bei **Unilever People Services**.

... über den Bewerbungsprozess:

1. Online-Bewerbung:
Bitte bewerben Sie sich ausschließlich online und senden uns Ihre vollständigen Unterlagen in elektronischer Form zu.

2. Online-Test:
Falls Ihre Bewerbung unseren Anforderungen entspricht, laden wir Sie zu einem kognitiven Leistungstest ein, den Sie online bei sich zu Hause absolvieren.

3. Telefoninterview:
Wenn Sie diesen Test bestanden haben, führen wir mit Ihnen ein telefonisches Interview durch. Wir möchten auf diesem Wege mehr über Ihren persönlichen Hintergrund, Lebenslauf und Ihre Motivation erfahren.

4. Assessment Center:
Wenn Sie uns in allen bisherigen Schritten überzeugt haben, dann laden wir Sie zu einem eintägigen Assessment Center in unsere Hamburger Zentrale ein. Hier erwarten Sie Präsentations- und Gruppenübungen sowie Rollenspiele, mit deren Hilfe wir die Facetten Ihrer Persönlichkeit kennen lernen wollen. Wir möchten uns ein umfassendes Bild von Ihren beruflichen Erwartungen machen und feststellen, ob Sie unseren spezifischen Anforderungen an den Managementnachwuchs entsprechen. Bereits am Ende der Auswahlveranstaltung erläutern wir Ihnen das Ergebnis ausführlich in einem persönlichen Gespräch.

„Unsere große Stärke sehen wir in unserem Auswahlprozess: Alles läuft online und dadurch sind wir sehr schnell. Außerdem decken wir durch unsere verschiedenen Auswahlschritte viele Facetten eines Bewerbers ab, die man nur durch Einzelgespräche nicht erfassen könnte. Somit ist unser Auswahlverfahren nicht nur schnell, sondern vor allem auch valide. Wem es um die Gehaltsmaximierung geht, ist bei Unilever nicht an der richtigen Stelle. Treten Sie natürlich, offen und selbstbewusst auf und verstellen Sie sich in keinem Fall! Leidenschaft für unsere Marken, Eigeninitiative, Leistungsorientierung, Spaß an der Arbeit im

Team, unternehmerisches Denken, Zielstrebigkeit, Führungspotenzial sind unsere wichtigsten Einstellungskriterien", erklärt **Manuela Stahl**, **Unilever People Services**.

Jeder Schritt des Bewerbungsprozesses ist gleichgewichtig und zählt jeweils als K.o.-Kriterium, um den nächsten Schritt zu absolvieren. Alle Bewerber absolvieren bei uns den gleichen Bewerbungsprozess. Einsteiger beginnen zwar in verschiedenen Fachbereichen, aber trotzdem werden alle als Führungsnachwuchskräfte ausgewählt und eingestellt.

... über Bewerbungsformalien:

Die Einstellungstermine sind jeweils abhängig von den Vakanzen. Es gibt keine festen Starttermine. Bei allen Bewerbungen erwarten wir etwa vier Monate vor dem gewünschten Einstiegstermin ausführliche Unterlagen inklusive Anschreiben, ausführlichem tabellarischen Lebenslauf, sämtlichen Zeugnissen über Schulabschluss und Examen sowie bisherige Praktika.

Erfahrungsbericht:

„Dank meines Praktikums, das ich vor meinem Berufseinstieg als Trainee im Absatzmanagement bei Unilever gemacht hatte, kannte ich bereits viele meiner neuen Kollegen. Auch ohne einen solchen Vorteil fällt Dir der Einstieg sicherlich am leichtesten, wenn Du Dich bei möglichst vielen Kollegen persönlich vorstellst – so kannst Du auch schon viel über Kompetenzen und Aufgaben der einzelnen Mitarbeiter lernen. Ansonsten kann ich nur empfehlen, Deiner Neugierde freien Lauf zu lassen: Halte Augen und Ohren offen, frage nach allem, was Dich interessiert, und sei überall dabei! Und schon steckst Du bis über beide Ohren in Projekten ... Herzlich Willkommen und ganz viel Spaß!"

Sophie, Einsteigerin im Bereich Absatzmanagement

Gerne beantworten wir Ihre Fragen. Als Ansprechpartner stehen für Absolventen Frau Jin Ju Baek und für Studenten Frau Karin Läufer zur Verfügung und sind telefonisch erreichbar unter: +49 (0)40 3490 3464 oder per E-Mail: karriere@unilever.com.

Wir würden uns freuen, wenn wir Ihr Interesse geweckt haben, wünschen Ihnen viel Erfolg und sind gespannt auf Ihre Bewerbung!

Reckitt Benckiser

Reckitt Benckiser Deutschland GmbH
Personalabteilung
Theodor-Heuss-Anlage 12
68165 Mannheim
Tel.: +49 (0)6105 205 405
www.reckittbenckiser.de

Das sagt das Unternehmen ...

... über sich:

Die Mischung macht's! Reckitt Benckiser sucht Menschen mit Potenzial, Ideen und Engagement. Das hochgesteckte Ziel lautet, den Wachstumskurs der vergangenen Jahre mit den erfolgreichen Marken und innovativen Neuentwicklungen fortzusetzen. Das Unternehmen schafft mit Leidenschaft bessere Lösungen im Bereich Haushaltsreinigung und Körperpflege. Dabei handelt Reckitt Benckiser nach den vier zentralen Unternehmenswerten:

1. Commitment: *„Leidenschaft und persönliche Entschlossenheit zur Lieferung von Lösungen."*

2. Unternehmertum: *„Der Träumer geht einer Idee nach, der Unternehmer setzt sie in die Wirklichkeit um."*

3. Teamwork: *„Der Einzelne spielt das Spiel, aber Teams gewinnen die Meisterschaft."*

4. Zielerreichung: *„Steck hohe Ziele und verwirkliche sie."*

Unabhängig davon, wo Sie bei Reckitt Benckiser einsteigen möchten: Vertrauen, Respekt und Offenheit sind die Basis für Leistung. Das Unternehmen bietet ein ausgeklügeltes Feedback-System, das Sie immer wissen lässt, wo Sie stehen.

... über die Karriere:

Wenn Sie von diesen Werten angesprochen werden, verspricht Ihnen Reckitt Benckiser interessante Herausforderungen. Das Unternehmen bietet neben den fachlichen Möglichkeiten auch Raum für Ihre persönliche Entwicklung. Selbständiges Arbeiten, Flexibilität und Dynamik sind Grundvoraussetzungen.

Reckitt Benckiser sucht ständig zukunftsorientiert denkende Mitarbeiter für Marketing, Sales, Finance oder den Bereich Business Development, in dem Marketing und Vertrieb zusammengeführt werden. Einsteigen können Sie an jeder Station in Ihrem Lebenslauf; als Absolvent, Young Professional oder

Quereinsteiger. Hauptsache, Sie haben Biss und wollen mehr. Mehr Verantwortung, mehr Internationalität, mehr Erfolg.

... über Praktika:

Studentinnen und Studenten der Wirtschaftswissenschaften können nach dem Vordiplom Ihr Praxis-Semester bei Reckitt Benckiser absolvieren oder auch während der Semesterferien für drei bis sechs Monate temporär Verantwortung übernehmen.

Bewerben Sie sich bitte schriftlich bei der Reckitt Benckiser Deutschland GmbH entweder per Post oder auch per E-Mail. Auf der Unternehmenshomepage finden Sie aktuelle Angebote. Falls Ihre Traumposition nicht dabei sein sollte, fordert das Unternehmen Sie eindeutig zu einer Initiativbewerbung auf. Lesen Sie hierzu die Tipps im zweiten Kapitel dieses Insider-Dossiers zur Initiativbewerbung.

... über den Direkteinstieg:

Bei Reckitt Benckiser können Sie als Hochschulabsolvent oder auch als Young Professional beziehungsweise Quereinsteiger eine interessante und herausfordernde Karriere beginnen. Die Bewerbung für einen Direkteinstieg erfolgt unmittelbar auf die ausgeschriebenen Positionen, die Sie im Internet unter
→ www.reckittbenckiser.de/regio_de/jobs finden.

Darüber hinaus fordert das Unternehmen Sie auch hier zu Initiativbewerbungen auf, sofern Ihre Wunschposition nicht unter den Stellenangeboten zu finden ist.

Quelle: squeaker.net-Recherche der Unternehmensinformationen
(www.reckittbenckiser.de)

II. Food

Coca-Cola

Coca-Cola Erfrischungsgetränke Aktiengesellschaft

Coca-Cola Erfrischungsgetränke AG
Quartier 205
Friedrichstraße 68
10117 Berlin
Human Resources
Ansprechpartner: Dr. Gregor Fleischhauer
www.cceag.de

Das sagt das Unternehmen ...

... über sich selbst: *"Sell Coke or help to sell Coke!"*

Coca-Cola Erfrischungsgetränke AG (CCE AG) - das ist Innovation und Tradition, Regionalität und Großunternehmen, Konstanz und Veränderung - ganz einfach tägliche Arbeit mit und rund um das bekannteste Erfrischungsgetränk der Welt - Coca-Cola!

Die Geschichte der Marke Coca-Cola beginnt bereits im Jahr 1886, als der amerikanische Arzt und Apotheker John S. Pemberton einen Sirup erfand, der gegen Müdigkeit und Kopfschmerzen helfen sollte. Mit Sodawasser vermischt, wurde der erfrischende Durstlöscher - seit der Erfindung Coca-Cola genannt - nach zehn Jahren nicht nur in den USA flächendeckend verkauft, sondern auch nach Kanada, Hawaii und Kuba exportiert. 1892 wurde The Coca-Cola Company in Atlanta gegründet, die heute weltweit die Rechte an rund 400 Marken aus allen Bereichen alkoholfreier Getränke hat.

In Deutschland beinhaltet das Portfolio über 20 Marken mit mehr als 50 Produkten. Heute gehören die Erfrischungsgetränke des Coca-Cola Produktportfolios selbstverständlich zum Alltag vieler Menschen in nahezu allen Ländern der Welt. Unser Ziel ist es, diese Erfolgsgeschichte fortzusetzen und den hohen Ansprüchen unserer Kunden täglich mit bekannten und innovativen Produkten gerecht zu werden.

Bereits 1899 führte The Coca-Cola Company das noch heute geltende Lizenzsystem ein, bei dem Bottler als Lizenznehmer für die Produktion und den Vertrieb der Erfrischungsgetränke zuständig sind. Bottler sorgen dafür, dass Coca-Cola Markenprodukte „für jedermann auf der ganzen Welt und zu jeder Zeit einheitlich in Qualität, Geschmack und Verpackung auf Armeslänge verfügbar sind", wie dies bereits 1923 als Verkaufsstrategie von Robert W. Woodruff, President of The Coca-Cola Company, festgelegt wurde.

... über das Coca-Cola System in Deutschland:

Bereits seit über 75 Jahren ist Coca-Cola in Deutschland präsent. Die deutsche Tochtergesellschaft der The Coca-Cola Company ist die Coca-Cola GmbH. Sie vertritt deren Interessen in Deutschland. Die Coca-Cola GmbH ist insbesondere für die Markenführung, die Produkt- und Packungsentwicklung sowie nationale Marketing- und Sponsoringaktionen wie die Fußballweltmeisterschaft 2006 verantwortlich. Die CCE AG ist neben acht weiteren Bottlern der mit Abstand größte deutsche Lizenznehmer und repräsentiert rund 74 % des deutschen Coca-Cola Verkaufsvolumens. Dabei ist die erst 1996 aus dem Zusammenschluss mehrerer Konzessionäre gegründete CCE AG ein sehr junges Unternehmen mit rund 9.700 Mitarbeitern an 65 Standorten im gesamten Bundesgebiet. In 21 Abfüllfabriken werden Coca-Cola Produkte und Mineralwässer abgefüllt. Die Zentrale der CCE AG befindet sich in Berlin. Darüber hinaus gibt es noch die Coca-Cola Deutschland Verkauf GmbH & Co. KG, die die nationalen Großkunden aus Handel und Gastronomie in Deutschland betreut.

... über die Einstiegsbereiche:

Die CCE AG ist durch schlanke Strukturen und flache Hierarchien gekennzeichnet. Vier Vorstandsbereiche bilden die Managementbasis für den Unternehmenserfolg.

Marketing & Sales

Die CCE AG vertreibt ihre alkoholfreien Markengetränke über unterschiedliche Vertriebskanäle. Dazu gehören Supermärkte, bei denen sich die Kunden ihre Erfrischungsgetränke für zuhause kaufen, aber ebenso Kinos, Restaurants und Bars, bei denen die Getränke direkt vor Ort verzehrt werden. Durch gezieltes Handelsmarketing am Point of Sale und zielgruppengerechte Marketingaktionen im direkten Kundenumfeld, lenken die Mitarbeiter des Marketingbereiches und der Verkaufsförderung die Aufmerksamkeit immer wieder auf unsere Produkte und informieren über Produktneuheiten.

Dem Salesbereich kommt bei der CCE AG natürlich eine besonders große Bedeutung zu. Der Kunde steht bei uns immer im Mittelpunkt unseres Denkens und Handelns. Entsprechend sind alle unsere Aktivitäten, die direkten Einfluss auf unsere Kundschaft haben, von höchster Bedeutung. Unsere Key Account Manager und Verkaufsberater stellen vor Ort sicher, dass wir den hohen Erwartungen unserer Kunden zu jeder Zeit gerecht werden.

Supply Chain

Der Bereich Supply Chain sorgt für die Herstellung und Auslieferung unserer Erfrischungsgetränke bis zum Kunden. Eingeschlossen sind Einkauf, Produktion, Lagerhaltung und Distribution sowie das Qualitäts- und Umweltmanagement. Ziel ist es sicherzustellen, dass die richtige Ware, zum richtigen Zeitpunkt am richtigen Ort ist und das bei der hohen Coca-Cola Qualität zum niedrigst möglichen Preis.

Finance & Business Systems

Der Finanzbereich ist ein in alle Geschäftsprozesse des Unternehmens integrierter Business Partner, der mit seinem Know-how und seinen Instrumentarien die Erreichung der strategischen Ziele fördert. Dabei gewährleistet das Finanzmanagement eine ordnungsgemäße Rechnungslegung, steuert und überwacht die Finanzströme, erstellt Ertrags- und Kostenkalkulationen, plant Investitionen, rechnet Geschäftsmodelle, bewertet die Risikosituation und optimiert die steuerlichen Belange der CCE AG.

Die effiziente und zielgerichtete Nutzung moderner Informations- und Kommunikationstechnologien ist heute für jedes Großunternehmen ein entscheidender Erfolgsfaktor. Der Bereich Business Systems sorgt bei der CCE AG durch die Bereitstellung und kontinuierliche Weiterentwicklung der notwendigen technologischen Infrastruktur und der darauf aufbauenden Anwendungen sowie durch die Leitung und Mitarbeit in zahlreichen Projekten für beschleunigte Geschäftsprozesse. Dabei unterstützt Business Systems den Informationsfluss nicht nur innerhalb der CCE AG sondern auch zwischen der CCE AG und ihren zahlreichen Kunden. Hierzu müssen die IT Experten nicht nur die technologische Komponente sicher beherrschen sondern auch über ein ausgeprägtes Verständnis der Geschäftsprozesse des Unternehmens verfügen.

Personal & Recht

Modernes Personalmanagement ist nicht nur Verpflichtung aus Verantwortung gegenüber den Mitarbeitern, sondern auch eine entscheidende Voraussetzung für den Unternehmenserfolg. Das Personalressort der CCE AG bringt sich gestaltend in die Geschäftsprozesse ein. Hierbei haben sich die Stabsbereiche der Zentrale, wie beispielsweise Personal- und Organisationsentwicklung, Personalmarketing, Compensation & Benefits oder Personalcontrolling sowie die Personalabteilungen in den Verkaufsgebieten zu Service-Centern für interne und externe Kunden entwickelt. Das Dienstleistungsspektrum für den heterogenen Kundenkreis ist facettenreich und erstreckt sich vom Handling individueller Personalangelegenheiten über die fortlaufende Gremienberichterstattung und die inhaltliche Erarbeitung von Entscheidungsvorlagen zu personalrelevanten Fragestellungen bis hin zur Entwicklung und Umsetzung von Richtlinien, Konzepten und Programmen. Die Justiziare der juristischen Abteilung unterstützen und beraten die Unternehmensleitung sowie die Fachbereiche der CCE AG in allen sie betreffenden Rechtsfragen.

... über die Karriere mit Erfrischung!

Karriere bei der Coca-Cola Erfrischungsgetränke AG kann für Sie schon sehr früh beginnen. Zum Beispiel während des Studiums im Rahmen eines Praktikums oder einer Diplomarbeit. Hochschulabsolventen bieten wir zum Berufseinstieg die Möglichkeit eines Traineeprogramms beziehungsweise eines Direkteinstiegs.

Das Praktikum

Ihre im Studium erworbenen theoretischen Kenntnisse können Sie während eines Praktikums bei der Unterstützung im Tagesgeschäft sowie im Rahmen von Projektarbeit einsetzen. Dabei erweitern Sie ständig Ihren Erfahrungsschatz, bekommen tief greifende Einblicke in unser Unternehmen und können frühzeitig Kontakte knüpfen und halten - spätestens zum Studienende können Sie von diesen Vorteilen profitieren. Networking wird bei uns großgeschrieben. Regelmäßig finden Get-Together mit Praktikanten statt. Dabei haben Sie die Möglichkeit, sich mit Praktikanten aus anderen Abteilungen auszutauschen und diese kennen zu lernen.

Die CCE AG bietet in allen Unternehmensbereichen Praktika mit einer Dauer von drei bis sechs Monaten an. Für ein Praktikum sollten Sie das Grundstudium abgeschlossen haben, sehr gute Englischkenntnisse sowie Spaß an der Zusammenarbeit im Team mitbringen und Lust haben, sich neuen Herausforderungen mit Engagement und Verantwortungsbereitschaft zu stellen. Praktika werden mit bis zu 650 Euro pro Monat vergütet. Konkrete Praktikumsangebote finden Sie in unserer Jobbörse unter → www.cceag.de. Damit der Praktikumseinsatz entsprechend geplant werden kann, ist eine frühzeitige Bewerbung wichtig. Sinnvoll ist es, sich mit einem Vorlauf von drei bis vier Monaten für ein Praktikum zu bewerben.

Der Bewerbungsprozess startet mit dem Eintreffen Ihrer vollständigen Bewerbungsunterlagen bei uns. Diese können Sie uns als E-Mail- oder Paperbewerbung zusenden. Ihre Bewerbungsunterlagen werden entsprechend des Anforderungsprofils durch Human Resources geprüft und an die Fachabteilung weitergeleitet. Wenn wir einen positiven Eindruck von Ihren Bewerbungsunterlagen erhalten haben, führt die Fachabteilung ein Telefoninterview mit Ihnen durch.

Nach erfolgreichem Telefoninterview werden Sie zu einem Vorstellungsgespräch in der Fachabteilung eingeladen. Ziel ist es, sich gegenseitig gut kennen zu lernen, um festzustellen, ob man zueinander passt. Dabei werden Sie konkret über die Coca-Cola Erfrischungsgetränke AG sowie die Aufgaben und Rahmenbedingungen innerhalb des Praktikums informiert.

Erfahrungsbericht:

„Die Bearbeitung eines eigenen Projektes zum Thema Promotionsmechanismen und deren Effizienzmessung im Channel-Marketing des Haushaltsmarktes hat mir gezeigt, wie wichtig eigenverantwortliches Handeln und die Zusammenarbeit im Team sind. Da ich abteilungsübergreifend tätig war, lernte ich schnell die Prozesse des Unternehmens kennen - sowohl in der Zentrale der CCE AG als auch in den Verkaufsgebieten. Dadurch konnte ich wichtige Erkenntnisse über die Vernetzung von Marketing und Verkauf gewinnen."

Jan-Peter Farr, ehemaliger Praktikant im Bereich Operational Marketing H-Market

... was wir Ihnen über das Praktikum hinaus anbieten:

Wenn Ihre Leistungen und Ihr Engagement im Rahmen des Praktikums überzeugend waren, hat die Fachabteilung die Möglichkeit, Sie für das Praktikantenprogramm der CCE AG vorzuschlagen.

Im Rahmen des Praktikantenprogramms werden Sie auf Ihrem Karriereweg durch die CCE AG begleitet. Sie haben die Möglichkeit, im Rahmen eines weiteren Praktikums andere Unternehmensbereiche kennen zu lernen, an Workshops oder Seminaren teilzunehmen und weitere Netzwerke bei der CCE AG zu knüpfen. Am Ende des Studiums beraten wir Sie gezielt bei Ihrem Berufseinstieg – idealerweise bei der CCE AG.

Auslandspraktika

Die CCE AG als deutscher Bottler bietet ausschließlich Praktika in Deutschland an. Bei dem Wunsch, ein Praktikum bei einer Coca-Cola Gesellschaft im Ausland zu absolvieren, wenden Sie sich bitte direkt an die Gesellschaften in den Ländern, die für Sie von Interesse sind. Weitere Informationen hierzu finden Sie unter anderem im Internet unter → www.coca-cola.com.

Die Diplomarbeit

Als Diplomand bei der Coca-Cola Erfrischungsgetränke AG bearbeiten Sie selbständig, unterstützt durch regelmäßiges Coaching seitens Ihres Fachbetreuers, ein unternehmensrelevantes Thema. Idealerweise haben Sie für die Erstellung einer praxisorientierten Abschlussarbeit zuvor ein Praktikum bei der CCE AG absolviert. Dies ist von Vorteil, weil Sie dadurch die Unternehmensstrukturen bereits kennen und ausreichend Zeit haben, sich in das Thema der Diplomarbeit zu vertiefen und diese in dem seitens der Hochschule vorgegebenen Zeitraum zu bearbeiten.

Diplomarbeiten werden bei uns mit einer Prämie von 800 Euro nach Erstellung vergütet. Konkrete Ausschreibungen finden Sie in der Jobbörse auf unserer Homepage unter → www.cceag.de. Gerne können Sie sich initiativ bewerben, mit Ihren Themenvorschlägen für eine Diplomarbeit. Wir überprüfen dann den aktuellen Bedarf und ob wir eine kontinuierliche fachliche Betreuung gewährleisten können. Wenn Ihr Thema unser Interesse erweckt, kommen wir für die Konkretisierung des Themas in Abstimmung mit dem Fachbereich auf Sie zu.

„Ziel der Diplomarbeit war, ein Anlageninformationssystem für die Produktionsstandorte zu erstellen, mit dessen Hilfe die Auslastung der Abfüllanlagen optimiert werden kann. Um die notwendigen Daten für das Projekt zu erheben, besuchte ich mehrere Produktionsstandorte der CCE AG. Dadurch hatte ich die Möglichkeit – zusätzlich zur Diplomarbeit – Praxiserfahrungen im Tagesgeschäft zu sammeln. Nicht zuletzt führte die optimale Betreuung der Diplomarbeit im Unternehmen dazu, dass ich während dieser Zeit viele wertvolle Erfahrungen im technischen als auch im persönlichen Sinne gesammelt habe."

René Klockmann, ehemaliger Diplomand im Bereich Central Engineering

Das Traineeprogramm

Traineeprogramme bieten wir je nach Bedarf mit unterschiedlichen Schwerpunkten an. Die Bewerbungstermine des aktuellen Traineeprogramms mit den Schwerpunkten im Bereich Sales, Marketing, Finance oder Supply Chain (Production bzw. Logistics) erhalten Sie auf unserer Homepage. Als Trainee durchlaufen Sie im Rahmen des 18-monatigen Programms unterschiedliche Abteilungen des gewählten Schwerpunktes sowie wichtige Schnittstellenbereiche. Des Weiteren erhalten Sie durch schwerpunktübergreifende Stationen fundierte Einblicke in das deutsche sowie das internationale Coca-Cola Geschäft. Durch aktive Mitarbeit im operativen Tagesgeschäft und als Mitglied in Projektgruppen übernehmen Sie von Anfang an verantwortungsvolle Aufgaben. Die Rahmenbedingungen des Traineeprogramms beinhalten eine umfangreiche Weiterbildung - durch fachliche und überfachliche Trainings - sowie viele Möglichkeiten zum Networking. Regelmäßige Kamingespräche mit dem Vorstand sowie ein Mentoring durch einen erfahrenen Manager für die Dauer des gesamten Traineeprogramms ermöglichen Ihnen, vielfältige Erfahrungen zu sammeln und sich weiterzuentwickeln.

Hierfür suchen wir Absolventen, die eigene Ideen mitbringen. Nicht auf Anweisungen warten, sondern proaktiv handeln und dabei ihre analytischen und konzeptionellen Fähigkeiten zielgerichtet einsetzen. Personen, die mit Veränderungen positiv umgehen können, den Gestaltungsspielraum nutzen und als kommunikative Persönlichkeiten gerne im Team arbeiten. Des Weiteren sind Mobilität und Flexibilität von besonderer Wichtigkeit. Außerdem haben Sie Ihr Studium mit überdurchschnittlichem Erfolg abgeschlossen und erste praktische Erfahrungen - mit Bezug zu dem von Ihnen gewählten Schwerpunkt des Traineeprogramms - im Rahmen von Praktika bzw. Werkstudententätigkeiten bereits gesammelt. Und nicht zuletzt verfügen Sie über konversationssichere Englischkenntnisse, die Sie idealerweise während eines Auslandsaufenthaltes erworben haben und vertiefen konnten.

Informationen zum Traineeprogramm finden Sie ebenfalls unter → www.cceag.de im Bereich Jobs & Karriere. Vor dem Start eines Traineeprogramms können Sie uns persönlich kennen lernen, da wir auf unterschiedlichen Recruitingveranstaltungen in Deutschland dabei sind. Informationen hierzu erhalten Sie in unserem Veranstaltungskalender ebenfalls unter → www.cceag.de.

Trainees werden mittels eines Assessment Centers ausgewählt. Nach der Bewertung der eingegangenen Bewerbungen entsprechend des Anforderungsprofils werden im ersten Schritt mit einer Anzahl von Bewerbern Telefoninterviews geführt. Diejenigen Bewerber, die im Telefoninterview einen positiven Eindruck hinterlassen haben und überzeugen konnten, werden zum Assessment Center eingeladen.

„Würde ich heute noch einmal vor der Entscheidung stehen, direkt oder als Trainee einzusteigen, würde ich wieder denselben Weg wählen. Das

Traineeprogramm der CCE AG gab mir nämlich nicht nur die Möglichkeit, Erfahrungen in den verschiedensten Unternehmensbereichen zu sammeln und ein solides Vertriebswissen aufzubauen. Ich hatte auch viele Gelegenheiten, meine eigenen Stärken und Schwächen kennen zu lernen – und konzentriert an Letzteren zu arbeiten. Heute, nach zweieinhalb Jahren, bin ich nicht nur auf dem Weg zum Vertriebsprofi, sondern fühle mich auch bestens gewappnet, künftigen Herausforderungen ins Auge zu sehen."

Jörn Freundlieb, ehem. Trainee im Bereich Verkauf, heute Key Account Manager

Der Direkteinstieg

Beim Direkteinstieg bewerben Sie sich als Absolvent einer Universität oder Fachhochschule für eine Juniorposition. Im Unterschied zum Traineeprogramm übernehmen Sie von Anfang an einen konkreten Aufgabenbereich in einer bestimmten Abteilung. Einstiegsmöglichkeiten bestehen in Abhängigkeit vom Bedarf in nahezu allen Unternehmensbereichen. Als Direkteinsteiger werden Sie on-the-job von Ihrer Führungskraft bei der sukzessiven Übernahme Ihres Aufgabenbereiches intensiv begleitet. Ihre berufliche Entwicklung wird durch gezielte Weiterbildungsmaßnahmen – in fachlicher und überfachlicher Hinsicht – ergänzt.

Für einen Direkteinstieg haben Sie ebenfalls Ihr Studium mit überdurchschnittlichem Erfolg abgeschlossen und bereits einschlägige Praxiserfahrungen durch Praktika in Ihrem gewünschten Einsatzbereich gesammelt. Sehr gute Englischkenntnisse, ausgeprägte analytische und konzeptionelle Fähigkeiten, Eigeninitiative und Teamfähigkeit bilden hier die wichtigsten Kriterien des Anforderungsprofils. Konkrete Stellenangebote finden Sie in unserer Jobbörse unter → www.cceag.de. Ihre vollständigen Bewerbungsunterlagen können Sie als E-Mail- oder Paperbewerbung an uns senden. Direkteinsteiger werden im Rahmen eines Interviewtages ausgewählt. Die Interviews werden in der Fach- und in der Human Resources-Abteilung geführt. Je nach Position und Anforderungsprofil werden neben den Interviews auch Präsentationsübungen, Fallstudien oder Testverfahren durchgeführt.

„Das Praktikum bei der CCE AG hat Lust auf mehr gemacht. Recht abwechslungsreich gestaltete sich hier der Mix aus Unterstützung des Teams und selbständigem Arbeiten an verschiedensten Projekten. Gegen Ende des Praktikums bekam ich die Gelegenheit, mich weitestgehend auf ein größeres Projekt zu konzentrieren und verfasste anschließend meine Diplomarbeit zu diesem Thema. Der Übergang vom Studium in den Beruf war dann fließend. Direkt nach Abschluss der Diplomarbeit bin ich als Junior Channel Manager bei der CCE AG eingestiegen. Die ersten Monate im Job wurde ich durch ein individuell auf meine Bedürfnisse zugeschnittenes Einarbeitungsprogramm begleitet. Zu meinen Aufgaben gehören heute die Analyse der von mir betreuten Absatzkanäle im Einzelhandel, die Entwicklung der daraus resultierenden Handlungsempfehlungen für die Verkaufsmannschaft und die Steuerung und Umsetzung konkreter Verkaufsförderungsmaßnahmen. An der Schnittstelle zwischen dem

Key-Account-Management und dem Verkauf gestaltet sich mein Aufgabengebiet sehr abwechslungsreich." Mario Koziol, Junior Channel Manager

... über die Karriere nach dem Einstieg:

Je nach persönlichem Interesse können Einsteiger später eine Fach-, Führungs- oder Projektlaufbahn in unterschiedlichen Unternehmensbereichen einschlagen. Individuell abgestimmte Weiterbildungsmaßnahmen und ein Förderprogramm für Nachwuchskräfte bieten Orientierungshilfen für die Laufbahn. Einem Wechsel in andere Funktionen steht man bei der CCE AG aufgeschlossen gegenüber. Hier wird der Gedanke des Netzwerks großgeschrieben.

Bewerbungsmodalitäten & Tipps für Bewerber:

Da wir eine erste Vorauswahl anhand unseres Anforderungsprofils und Ihrer Bewerbungsunterlagen treffen, sollten Sie uns Ihre vollständigen Bewerbungsunterlagen zur Verfügung stellen:

- Anschreiben unter Angabe des gewünschten Einsatzbereiches inklusive frühestmöglichen Eintrittstermins sowie Darstellung Ihrer Bewerbungsmotivation für den genannten Bereich

- Tabellarischer Lebenslauf, Lichtbild und persönliche Interessen

- Zeugnisse (Abitur, Vordiplom, Diplom, etc.). Wenn Sie bei der Bewerbung für den Direkteinstieg beziehungsweise das Traineeprogramm das Diplomzeugnis noch nicht besitzen, senden Sie uns bitte eine von Ihrer Universität ausgestellte Notenübersicht über bisherige Diplomprüfungen und einen Hinweis auf noch ausstehende Prüfungen.

- Arbeitszeugnisse, Bescheinigungen über praktische Tätigkeiten.

Auf unserer Homepage unter → www.cceag.de im Bereich Jobs & Karriere finden Sie umfangreiche Informationen rund um die Karriere bei der Coca-Cola Erfrischungsgetränke AG. In unserer Jobbörse werden Praktika- und Stellenangebote veröffentlicht. Besuchen Sie uns im Internet! Wir würden uns freuen, wenn wir Sie für eine Karriere mit Erfrischung begeistert haben und Ihren Karrierestart bei uns verwirklichen werden!

Dr. Oetker

Dr. Oetker GmbH
Lutterstr. 14
33617 Bielefeld
www.oetker.de
personal@oetker.de

Das sagt das Unternehmen ...

... über sich selbst:

Die Marke Dr. Oetker ist in Deutschland weithin bekannt. Das Unternehmen richtet seit Jahrzehnten seine Strategie darauf aus, das Vertrauen der Verbraucher durch eine hohe, verlässliche Produktqualität sowie durch ständige Innovationen zu gewinnen und zu erhalten. Das ausgeprägte Qualitätsbewusstsein ist in allen Unternehmensbereichen von größter Bedeutung und ein entscheidender Erfolgsfaktor.

... über die Einstiegsmöglichkeiten:

Entsprechend Ihrer gewählten Studienschwerpunkte können Sie für Ihren Berufseinstieg zwischen den folgenden Fachbereichen wählen: Absatz (Marketing / Vertrieb), Controlling, Einkauf, Personal, Logistik oder Produktion und Technik. Das Unternehmen bietet sowohl Möglichkeiten für einen Direkteinstieg als auch für ein Traineeprogramm an.

... über das Traineeprogramm:

Das Traineeprogramm hat eine Dauer von 18 Monaten und ist ressortübergreifend organisiert. Sie lernen unterschiedliche Fachbereiche sowie die Schnittstellen zu anderen Unternehmensbereichen gezielt kennen. Dabei unterstützen Sie nicht nur im täglichen Geschäft, sondern werden auch mit anspruchsvollen Projekten betraut. Das Unternehmen legt einen hohen Wert auf selbständiges Arbeiten und die Übernahme von Verantwortung. Außerdem ist das Traineeprogramm international ausgerichtet, das heißt es beinhaltet einen bis zu sechsmonatigen Auslandsaufenthalt in West- oder Osteuropa, Kanada oder Südamerika. Dabei bearbeiten Sie ein länderspezifisches Projektthema.

Darüber hinaus nehmen Sie an einem interdisziplinären Traineeprojekt teil, das alle Trainees eines Jahrganges gemeinsam bearbeiten. Das Projekt wird direkt von der Geschäftsleitung beauftragt und ist von höchster Priorität für das Unternehmen. Das Programm wird durch regelmäßige Informations- und Gesprächsrunden inklusive Feedbackgesprächen mit Ihren Betreuern sowie projektbezogenen Seminaren und individuellen Weiterbildungsmaßnahmen abgerundet. Während der gesamten Traineezeit steht Ihnen ein Pate in allen Fragen mit Rat zur Seite.

Die Anforderungen sind ein sehr guter Hochschulabschluss, spezifische Fachkenntnisse entsprechend Ihrer Studienschwerpunkte, fachübergreifendes Interesse, Internationalität durch Auslandsaufenthalte, Sprachkenntnisse (Englisch und mindestens eine weitere Fremdsprache), Berufsausbildung beziehungsweise Praktika, außeruniversitäres Engagement, soziale Kompetenz, innovatives Denken und Teamgeist, Einsatz- und Leistungsbereitschaft, hohe Mobilität und Flexibilität. Detaillierte Informationen - auch eine Broschüre zum Download – über das internationale Traineeprogramm erhalten Sie auf der Homepage.

... über den Direkteinstieg:

Alternativ zum Traineeprogramm können Sie bei Dr. Oetker auch den direkten Einstieg als Berufseinsteiger oder Quereinsteiger wählen. Neben den fachspezifischen Kenntnissen sind Mobilität, Flexibilität und Engagement Kriterien, die für das Unternehmen von großer Bedeutung sind. Ebenso sollten Sie international orientiert sein, Fremdsprachen beherrschen und bereits im Studium oder durch Praktika erste Auslandserfahrungen erworben haben. Das Unternehmen hält detaillierte Informationen zum Direkteinstieg in der Online-Stellenbörse bereit.

Neben den stellenspezifischen Anforderungen erwartet das Unternehmen von Ihnen einen sehr guten Hochschulabschluss, spezifische Fachkenntnisse durch Schwerpunktbildung während des Studiums, fachübergreifendes Interesse und einschlägige Praktika.

Konkrete Einstellungstermine entnehmen Sie ebenfalls den aktuellen Stellenausschreibungen; auch Initiativbewerbungen sind willkommen.

Quelle: squeaker.net–Recherche der Unternehmensinformationen (www.oetker.de)

Danone

Danone GmbH
Richard Reitzner Allee 1
85540 München / Haar
Tel.: +49 (0)89 62733 0
www.danone.de

Das sagt das Unternehmen ...

... über sich selbst:

Wir sind als globaler Markenhersteller und weltweite Nummer 1 für Milchfrischeprodukte ein Unternehmen, das globale Geschäftsaktivität mit starkem lokalem Bezug verbindet, in dem wir die Nähe zu unseren Lieferanten, Kunden und Konsumenten pflegen.

Wir sind begeistert von unserer Arbeit und unseren Marken. Mit dem Mut, der Bereitschaft und dem Willen, für unsere Überzeugung Risiken einzugehen und neue Wege zu gehen, gestalten wir gemeinsam Zukunft. Dabei lernen wir aus Misserfolgen und überzeugen andere die Herausforderungen mit Spaß an der Arbeit anzupacken.

Im Denken und Handeln sind wir pragmatisch und hängen nicht an Formalitäten. Dadurch sind wir anpassungsfähig und können mit voller Energie die Zukunft gestalten und erfinderisch tätig sein.

... über die Karriere:

Spannende Marken, Freiraum für eigene Ideen, frühe Verantwortung und internationale Kontakte - das ist Danone. In Deutschland arbeiten rund 800 Mitarbeiter an vier Standorten an unserem Unternehmenserfolg. Die Hauptverwaltung der Danone GmbH befindet sich in München, unsere Werke in Rosenheim, Ochsenfurt und Hagenow.

Die Danone GmbH verbindet dabei die Vorteile eines mittelständischen Unternehmens mit flachen Strukturen mit denen eines weltweit agierenden Konzerns.

Unser Ziel ist es, kompetente Mitarbeiter zu gewinnen, die mit Initiative, Engagement und Spaß die Ziele unseres Unternehmens verfolgen. Uns ist es wichtig, dass Sie Aufgaben übernehmen, die Ihren Erwartungen und Ihren Qualifikationen entsprechen, damit Sie sich optimal weiterentwickeln können.

Dabei unterstützen wir Sie, indem wir Ihnen die besten Entwicklungsmöglichkeiten nicht nur mit regelmäßigen nationalen und internationalen Trainings und Seminaren bieten, sondern auch durch internationale Karrieremöglichkeiten in verschiedenen Unternehmensbereichen und Ländern.

Der Einsatz und das Engagement unseres Unternehmens für die Mitarbeiter wurden dieses Jahr in der aktuellen Studie „Top Arbeitgeber in Deutschland 2005" mit einem sechsten Platz unter den 20 TOP-Arbeitgebern und einem ersten Platz im Bereich **„Entwicklungsmöglichkeiten für die Mitarbeiter"** belohnt.

... über Personalentwicklung: Wir bringen Sie weiter!

Wir sind immer nur so gut wie unsere Mitarbeiter. Daher legen wir besonderen Wert auf kontinuierliche ziel- und aufgabenorientierte Weiterbildung. Entsprechend Ihrer aktuellen und zukünftigen Aufgaben bei Danone sowie Ihres persönlichen Profils entwickeln wir Sie weiter und unterstützen Sie mit gezielten Personalentwicklungsmaßnahmen – nationale und internationale Trainings, Workshops, Lernforen, multimediales und interaktives Lernen - auf Ihrem Karriereweg. Dazu steht Ihnen unsere Abteilung für Personalentwicklung mit ihrer Kompetenz zur Verfügung.

Unser Weiterbildungsangebot reicht von Managementtrainings bis hin zu fachlichen, EDV- und Sprachtrainings. Unseren Managern bieten wir ein Managemententwicklungsprogramm mit Trainingsmaßnahmen auf nationaler und internationaler Ebene an. Im Rahmen dieses Programms entwickeln wir Ihre methodischen und fachlichen Kompetenzen sowie Ihre Führungskompetenzen kontinuierlich weiter. Die Université Danone unseres Konzerns schafft ein Forum, auf dem Sie sich mit internationalen Kollegen austauschen können.

... über Programme für Nachwuchsführungskräfte:

Sie haben soeben Ihr Studium abgeschlossen oder beabsichtigen dies in naher Zukunft? Sie stehen am Beginn Ihrer beruflichen Karriere und suchen nach einer optimalen Perspektive für sich?

Mit unseren Nachwuchsprogrammen in den Funktionsbereichen Marketing & Sales und Industrial Management können Sie einen Grundstein für Ihre internationale Karriere bei Danone legen.

Marketing & Sales

Das Nachwuchsprogramm Marketing & Sales erstreckt sich über zwei Jahre und besteht aus drei Bausteinen: Account Management, Strategic Sales (Trade Marketing, Category Management) und Marketing.

Ein teilweise international ausgerichtetes Trainingsprogramm wird Sie auf Ihrem Karriereweg gezielt unterstützen. Wir bieten Ihnen Trainings, die Ihnen Wissen, Fertigkeiten und Tools für Ihre Arbeit im Marketing und Sales sehr praxisnah vermitteln. Darüber hinaus bereiten wir Sie für Ihre Aufgabe als Führungskraft vor.

Haben Sie Ihr Nachwuchsprogramm erfolgreich abgeschlossen, entscheiden die Fachabteilungen gemeinsam mit Ihnen über Ihre nächsten Karriereschritte. Das Nachwuchsprogramm hat keinen festen Starttermin. Ob es derzeit freie Plätze gibt, sehen Sie auf unserer Website unter → www.danonepeople.com, wo Sie sich über unser Online-Formular direkt bewerben können.

... unsere Erwartungen an unsere Nachwuchsführungskräfte im Marketing & Sales:

- Zügig abgeschlossenes Studium der Betriebswirtschaft mit dem Schwerpunkt Marketing
- Mindestens. vier Monate Praxiserfahrung im Bereich Marketing oder Sales
- Internationalität - mindestens drei Monate Auslandsaufenthalt aufgrund von Praktikum oder Studium
- Gute Fremdsprachenkenntnisse, vor allem in Englisch
- Kommunikations- und Teamfähigkeit, Initiative und Durchsetzungsvermögen
- Engagement im außeruniversitären Bereich

Erfahrungsbericht: Irina, Junior Manager, Marketing & Sales

„Wer als Einsteiger starke Marken sucht und in einem kooperativen Umfeld eigenverantwortlich arbeiten möchte, ist bei Danone genau an der richtigen Stelle. Wichtig dafür ist Aufgeschlossenheit, Offenheit für Neues sowie die Bereitschaft und auch Mut, eigene Wege zu gehen. Und das macht Danone auch für mich aus; die perfekte Mischung aus angeleitet werden und eigene Ideen einbringen können. Darüber hinaus zeichnet sich Danone für mich dadurch aus, dass eine sehr gute internationale Vernetzung zwischen den Danone-Ländern besteht und der Austausch zwischen diesen stark gefördert wird. Dies bietet Einblicke in fremde Märkte und Anregungen für die eigene Arbeit."

Industrial Management

Sie werden während des 20-monatigen Traineeprogramms die industriellen Bereiche (Produktion, Technik, Qualitätsmanagement) von Danone kennen lernen. Dort werden Sie dann an mehreren Standorten im In- und Ausland Projekt- und Führungsverantwortung übernehmen. Auch in unserer Hauptverwaltung in München werden Sie die Gelegenheit haben in Schnittstellenbereiche hineinzuschnuppern.

Wir bieten Ihnen die Möglichkeit, alle industriellen Bereiche eines Werkes kennen zu lernen und Projekte zu leiten. Dabei arbeiten Sie mit der Methode Six Sigma (Six Sigma ist eine strukturierte Methode zur Fehlereliminierung und hat zum Ziel Qualität zu optimieren, Kosten einzusparen und Durchlaufzeiten zu verringern). Sie haben außerdem die Chance bereits erste Führungsverantwortung zu übernehmen.

Durch die Teilnahme an verschiedenen Methoden- und Managementtrainings werden Sie auf Ihrem Karriereweg gezielt unterstützt. Wir bieten Ihnen Trainings, die Ihnen Wissen, Fertigkeiten und Tools für Ihre Arbeit im industriellen Bereich sehr praxisnah vermitteln. Dazu gehören insbesondere Schulungen zu Six Sigma. Außerdem finden regelmäßig Traineetreffen statt, bei denen Sie Ihre Erfahrungen mit anderen Nachwuchskräften austauschen können.

Das Traineeprogramm startet ungefähr alle zwei Jahre. Ob es derzeit freie Plätze gibt, sehen Sie unter → www.danonepeople.com, wo Sie sich über unser Online-Formular direkt bewerben können.

... unsere Erwartungen an unsere Nachwuchsführungskräfte im Industrial Management:

- Zügig abgeschlossenes Studium der Fachrichtungen Lebensmitteltechnologie, Lebensmittel- und Verfahrenstechnik, Ökotrophologie oder Vergleichbares
- Erste Praxiserfahrungen in der Lebensmittelindustrie zum Beispiel durch Praktika
- Internationalität – mindestens drei Monate Auslandsaufenthalt aufgrund von Praktikum oder Studium
- Sehr gute Fremdsprachenkenntnisse, vor allem in Englisch
- Kundenorientiertes Denken, Kommunikations- und Teamfähigkeit, Belastbarkeit, Zielstrebigkeit, Organisationstalent und Überzeugungskraft
- Engagement im außeruniversitären Bereich

... über den Direkteinstieg:

Sie wissen genau, was Sie wollen und haben durch Praktika oder eine Ausbildung schon erste Erfahrungen im entsprechenden Unternehmensbereich gesammelt?

Als Nachwuchsführungskraft sind Sie bei Danone für ein klar umrissenes Aufgabengebiet zuständig und übernehmen sofort Verantwortung. Ihre Einarbeitung erfolgt durch Training on-the-job und begleitende Trainings und Seminare off-the-job. Prinzipiell ist ein Direkteinstieg in allen Bereichen möglich.

... über Praktika:

In unserem Unternehmen können Sie interessante Praktika in den Bereichen Marketing, Finanzen, Einkauf, Personal, Vertrieb (Trade Marketing oder Category Management), Verpackungsentwicklung, Qualitätsmanagement und R&D absolvieren. Sie können dort in eigenverantwortlicher Projektarbeit und als Unterstützung im Tagesgeschäft Ihre Fähigkeiten unter Beweis stellen und wertvolle Erfahrungen sammeln. Diverse Praktikantenaktivitäten wie eine Werksführung oder das von den Praktikanten selbst organisierte Praktikantentreffen begleiten dies. Für Ihr Praktikum erhalten Sie je nach Erfahrung und Dauer eine Vergütung zwischen 550 Euro bis zu 770 Euro.

Erfahrungsbericht von Sonja, Praktikantin im Marketing

„Super spannend finde ich, dass man das Resultat seiner Arbeit später im Kühlregal eines Supermarktes entdecken kann! Ich finde es sehr gut, dass man bei Danone von Anfang an eigenständige Projekte übernehmen kann. Durch das entgegengebrachte Vertrauen und die Verantwortung fühlt man sich hier nicht als typischer Praktikant sondern eher als vollwertiger Mitarbeiter und wird ständig aufgefordert, seine Meinung zu sagen, die auch ernst genommen wird.

Von Anfang an wurde ich in spannende Projekte miteinbezogen. So habe ich zum Beispiel ein Projekt im Bereich Packaging übernommen, bei dem ich eng mit Designagenturen und Marktforschung zusammengearbeitet habe, war dabei wenn neue Geschmacksrichtungen getestet wurden oder war auch für den Test eines neuen Packungsformats verantwortlich. Ich hatte auch die Gelegenheit, Marktforschungsstudios zu besuchen und hier unsere Tests zu beobachten, und konnte sogar einmal selbst im Rahmen einer kurzen Befragung die Rolle des Interviewers übernehmen.

Sehr begeistert hat mich die offene und lebendige Kultur bei Danone. Kommunikation wird hier groß geschrieben und die Stimmung ist sehr freundlich. Ich habe viele Erfahrungen sammeln können und kann mir gut vorstellen auch nach meinem Studium im Marketing für Fast Moving Consumer Goods zu arbeiten."

... über das Bewerbungsverfahren:

1. Online-Bewerbung

Der Bewerbungsprozess bei der Danone GmbH erfolgt bevorzugt über unser Online-Tool. Die Bewerbungen gehen bei unserem zuständigen Recruiting Manager ein, von dem Sie eine Bestätigungsmail über den Eingang Ihrer Unterlagen erhalten. Gerne können Sie sich bei uns auch per E-Mail bewerben unter:
→ germany-job@danone.com

Schriftliche Bewerbungen richten Sie bitte an:

Danone GmbH
Personaldirektion
Richard-Reitzner-Allee 1
85540 Haar

2. Interviews

Wenn Sie mit Ihrem Profil unser Interesse geweckt haben, werden wir Sie zu einem ersten Interview zusammen mit dem Fachbereich einladen. Dabei möchten wir Sie einerseits als Menschen persönlich kennen lernen und auch Ihre fachlichen Qualifikationen erfahren. Ein zweites und drittes Gespräch mit weiteren Unternehmensvertretern kann folgen. In einigen Fällen führen wir aufgrund der Vielzahl der Bewerbungen vorab Telefoninterviews durch.

3. Recruiting-Day (für Nachwuchsprogramme)

Bewerben Sie sich für eines unserer Nachwuchsprogramme, werden wir Ihnen im Rahmen eines Recruiting-Days die Möglichkeit geben, gemeinsam mit anderen Bewerbern uns von Ihren Kompetenzen und Ihrem Potential zu überzeugen.

... was wir von Praktikanten und Hochschulabsolventen erwarten:

Von unseren **Praktikanten** wünschen wir uns

- ein abgeschlossenes Vordiplom
- Internationalität
- erste Praxiserfahrungen in namhaften Unternehmen
- Proaktivität und Kommunikationsstärke
- außeruniversitäres Engagement
- Flexibilität im Denken und Handeln

Hochschulabsolventen sollten zusätzlich verfügen über:

- zügig abgeschlossenes Studium mit überdurchschnittlich gutem Diplom
- Leadership-Qualitäten
- Eigeninitiative und Unternehmergeist

... was wir Praktikanten und Hochschulabsolventen bieten:

- Nachwuchsprogramme
- Praktikantenprogramm
- Université Danone
- Diplomarbeiten
- Werksführungen
- Beste Entwicklungsmöglichkeiten

Experten-Tipp für Bewerber:

„Wir leben unseren Enthusiasmus für unsere Produkte und unser Unternehmen. Zeigen Sie uns Ihre Begeisterung, das „Strahlen" in Ihren Augen und begründen Sie uns Ihre Motivation.

Bleiben Sie dabei authentisch! Nutzen Sie die Chance sich mit Unternehmensvertretern zu unterhalten und machen Sie sich einen Eindruck von der Unternehmenskultur!" empfiehlt **Tina Brückner**, **Recruiting Manager, Danone GmbH**.

Erfahrungsbericht von Thomas, Business Development Manager

„Danone wächst täglich weltweit und bietet ambitionierten Mitarbeitern vielfältige Entwicklungsmöglichkeiten. Du kannst bei Danone alles erreichen, es liegt nur an Dir, Deine Ideen mit Begeisterung zu verfolgen und andere davon zu überzeugen. Eigenständigkeit bestimmt die tägliche Arbeit in hohem Maße. Ebenso spielt unsere internationale Präsenz und Ausrichtung eine große Rolle. Den Austausch von Best Practices auch auf internationaler Ebene pflegen wir sehr stark. Es wird nie langweilig, da immer wieder neue Herausforderungen auf einen warten. Ich selbst zum Beispiel habe nicht länger als zwei Jahre ein und denselben Job gemacht.

Worauf ich stolz bin ist das Ergebnis unserer Arbeit. Unsere Danone-Marken sind Marktführer. Insbesondere ACTIMEL, wofür ich im Trade Marketing verantwortlich bin, ist unter den Top 3 der FMCG-Produkte in Deutschland."

CHRISTOPH MURMANN

Danone zeigt wie es geht

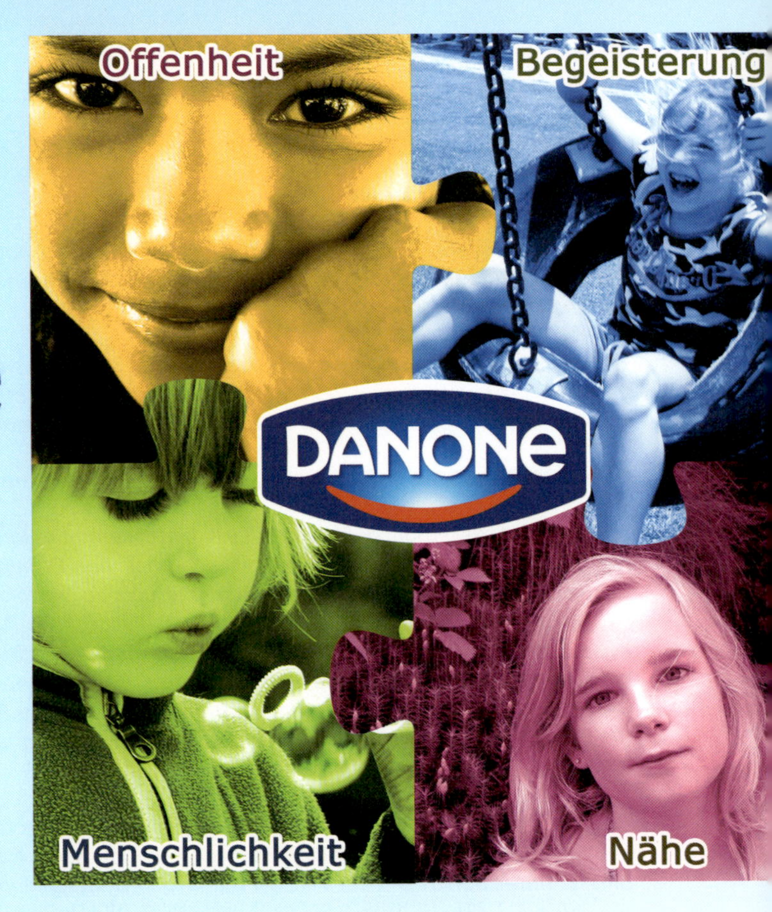

Wir befinden uns im Jahre 2004 nach Christus. Der ganze deutsche Markt ist von den Handelsmarken besetzt... Ganz Deutschland? Nein? Ein von unbeugsamen Galliern betriebenenes Unternehmen hört nicht auf, der Diskontierung Widerstand zu leisten:

Alle Liebhaber der Asterix-Hefte kennen das Szenario - und sie wissen, dass der kleine stolze Gallier einen Zug des französischen Nationalcharakters symbolisiert. Deshalb ist es wohl auch kein Zufall, dass sich mit Danone ausgerechnet ein französisches Unternehmen mit einer reinrassigen Markenpolitik nicht nur gegen den Trend behauptet, sondern sogar Rekordergebnisse erzielt. Im zweiten Jahr hintereinander meldet Danone für seine Probiotik-Marke Actimel Absatzzuwächse um 50 Prozent, und das ganze Unternehmen schreibt zweistellige Zuwachsraten. Angetrieben wird der Erfolg von nur vier Marken, jede davon ist Marktführer in ihrem Segment. Während andere Molkereien, auch führende Markenartikler ihre Produktion zunehmend mit Handelsmarken auslasten, liegt der Anteil solcher Lohnproduktion bei Danone weit unter 1 Prozent.

Dabei ging es auch Danone Deutschland vor drei Jahren gar nicht so gut. Die Bestseller Dany Sahne, Obstgarten und FruchtZwerge waren alle ein wenig in die Jahre gekommen. Sogar die wertmäßige Marktführerschaft musste n die Franzosen kurzzeitig an die viel aggressivere Molkerei Müller abgeben. Doch statt sich wie andere bedrängte Markenartikler mit Niedrigpreisen, zwei-für-eins-Aktionen und vor allem mit Handelsmarken retten zu wollen, verstärken die Münchner ihre Marketinganstrengungen. Marke für Marke wird überarbeitet: bessere Rezepturen, neue Verpackungen, teure Werbung ergänzt durch innovative Kommunikationsformen.

Inzwischen hat Danone damit wieder eher die Statur eines Obelix denn eines Asterix. Statt jedoch das Erreichte zu verteidigen und in die Defensive zu gehen, beginnt man im Oktober, mit einer neuen Marke Activia den Probiotik-Markt auszudehnen. Dafür wird ein Etat bereitgestellt, der, wie es heißt, „einer Kosmetikfirma zur Ehre gereichen" würde. Danone zeigt, wie es geht.

Quelle: Lebensmittel Zeitung vom 10. September 2004

Ferrero

Ferrero OHG mbH
Personalabteilung
60624 Frankfurt am Main
Telefon: +49 (0)69 6805 0
www.ferrero.de/karriere

Das sagt das Unternehmen...

... über sich selbst:

Am Beginn der Produktentwicklung steht eine kreative Idee; doch auch die raffinierteste Idee garantiert nicht den späteren Markterfolg. Auf dem Weg bis zum Productlaunch warten sorgfältige Analysen des Marktes und der Verbraucherpräferenzen. Ferrero zeichnet sich in diesem Prozess durch hohe Innovationskraft, unternehmerischen Geist und hohe Identifikation der Mitarbeiter mit dem Unternehmen aus. Tradition und kontinuierliche Änderungsbereitschaft sind für Ferrero kein Widerspruch, sondern Selbstverständlichkeit.

... über Praktika:

Ferrero bietet für die Dauer von acht bis zwölf Wochen Praktika im Marketing und Vertrieb an. Innerhalb eines Praktikums gibt das Unternehmen Ihnen die Möglichkeit, die Grundlagen der Marketingarbeit kennen zu lernen und mit relevanten In- und Outputinstrumenten zu arbeiten. Außerdem erhalten Sie Einblicke in die Analyse von Marktdaten und wirken bei der Erstellung von Promotionkonzepten mit. Die Durchführung von Store Checks und die Teilnahme an Meetings mit Werbeagenturen und Verpackungsdesignern sind ebenso selbstverständlich. Sie sollten sich etwa drei bis sechs Monate vor Ihrem Wunschtermin bewerben. Ihre vollständige Bewerbung senden Sie bitte an den Ansprechpartner in der Personalabteilung; genaue Informationen dazu finden Sie auf der Homepage.

... über das Traineeprogramm:

Marketing: Das Traineeprogramm dauert zwölf Monate und bietet Ihnen Arbeits- und Projekterfahrung on-the-job sowohl im Product Management als auch im Vertrieb sowie in den Bereichen Marktforschung, Media, Werbung, Einkauf und Produktion. Im Anschluss daran übernehmen Sie für ein Jahr die Verantwortung als Assistant Product Manager. Bei Erfolg und entsprechender Leistung wachsen Ihre Verantwortung und Herausforderungen rasch.

Vertrieb: Das Programm beginnt mit der Verantwortung für einen Verkaufsbezirk. Traineephasen in den Bereichen Verkaufsförderung, Product- und Key Account Management während des 18 Monate dauernden Programms runden Ihre Ausbildung ab. Anschließend erwartet Sie Ihre erste Führungsaufgabe: Sie übernehmen Verantwortung für eine Verkaufsgruppe von fünf bis acht Mitarbeitern. Ihr nächster Entwicklungsschritt ist die Übernahme einer eher strategischen Aufgabe in der Verkaufsförderung, in der Großkundenbetreuung oder in einem Projekt.

Finanzen / Controlling: Sie erhalten einen ersten Einblick für zwei bis drei Monate in der Zentrale in Frankfurt. Dies ist eine Vorbereitung für die Teilnahme am internationalen Ausbildungsprogramm im europäischen Ausland. Sie erhalten im Rahmen des Programms Einblicke in die verschiedenen Unternehmensbereiche, die Ferrero-Produkte sowie den Süßwarenmarkt. Das Programm durchlaufen Sie zusammen mit Trainees und Young Professionals aus anderen Ferrero-Gesellschaften. Workshops und Vorträge dienen dem Ausbau Ihrer Fachkenntnisse; ebenso werden Ihre Präsentationsfähigkeit und Sprachkenntnisse in Englisch und Italienisch verbessert. Praxis- und Projektphasen runden diesen Ausbildungspart ab. An dieses halbjährige Programm schließt sich eine Tätigkeit bei Ferrero Deutschland im Bereich Finanzen / Controlling an, um dort als Führungsnachwuchs on-the-job das operative Tagesgeschäft kennen zu lernen.

... über die Bewerbung:

Es gibt keine festen Einstellungstermine für Traineeprogramme oder Praktika. Bei Ihrer Bewerbung sollten Sie einen frühestmöglichen Eintrittstermin angeben. Die Bewerbung kann per Post an die in der Stellenanzeige genannte Adresse gesendet oder online abgeschickt werden.

Quelle: squeaker.net–Recherche der Unternehmensinformationen
(www.ferrero.de/karriere)

Kraft Foods

Kraft Foods

Kraft Foods Deutschland GmbH
Langemarckstraße 4-20
28199 Bremen
Ansprechpartner: Herr Roggenkamp
Tel.: +49 (0)421 599 3133
CRoggenkamp@krafteurope.com

Das sagt das Unternehmen ...

... über sich selbst:

„Helping people around the world eat and live better" – Hinter diesen Worten verbergen sich zugleich Vision und globaler Anspruch von Kraft Foods. Ein Anspruch, der beim Genuss unserer Lebensmittel beginnt und darüber hinaus genauso für das Vertrauen der Konsumenten in die Hochwertigkeit unserer Produkte und Serviceangebote gilt.

Als einer der global führenden Lebensmittelhersteller mit rund 98.000 Mitarbeitern weltweit und mehr als 190 Produktionsstätten in 70 Ländern vertreiben wir unsere Produkte in mehr als 155 Ländern. Unser Unternehmen ist in allen Ländern Europas vertreten, dort unter anderem in Madrid, Mailand, Bratislava, Oslo, London und Helsinki. Die Zentrale für Mittel- und Osteuropa ist in Wien, der Stammsitz für Deutschland am Standort Bremen.

Mit unverwechselbaren Marken sind wir in Deutschland führend in den Kategorien Kaffee, Süßwaren und Nahrungsmittel. Zum international erfolgreichen Portfolio zählen Marken wie Jacobs Krönung, Kaffee HAG, Milka, Toblerone, Philadelphia und Mirácoli. Neben der zentralen Verwaltung und der Produktion für Instantkaffee und Kaffeespezialitäten in Bremen gibt es bundesweit vier weitere Produktionsstandorte in Berlin, Bad Fallingbostel, Lörrach und Elmshorn sowie ein globales Forschungs- und Entwicklungszentrum für Nahrungsmittel und Süßwaren in München.

Kraft Foods ist bekannt für seine faire und vertrauensvolle Zusammenarbeit mit dem Handel und der Gastronomie. Denn wir unterstützen unsere Partner durch innovative Programme und sorgen für eine optimale Rundum-Betreuung. Ein schneller Umschlag und profitable Ergebnisse auf Handelsseite sprechen für unseren Erfolg. Dabei liefert unser Kraft Plus Programm auf der Basis von Marktforschungsdaten und Sonderanalysen wertvolles Know-how von der Logistik über das Sortiment bis hin zum Konsumenten, um Optimierungspotenziale entlang der gesamten Wertschöpfungskette konsequent ausschöpfen zu können.

Kraft Foods will nicht nur für seine Mitarbeiter der attraktive Arbeitgeber sein, sondern benötigt engagierte Persönlichkeiten, um auch weiterhin erfolgreich zu bleiben. Entlang der gesamten Wertschöpfungskette kann sich Kraft Foods auf gut ausgebildete und hoch motivierte Mitarbeiter verlassen. Das ist das Ergebnis der vielfältigen Entfaltungsmöglichkeiten und der individuellen Karriereförderung in unserem Hause.

Be yourself: Diversity

Vielfalt und Verschiedenartigkeit gehören zur Unternehmenskultur und tragen zum Erfolg von Kraft Foods bei. Mitarbeiter aus verschiedenen Abteilungen arbeiten gemeinsam im Diversity Council, um Impulse für eine Kultur der Vielfalt im Unternehmen zu geben.

Genauso honorieren wir die Motivation und den Einsatz unserer Mitarbeiter durch attraktive Arbeitsplätze mit vielfältigen Entwicklungsmöglichkeiten - ein Einsatz, der schon mit der Auszeichnung „Bester Arbeitgeber" mehrfach in Deutschland und Europa belohnt wurde. Wir empfinden diese Auszeichnung als Bestätigung unserer Unternehmenskultur.

Bei Kraft Foods bringen wir die unterschiedlichen Lebens- und Arbeitsmodelle soweit wie möglich mit den Ansprüchen des Konzerns in Einklang. So werden Arbeit und Leben zum Erfolg. Mit unserer familienbewussten Personalpolitik haben wir es beim Wettbewerb „Erfolgsfaktor Familie 2005" unter 128 großen Unternehmen in die Top 14 geschafft.

Be inspired: Angebote für Top-Studenten

Wenn Sie das Beste aus sich herausholen möchten, dann bietet Kraft Foods Ihnen das richtige Einstiegsprogramm – das „Assistant Development Program" (ADP) - für einen Einstieg als Führungsnachwuchskraft.

Zum Berufsstart: Einführung in das Unternehmen

Das „Assistant Development Program" bietet die Möglichkeit eines Direkteinstiegs, verbunden mit einem speziellen, auf Führungsnachwuchskräfte (Assistenten) zugeschnittenen Programm. Direkteinstieg bedeutet, dass Sie von Anfang an eigenverantwortlich einen eigenen Aufgabenbereich übernehmen. Das „Assistant Development Program" hat eine Dauer von zirka drei Jahren. Ein Traineeprogramm gibt es nicht.

In den ersten Wochen lernen Sie zum einen im Rahmen unseres Einweisungsprogramms „Welcome to Kraft Foods" eine Woche lang das gesamte Unternehmen kennen. Um das Geschäft in der Nahrungs- und Genussmittelbranche und unsere Produkte besser kennen und verstehen zu lernen, begleiten Sie eine Woche lang einen Außendienstmitarbeiter bei seiner Tour und erleben hautnah die Situation in den Märkten vor Ort. Darüber hinaus verbringen Sie eine weitere Woche in einem unserer Werke, um auch die Produktion vor Ort zu entdecken.

Ausbildung im Fachbereich

Nachdem Sie einen breiten Überblick über das Unternehmen als Ganzes gewinnen konnten, starten Sie in Ihrem Fachbereich. Dort arbeiten Sie als Assistant Manager eigenverantwortlich im Tagesgeschäft und an Projekten. Durch verschiedene Trainings und Seminare fördern wir sowohl die Entwicklung Ihrer fachlichen Fähigkeiten und Ihrer Methodenkompetenz als auch Ihre Führungs- und Sozialkompetenz. Diese Off-the-job-Maßnahmen sind zum einen verpflichtend für alle Assistenten, zum anderen individuell auf die speziellen Anforderungen Ihrer Position und Ihre persönlichen Entwicklungsbedarfe abgestimmt.

Rotation in einen weiteren Fachbereich oder ins Ausland

Nach zirka zwei Jahren in ihrem Fachbereich rotieren Sie dann weiter im Rahmen des Assistant Development Program für sechs Monate in einen anderen Fachbereich. Beispielsweise ist eine Rotation vom Marketing in den Vertrieb oder umgekehrt vorgesehen. Wenn Sie im Controlling anfangen, ist zum Beispiel eine Rotation in ein Werk geplant.

Alternativ zu dieser Rotation ist auch ein einjähriger Einsatz im europäischen Ausland möglich, den wir den besten Assistenten mit starker internationaler Ausrichtung optional ermöglichen. Ziel der Rotation ist es, eine breite Qualifizierung und Internationalität zu gewährleisten.

Vorbereitung auf die Managementposition

Im Anschluss an diese Rotation kehren Sie wieder zurück in Ihren Fachbereich. Dort beenden Sie nach zirka drei Jahren das Assistant Development Program und übernehmen erste Managementverantwortung.

Be rewarded: Vergütung, Incentives und Zusatzleistungen

Zum Einstieg ins ADP erwartet Sie ein Anfangsgehalt für Führungsnachwuchskräfte von zirka 41.000 Euro. Auch die Ausgewogenheit von Beruf und Privatleben unserer Mitarbeiter ist für uns von besonderer Bedeutung. Diese fördern wir unter anderem durch flexible Arbeitszeitmodelle, ein umfangreiches Betriebssportangebot und verschiedene gesundheitsfördernde Maßnahmen. Für junge Familien bieten wir eine vielfältige Unterstützung wie zum Beispiel einen Familienservice, die Kinderkrippe „Kraft Kids" oder einen Round Table für Mitarbeiter in Elternteilzeit.

Natürlich unterstützen wir Sie auch hinsichtlich Ihrer sozialen Absicherung durch das Angebot einer betrieblichen Altersvorsorge und die zusätzliche Förderung Ihrer privaten Altersvorsorge.

... unsere Anforderungen:

Unsere zukünftigen Führungskräfte müssen beim Einstieg ins ADP einige formelle Anforderungen erfüllen:

- Abgeschlossenes Hochschulstudium mit sehr guten Studienleistungen
- Erste Praxiserfahrungen durch qualifizierte Praktika im In- oder Ausland
- Außeruniversitäres Engagement
- Verhandlungssichere Englischkenntnisse
- Gute bis sehr gute EDV-Kenntnisse (MS-Office Paket, Internet)

Über diese „hard facts" hinaus legen wir viel Wert auf die Persönlichkeit und Einstellung unserer Mitarbeiter, die sich in unseren Geschäftsprinzipien widerspiegeln:

- **Fokus**: Wir ergreifen Chancen sofort und lieben die Herausforderung. Wir setzen klare Prioritäten und stellen dabei höchste Ansprüche an Qualität.
- **Innovation**: Wir sind jederzeit offen für Veränderungen. Wir entwickeln aus neuen Ideen fundierte Konzepte und setzen diese erfolgreich um.
- **Leidenschaft**: Wir motivieren uns zu Höchstleistungen, indem wir uns voll und ganz für unsere tägliche Arbeit einsetzen. Wir wollen uns ständig weiterentwickeln und nutzen deshalb jede Gelegenheit, uns neue Fertigkeiten und neues Wissen anzueignen.
- **Vertrauen** und **Teamwork**: Wir begegnen uns mit Respekt, Verantwortung und Offenheit. Wir verhalten uns stets kooperativ und vertreten unsere eigenen Interessen immer fair. Bei uns werden Wissen und Ideen geteilt.
- **Dynamik**: Wir ergreifen die Initiative und arbeiten uns schnell in neue Aufgaben ein. Bei Problemlösungen handeln wir entschlossen und flexibel.

Be Kraft: Anforderungen an unsere Führungsnachwuchskräfte

Sehr gute Chancen haben Hochschulabsolventen aus den Fachrichtungen BWL, Wirtschaftswissenschaften, Wirtschaftsinformatik, Jura und Ingenieurwesen (in den Werken). Wichtiger als die Fachrichtung sind jedoch die richtige Motivation und bestimmte erforderliche Eintrittskompetenzen wie Lernflexibilität, Problemlösungsfähigkeit, Ergebnis- und Handlungsorientierung, zwischenmenschliches Geschick sowie persönliches und fachliches Lernen.

... über den Bewerbungsprozess:

Hochschulabsolventen können sich ganzjährig für den Berufseinstieg bewerben. Über aktuelle Vakanzen können Sie sich in der Rubrik „Karriere" auf unserer Homepage → www.kraftfoods.de informieren. Das Bewerbungsverfahren läuft in der Regel in folgenden Schritten ab:

1. Der Recruitment-Prozess beginnt mit dem Eingang Ihrer vollständigen Bewerbungsunterlagen, die Sie uns momentan noch postalisch oder via E-Mail zukommen lassen können. Ab Ende des Jahres wird Ihnen dann unser Online-Bewerbungstool zur Verfügung stehen. Zu Ihrer ausführlichen Bewerbung gehören Anschreiben, tabellarischer Lebenslauf, sämtliche Zeugnisse über Schul- und Hochschulabschluss, etwaige Berufsausbildungen, bisherige Praktika und Berufserfahrungen sowie sonstige relevante Zusatzqualifikationen und Leistungen.

2. Eine erste Vorauswahl treffen wir anhand der Bewerbungsunterlagen und entscheiden gegebenenfalls nach einem Telefoninterview, ob wir Sie zu einem persönlichen Gespräch mit Vertretern aus der Fachabteilung und dem Bereich Human Resources einladen.

3. Der persönliche Eindruck ist uns sehr wichtig, weil wir die Menschen hinter einer interessanten Papier- oder Online-Bewerbung kennen lernen wollen. Besonderen Wert legen wir dabei auf Ihre Motivation, Ihre erworbenen fachlichen Qualifikationen und den Abgleich mit unseren Einstiegskompetenzen. Im Regelfall werden kleinere Fallstudien und Übungsaufgaben in diesen Interviewprozess integriert. Gegebenenfalls folgt ein weiteres Gespräch mit anderen Führungskräften aus dem Fach- und Personalbereich. In Einzelfällen kann das persönliche Gespräch auch als Panel-Interview geführt werden oder Bestandteil eines Assessment Centers sein.

   Sie sollten das persönliche Gespräch in jedem Fall dazu nutzen, um Ihre persönlichen Erwartungen mit unserer Unternehmenskultur und dem Anforderungsprofil der Stelle abzugleichen.

Haben wir Ihr Interesse geweckt? Dann sind wir gespannt auf Ihre Bewerbung und freuen uns darauf, Sie vielleicht schon bald persönlich kennen lernen zu können.

Tipps zur Vorbereitung:

Angesichts der Vielzahl eingehender Bewerbungen sollte Ihre Bewerbung aus der Masse hervorstechen. Die individuelle Note macht eventuell den Unterschied, verstellen sollten Sie sich aber nicht. Denn das, was Sie in Ihrer Bewerbung versprechen, sollten Sie jederzeit im persönlichen Gespräch auch halten können. Grundsätzlich sollten Sie sich im Vorfeld gut über unser Unternehmen informiert haben. Stimmen unsere Werte und Geschäftsprinzipien mit Ihren überein, ist der erste Schritt für eine erfolgreiche Bewerbung getan. Sollten Sie sich auf eine ausgeschriebene Stelle bewerben, ist es ratsam, sich vorher intensiv mit den Tätigkeiten und dem Anforderungsprofil auseinander zu setzen. Sind Ihnen Einzelheiten unklar, notieren Sie sich Ihre Fragen, die Sie ansonsten im Gespräch vielleicht vergessen zu stellen.

Im Gespräch sollten Sie das erzählen und fragen, was für Sie wichtig ist und nicht, was der Interviewpartner Ihrer Meinung nach hören will. Die Beschreibung Ihrer wichtigsten Aufgaben und Projekte während des Studiums und Ihrer Praktika sollten Sie beherrschen, auf „klassische" Fragen - persönlich und fachlich - sollten Sie vorbereitet sein. Auch hier wieder der Hinweis darauf, sich nicht zu verstellen. Wenn im Lebenslauf etwas nicht so rund lief, stehen Sie dazu, anstelle etwas zu erfinden. Zeigen Sie jedoch, dass Sie daraus gelernt haben und haben Sie Antworten auf das „Warum?".

... über Praktika zum Einstieg

Wir bieten in fast allen Unternehmensbereichen Praktika an. Sie sollten sich drei bis sechs Monate Zeit nehmen, um bei uns mitzuarbeiten und die gelernte Theorie in der Praxis anzuwenden. Das besondere an einem Praktikum bei Kraft Foods: Wir halten bei unseren Praktikanten mehr vom Training on-the-Job als vom Über-die-Schulter-Schauen. Sie haben ausreichend Gelegenheit zu Eigeninitiative, verantwortlichen Tätigkeiten und selbständigem Arbeiten. Es erwartet Sie eine Herausforderung, bei der hohe kommunikative Fähigkeiten und Teamorientierung gefragt sind. Dabei begleitet Sie neben dem Einsatz in einem bestimmten Fachbereich unser Praktikantenprogramm. Die Vergütung variiert in Abhängigkeit von der Praktikumsdauer zwischen 600 und 1.000 Euro pro Monat.

Mitbringen sollten Sie generell als fachliches Anforderungsprofil ein bestandenes Vordiplom beziehungsweise einen vergleichbaren Studienfortschritt, erste berufliche Erfahrung – etwa durch eine Ausbildung oder ein Praktikum – sowie sehr gute Englischkenntnisse und die sichere Beherrschung des MS-Office-Pakets. Bitte beachten Sie, dass wir Sie nicht als Praktikant/in berücksichtigen können, wenn Sie Ihr Studium bereits abgeschlossen haben.

...über unser Praktikantenprogramm:

In unserem Praktikantenprogramm lernen Sie in wöchentlichen Info-Sessions das Unternehmen als Ganzes kennen und haben so die Möglichkeit, fachbereichsübergreifende Prozesse zu verstehen und über den Tellerrand hinaus zu blicken. Ferner besteht die Möglichkeit zum „Networking" mit verschiedenen Unternehmensvertretern und anderen Praktikanten, wozu auch ein wöchentlicher Praktikantenstammtisch beiträgt, den unsere Praktikanten in Eigenregie organisieren.

Sie haben an interessanten Projekten mitgearbeitet und wollen diese oder Ihren Fachbereich im Praktikantenkreis vorstellen und somit Ihre eigenen Präsentationsfähigkeiten trainieren? Kein Problem! Unsere monatlichen Praktikantenforen stellen die geeignete Plattform dafür bereit. Zweimal jährlich findet ein Praktikantentag für alle Praktikanten statt. Dort bekommen Sie im Rahmen einer Werksbesichtigung Einblicke in die Produktion, können mit einem Mitglied der Geschäftsleitung diskutieren und nehmen an Workshops zu wechselnden Themen teil.

Im Anschluss an Ihr Praktikum erhalten Sie selbstverständlich ein qualifiziertes Zeugnis sowie ein ausführliches Feedbackgespräch mit Ihrem Vorgesetzten.

Fällt Ihre Potenzialbeurteilung sehr gut aus, werden Sie in einen Pool für potenzielle Führungsnachwuchskräfte aufgenommen. Wir halten den Kontakt mit Ihnen bis zur Beendigung Ihres Studiums und berücksichtigen Sie vorrangig bei der Besetzung zukünftiger Vakanzen.

Experten-Tipp: *„Ein zügiges und mit überdurchschnittlichem Erfolg abgeschlossenes Studium ist bei der Bewerbervorauswahl von großer Bedeutung. Ebenso wichtig ist uns aber, dass Sie bereits erste praktische Erfahrungen gesammelt haben. Den größten Wert legen wir jedoch auf Ihre Persönlichkeit: Selbstreflexion, Lernbereitschaft und Authentizität stehen bei unserer Auswahlentscheidung ganz hoch im Kurs!"* empfiehlt **Christian Roggenkamp**, Assistant Human Resources / Campus Marketing.

... über die Möglichkeit zur Diplomarbeit bei Kraft Foods:

Nach einem erfolgreich absolvierten Praktikum besteht für Sie zudem vereinzelt die Möglichkeit, Ihre Diplomarbeit in Zusammenarbeit mit Kraft Foods zu schreiben. Über die Vergabe von Praktikumsplätzen im Ausland entscheiden die Gesellschaften im jeweiligen Wunschland eigenständig. Bitte richten Sie Ihre Bewerbung direkt dorthin. Die Kontaktadressen finden Sie auf den lokalen Sites oder über → www.kraft.com.

Erfahrungsbericht über den Berufseinstieg bei Kraft Foods:

„Das Praktikum war für mich und viele meiner Prakti-Kollegen quasi die Eintrittskarte bei Kraft Foods. Während der sechs Monate habe ich unter anderem an der Neukonzeption des ADP mitgearbeitet, das ich anschließend selber durchlaufen durfte. Hier übernahm ich eigenverantwortlich vielfältige Aktivitäten auf dem Feld des Hochschulmarketings und arbeitete in der Personal- und Organisationsentwicklung an verschiedenen Projekten, die sich aus der Mitarbeiterbefragung ergeben haben. Die Ergebnisse konnte ich dem Personalmanagementteam und anderen Gremien vorstellen. Nach Abschluss des ADP leitete ich unter anderem Projekte zur Einführung eines neuen Kompetenzmodells und eines e-Recruiting-Tools, bevor ich vor kurzem in die Personalbetreuung wechselte und seitdem Ansprechpartner unseres Marketingbereiches bin. Die Vielzahl unterschiedlichster Herausforderungen begeistern mich auch heute noch und ich finde es toll, dass viele meiner damaligen Mit-Praktikanten heute in verantwortungsvollen Positionen quer durch alle Unternehmensbereiche arbeiten."

Elke Miltrup-Altunok, Human Resources Manager

Nestlé

Nestlé Deutschland AG
Lyoner Str. 23
60528 Frankfurt / Main
Tel.: +49 (0)69 6671 0
www.nestle.de

Das sagt das Unternehmen ...

... über sich selbst:

Für Nestlé spielen Menschen und ihre Entwicklung über alle Lebensabschnitte hinweg eine zentrale Rolle. Das Unternehmen sieht im Wettbewerb sich schnell verändernder Märkte den Erfolgsfaktor in den Mitarbeiterinnen und Mitarbeitern; diese machen die Marken und arbeiten gemeinsam am Unternehmenserfolg.

... über Praktika:

Nestlé bietet vielfältige Möglichkeiten theoretische Kenntnisse in der Praxis bei einem der größten Lebensmittelkonzerne der Welt anzuwenden und spannende Möglichkeiten, das gesamte Aufgabenspektrum eines Berufsbilds kennen zu lernen. Nestlé sucht Praktikanten, die an anspruchsvollen Projekten mitarbeiten wollen.

Grundsätzlich finden die Praktika in der Firmenzentrale in Frankfurt am Main statt. Produktionsnahe und technische Praktika können aber auch auf Ihre Initiative hin direkt am jeweiligen Werksstandort stattfinden. Kontaktieren Sie dafür die Werksstandorte direkt. Informationen finden Sie in der Rubrik → eRecruiting/Stellenangebote-aktuell. Mit Hilfe einer detaillierten Auswahlmaske finden Sie Ihr Wunschpraktikum und können sich darauf direkt bewerben. Die fachlichen Voraussetzungen entnehmen Sie bitte dem jeweiligen Stellenprofil Ihres Wunschpraktikums. Studenten erhalten eine monatliche Vergütung in Höhe von 600 Euro, Absolventen liegen bei monatlich 900 Euro.

Das Auswahlverfahren für Praktikanten basiert auf einer eingehenden Prüfung Ihrer Bewerbungsunterlagen, auf Interviews mit der jeweiligen Fachabteilung sowie in jedem Fall mit der Personalabteilung.

Auslandspraktika sind grundsätzlich möglich. Da Nestlé darüber dezentral entscheidet, senden Sie bitte Ihre Bewerbung direkt an die ausländischen Standorte. Kontaktadressen unter → www.nestle.com. Als Voraussetzung für ein Praktikum bringen Sie ein erfolgreich absolviertes Grundstudium, idealerweise erste praktische Erfahrungen im jeweiligen Funktionsbereich und in der Regel sechs Monate Zeit mit.

... über Traineeprogramme:

Im Traineeprogramm lernen Sie innerhalb von 24 Monaten die Nestlé Deutschland AG kennen. Von Beginn an schauen Sie über die Grenzen Ihres Fachgebietes hinaus, das heißt, Sie lernen neben der Nestlé Zentrale in Frankfurt, die Werke, den Außendienst und einen Auslandsstandort kennen. Fachliche und persönliche Weiterbildungsmaßnahmen sowie regelmäßiges Feedback dienen als Unterstützung. Ein Traineeprogramm ist in folgenden Bereichen möglich: Controlling, Supply Chain, Vertrieb und Personal.

... über das Bewerbungsverfahren für Trainees:

Die Voraussetzungen sind ein erfolgreich absolviertes Studium, fundierte praktische Erfahrungen in den jeweiligen Bereichen, Auslandserfahrung sowie idealerweise Branchenerfahrung.

Das Auswahlverfahren führt Nestlé anhand der Bewerbungsunterlagen, mittels Gesprächen mit der Fach- und Personalabteilung sowie der Geschäftsführungsebene durch. Nestlé erwartet einen ausführlichen Lebenslauf, in dem Sie Ihre praktischen Erfahrungen beschreiben hinsichtlich Funktion, Verantwortung und genauen Zeitangaben.

Einstiegstermine: Nestlé besetzt Traineestellen sukzessiv, das heißt es gibt keine festen Einstiegstermine. Alle aktuellen Vakanzen finden Sie im Internet.

Die Vielfalt der Marken und Produkte ist die Basis einer großen Bandbreite von beruflichen Optionen bei Nestlé, dem weltweit größten Konsumgüterhersteller. Dabei erwarten Sie unterschiedliche Kategorien, unterschiedliche Geschäftsfelder und Stationen im In- und Ausland.

Quelle: squeaker.net-Recherche der Unternehmensinformationen (www.nestle.de)

III. Sportartikelindustrie

adidas-Salomon

adidas-Salomon AG
Adi-Dassler-Platz 1-2
Human Resources / Emerging Employees
91074 Herzogenaurach
Tel.: +49 (0)9132 84 0
www.adidas.de

Das sagt das Unternehmen ...

... über sich selbst:

Das Ziel von adidas-Salomon ist es, die Führungsposition im Sportartikelmarkt zu übernehmen. Deshalb arbeitet das Unternehmen stets daran, die Marken zu stärken und weiter zu entwickeln. Adidas baut dabei auf fünf strategischen Grundpfeilern auf um den Markeneinfluss bei den Konsumenten zu optimieren und die Markenprofitabilität zu verbessern. Darunter versteht das Unternehmen eine konsumentenorientierte Konzernstruktur, eine führende Stellung bei Design und Innovation, Führungspositionen in allen Absatzmärkten, operationale Stärke sowie außerordentliche finanzielle Leistungskraft.

Die Arbeitsatmosphäre ist von der Leidenschaft für sportlichen Wettbewerb sowie der Dynamik und dem Lifestyle der Branche gekennzeichnet. Das kommt in der Firmenzentrale, dem Adidas-Campus, zum Ausdruck. Die Zentrale ist die „World of Sports" einschließlich Multifunktionshalle, Innovationszentrum, Stadion, Sportstätten, Mitarbeiterrestaurant „Stripes" und einem großen Gym, eingebettet in der Natur und eine erholsame Umgebung. Adidas ist internationaler als viele annehmen; allein in der Zentrale arbeiten 40 Nationen unter einem Dach zusammen.

... über Praktika:

Adidas bietet getreu dem olympischen Motto: „höher, schneller, weiter" jährlich etwa 120 Praktikantinnen und Praktikanten die Möglichkeit zu ersten Karriereschritten. Praktika können in Herzogenaurach in allen Bereichen, in denen auch Traineeprogramme angeboten werden, für die Dauer von sechs Monaten absolviert werden.

... über den Berufseinstieg: Traineeprogramm

Im Traineeprogramm, das zwischen 12 und 18 Monaten dauert, durchlaufen Sie die verschiedenen Abteilungen in Ihrem Bereich in einem ungefähr dreimonatigen Wechsel. Sie erhalten außerdem die Möglichkeit, internationale

Kontakte in Ihrer Auslandsstation aufzubauen und zu vertiefen. So gewinnen Sie einen umfassenden Überblick über das Unternehmen.

Adidas sieht das Traineeprogramm als Orientierungshilfe und ideale Vorbereitung auf eine spätere Position in einem Spezialgebiet. Als „Allrounder" mit einem breiten Fachwissen sind Sie in sehr unterschiedlichen Aufgaben einsetzbar. Die Traineeprogramme starten im November / Dezember eines jeden Jahres. Sie können sich für die folgenden Bereiche bewerben: Marketing (Product Management, Communication, Retail), Global Operations (Produktentwicklung, Product Costing, Qualitätsmanagement), Commercial Operations (Key Account, Retail, Business Development, Commercial Planning, Customer Marketing), Supply Chain Management (Management, Warehousing, IT, Controlling), Finance (Corporate Finance, Investor Relations, Controlling, Group Accounting) und IT (Infrastructure, Application Development & Services, IT Project Controlling, IT Architecture).

... über die Anforderungen an Bewerber:

Sie schaffen den Sprung ins Traineeprogramm, wenn Sie die Leidenschaft für den Sport teilen und darüber hinaus mit Freude Ihr Können und Ihre Leistungskraft in Projekten mit internationalem Charakter unter Beweis stellen. Außerdem fordert das Unternehmen Zielstrebigkeit, um gemeinsam im Team Ziele zu verwirklichen.

Ihre Studienerfolge sollen mit einer entsprechenden Spezialisierung hinsichtlich des gewünschten Traineeprogramms überzeugen. Ebenfalls sollten Sie erste Erfahrung in relevanten Praktika gewonnen haben und sich offen und selbstbewusst in der Welt bewegen. Ihr außeruniversitäres Engagement und Ihre internationale Erfahrung sprechen ebenso für Sie, wie Ihre sehr guten Englischkenntnisse und Ihre Mobilität und Flexibilität. Ihre postalische Bewerbung senden Sie an obige Adresse.

Quelle: squeaker.net-Recherche der Unternehmensinformationen (www.adidas.de)

Puma

Puma AG
Würzburger Straße 13
91074 Herzogenaurach
www.puma.com

Das sagt das Unternehmen ...

... über sich selbst:

Puma hat sich zum Ziel gesetzt, nicht nur die begehrteste Sport-Lifestylemarke, sondern auch das erste echte virtuelle Sportartikelunternehmen zu werden. Das bedeutet, dass Puma sich auf seine Kernkompetenzen Entwicklung, Design und Marketing konzentriert, während die Herstellung, Logistik und weitere operative Tätigkeiten ausschließlich durch Partnerunternehmen erledigt werden. Das führt dazu, dass eine relativ kleine Unternehmenszentrale mit wenigen Hierarchiestufen das globale Geschäft koordiniert.

Puma will seinen Kunden Produkte anbieten, die erfolgreich die verschiedenen Einflüsse aus der Welt des Sports, des Lifestyles und der Mode widerspiegeln. Das Unternehmen lebt die gemeinsamen Werte Faszination („Passion"), Offenheit („Openness"), Selbstvertrauen („Self-belief") sowie unternehmerisches Handeln („Entrepreneurship").

Die zentralen Geschäftsfelder und Aufgabenbereiche umfassen Design, Entwicklung und Marketing; dazu gehören die Unternehmensbereiche Schuhe, Textilien und Accessoires. Das Unternehmen hat mehr als 3.900 Mitarbeiter und seinen Stammsitz in Herzogenaurach in Deutschland.

... über die Karriere:

Puma ist ein Unternehmen, das Chancengleichheit bietet und Vielfältigkeit im Arbeitsumfeld fördert und damit einen wichtigen Beitrag leistet, um seine Verbraucher zu erreichen.

Puma sucht Menschen, die hoch motiviert sind und gerne mit anderen Menschen aus verschiedenen Kulturen in einer herausfordernden und spannenden Branche zusammenarbeiten möchten.

... über das Bewerbungsverfahren:

Bitte senden Sie Ihre vollständigen Bewerbungsunterlagen einschließlich Anschreiben, tabellarischem Lebenslauf, Zeugnissen, Gehaltsvorstellung und frühestem Eintrittstermin entweder postalisch an die obige Adresse oder per E-Mail an → human-resources@puma.com.

Sie können sich auch direkt an den in Ihrem Wunschland ansässigen Puma-Partner wenden. Bitte übersenden Sie Ihre vollständigen Bewerbungsunterlagen in der jeweiligen Landessprache. Die Adressen aller Puma-Partner finden Sie unter „Kontakt" auf der Website.

... über die Erwartungen an Praktikanten & Absolventen:

Der ideale Kandidat sollte ein ernsthaftes Interesse an der Sportartikelbranche im Allgemeinen und an Puma im Besonderen zeigen. Das Unternehmen erwartet einen Universitäts- oder Fachhochschulabschluss, Offenheit und Zuverlässigkeit, Kommunikationsstärke und Organisationstalent, Engagement und Flexibilität, unternehmerisches Handeln und Selbstvertrauen, Aufgeschlossenheit für ein internationales Umfeld, Sportbegeisterung, sehr gute Englischkenntnisse und gute MS-Office-Kenntnisse.

... über Angebote an Praktikanten & Absolventen:

Puma bietet zum Berufseinstieg ein Traineeprogramm an. Das Hauptziel des Traineeprogramms „tailor-made" ist es, Top-Nachwuchskräfte für spätere Aufgaben sowohl bereichsspezifisch als auch bereichsübergreifend zu qualifizieren und zu entwickeln. Das beinhaltet selbstverständlich auch internationale Einsätze.

Um die faszinierende Welt der Sportartikelindustrie kennen zu lernen, werden Sie von Anfang an in internationalen Teams in den täglichen Ablauf und die laufenden Projekte integriert. Sie lernen während Ihres Traineeprogramms in wechselnden Funktionen die unterschiedlichen Prozesse und Strukturen aus nächster Nähe kennen. Die Dauer des Programms beträgt mindestens zwölf Monate. Das Unternehmen stimmt die jeweiligen Stationen Ihrer Traineeausbildung individuell mit Ihnen ab.

Quelle: squeaker.net-Recherche der Unternehmensinformationen (www.puma.de)

Nike

Nike International Ltd
Hessenring 13a
64546 Mörfelden-Walldorf
Tel.: +49 (0)6105 205405
www.nikejobs.com

Das sagt das Unternehmen ...

... über sich selbst:

Nike ist der größte Sportartikelhersteller der Welt und ist führend in der Entwicklung modernster Sport- und Funktionsbekleidung sowie Sportausrüstung. Dabei ist das Unternehmen ein innovationsgetriebener Trendsetter. Nike gewinnt sein modernes und sportliches Image vor allem durch Werbeträger aus dem Sport und ein intensives Sport- und Eventmarketing.

... über Praktika:

Ein Praktikum in der deutschen Zentrale von Nike verschafft Ihnen nicht nur praktische Erfahrung sondern auch die nötigen Fachkenntnisse, um in einer multinationalen und multikulturellen Umgebung Ihre gelernte Theorie in die Praxis umzusetzen. Abhängig von Ihrer Vorbildung bietet Nike diverse Möglichkeiten, die von Produktdesign und Produktentwicklung über Finanzen, Sportmarketing und Logistik bis zu Facility Management und Personalwesen reichen. Als Praktikant erhalten Sie Einblick in eines der bekanntesten multinationalen Unternehmen, das sowohl auf nationaler als auch internationaler Ebene operiert.

Praktika beginnen während des gesamten Jahres über in der deutschen Zentrale von Nike. Auf der Website finden Sie stets aktuell sämtliche Angebote. Die Dauer der Praktika ist unterschiedlich: Grundsätzlich werden Praktika für etwa sechs Monate angeboten, sind aber auch für drei Monate möglich. Die überwiegende Mehrheit der Praktikumsplätze wird in der deutschen Zentrale in Mörfelden, bei Frankfurt am Main, vergeben; es gibt auch einige Praktikantenstellen in Berlin.

... über das Bewerbungsverfahren:

Auf der Homepage des Unternehmens finden Sie Informationen darüber, wie Sie sich für ein Praktikum in der deutschen Zentrale bewerben:

1. Suchen Sie sich auf der Seite „Praktika" ein Praktikum aus, für das Sie aufgrund der Anforderungen und Ihren dazu passenden Kenntnissen und Interessen in Frage kommen.

2. Füllen Sie die Online-Bewerbung aus und melden Sie sich mit Ihrer E-Mail-Adresse an.

3. Sie werden gebeten, auf einigen Abfragemasken Angaben zu Ihrem Lebenslauf und Ihrer Bewerbung zu machen. Nike möchte hierbei etwas über Ihren Bildungsweg und Ihre Person erfahren. Die Dateneingabe dauert etwa 15 Minuten.

4. Zur Bestätigung erhalten Sie eine E-Mail, dass Ihre ausgefüllte Online-Bewerbung in der Nike Datenbank eingegangen ist.

5. Sollte es zu einem Zeitpunkt keine Möglichkeiten für Sie geben, ein Praktikum zu absolvieren, können Sie ein persönliches Profil erstellen, um Ihre Angaben in der NIKE Datenbank zu speichern. Während des gesamten Jahres werden neue Möglichkeiten angeboten. Mit Hilfe des gespeicherten Profils können Sie sich zu jedem späteren Zeitpunkt für eine Stelle bewerben, die Ihren Kenntnissen und Interessen entspricht.

... über die Erwartungen an Praktikanten:

Nike sucht Praktikanten, die vorzugsweise im dritten oder vierten Jahr Ihres Studiums sind und der Praktikantenstelle entsprechende Kenntnisse aus Vertiefungsfächern mitbringen.

Gesucht werden Studenten der folgenden Gebiete: Wirtschaftswissenschaften, Informationswissenschaft, Sportwissenschaften oder Geisteswissenschaften. Ihr Deutsch und Englisch sind fließend. Bei internationalen Bewerbungen sollten Sie eine gültige Arbeitserlaubnis für die Europäische Union besitzen.

Quelle: squeaker.net-Recherche der Unternehmensinformationen
(www.nikejobs.com)

IV. Ausblick: Die ersten 100 Tage im Job

Die ersten 100 Tage eines Berufsanfängers sind eine harte Probe voller Fallen und Fettnäpfchen, meist Kleinigkeiten, die jedoch eine Karriere ruinieren können, noch bevor sie richtig begonnen hat. Unbekannte Gesichter und Namen, Abkürzungen, Rituale, Dresscodes und vieles mehr stürmen auf Sie als Einsteiger ein. Da der erste Eindruck zählt, wollen Sie natürlich keine Fehler machen, sondern vor allem durch Leistung überzeugen. Denn wer anfänglich nicht überzeugt, hat es später doppelt schwer. Eifrig oder leider häufig übereifrig schießen neue Kollegen dabei über das Ziel hinaus und erreichen genau das Gegenteil. Eine Studie der Personalberatung Kienbaum identifiziert vor allem persönliche Defizite als Ursache für das Fehlverhalten vieler hoffnungsvoller Nachwuchsführungskräfte. Vermeiden Sie die typischen Anfängerfehler.

Treten Sie niemals überheblich und übertrieben engagiert, sondern bescheiden auf. Viele Personaler und erfahrene Manager raten Ihnen: *„Fordern Sie nicht sofort die großen und schillernden Aufgaben, sondern leisten Sie den von Ihnen geforderten Beitrag zum Team- oder Projektergebnis."* Berufseinsteiger, die an sich und ihren Arbeitsplatz zu hohe Ansprüche richten, können sich nicht integrieren, überschätzen sich oder vergraulen Kollegen durch Besserwisserei. Das Ergebnis unserer Interviews mit Bewerbern, Berufseinsteigern und Personalern ist, dass von Ihnen als Hochschulabsolvent und neuem Kollegen keine Wunder erwartet werden, sondern vielmehr, dass Sie schnell in das Team hineinwachsen und zunächst einmal lernen, lernen und nochmals lernen. Eine selbstbewusste Zurücknahme und Anpassung an die Spielregeln im Unternehmen ist daher sicherlich für alle Beteiligten am sinnvollsten. Daher ist es umso wichtiger, dass Sie sich gut über die Kultur und das Unternehmen informieren, damit aus dem Anpassen kein Verbiegen wird. Natürlich sollen Sie mit Ihren Talenten und Fähigkeiten nicht hinterm Berg halten, aber grundsätzlich geduldig auf Ihren Auftritt warten.

Anstatt die Abteilung, den Arbeitsplatz oder die Kollegen umzukrempeln, sollten Sie offen sein und genauestens die Codes und Rituale beobachten und dechiffrieren: Gibt es einen täglichen Teamlunch um 12.00 - so gehen Sie natürlich mit, duzen sich alle - sollten Sie es auch tun, gibt es eine besondere Kleiderordnung Ihrer Abteilung - halten Sie sich daran.

Nehmen Sie Einladungen, offizielle wie inoffizielle, an und bauen Sie ein Netzwerk auf. Besorgen Sie sich die Organigramme der Abteilungen, mit denen Sie regelmäßig zu tun haben und stellen Sie sich persönlich, zumindest durch einen Anruf vor, sofern Sie nicht durch Kollegen vorgestellt werden. Das persönliche Gespräch ist durch nichts zu ersetzen, um einen guten zwischenmenschlichen Kontakt herzustellen, der sich natürlich auch positiv auf die Zusammenarbeit überträgt und um ein effektives Netzwerk aufzubauen. Investieren Sie in diese frischen sozialen Kontakte, indem Sie nach dem Wochenende fragen, mal einen Kaffee ausgeben, Hilfe anbieten und durch diese kleinen Gesten Kontaktbereitschaft signalisieren. Finden Sie die sozialen Mittelpunkte im Unternehmen, also die Orte, an denen auch informell gesprochen wird: Gibt es eine Kaffeeküchenkultur - so sollten Sie zumindest hin und wieder dort einen Kaffee mittrinken. Es ist viel wert, wenn Sie das Spiel hinter den Kulissen durchschauen, doch seien Sie vorsichtig bei Klatsch und Tratsch. Setzen Sie keine Gerüchte in die Welt, sondern beobachten Sie und hören Sie zu.

Unabdingbar für Ihre Karriere ist es, die anfängliche Zurückhaltung nach einer Phase der Einarbeitung abzulegen und mit dem ersten geernteten Respekt ein Profil zu entwickeln. Diesen „Wendepunkt" erkennen Sie daran, dass Sie für die ersten Projekte und Aufgaben, die Sie gemeinsam und erfolgreich durchgeführt und unterstützt haben, Anerkennung und Zuspruch ernten. Warten Sie geduldig den Punkt ab, an dem Sie Kredit für die guten Vorschläge und Ideen erhalten, die Sie beigesteuert haben. Haben Sie dadurch Ihren Platz in der Hackordnung erobert, dürfen Sie Abläufe offen hinterfragen und konstruktiv Kritik üben. Auch ein freundliches, aber bestimmtes „Nein" kann dann Meinungsstärke beweisen, wenn Sie sich einmal freischwimmen müssen. Es wird nun auch erwartet, dass Sie von selbst Initiative ergreifen und Ideen artikulieren und Aufgaben von allein anpacken. Ab diesem Zeitpunkt gewinnen Sie an notwendiger Profilschärfe, was unabdingbar dafür ist, aus der Masse herauszuragen.

Abschließend wünschen wir Ihnen viel Erfolg bei Ihrer Bewerbung im Namen von squeaker.net und den Partnerunternehmen dieses Buches. Wir empfehlen Ihnen, dass Sie sich bei Ihrer Bewerbung auf das jeweilige Unternehmensprofil beziehen. Zeigen Sie, dass Sie sich im Vorfeld ausführlich informiert haben.

D. Lösungen zu Testaufgaben

Mathematische Testaufgaben

1. Dreisatz

Aufgabe 1:

i) Tagesproduktion: $36m^3$

ii) Wochenproduktion: $252m^3$

iii) Anzahl Flaschen:

60% · 1 l Flaschen <-> $151{,}2m^3$ = 151.200 l
40% · 0,5l Flaschen <-> $100{,}8m^3$ = 100.800 l abgefüllt in 0,5l
ergibt 201.600 Flaschen à 0,5l
somit insgesamt 352.800 Flaschen

Aufgabe 2:

2.500 · 20 = 50.000 Einheiten
50.000 Einheiten / 2 Wochen = x Einheiten / 26 Wochen
x = 25.000 · 26 = 650.000

Aufgabe 3:

LKW: 38 Euro-Paletten à 56 Pakete „Jumbo Pack" à 15 kg
Gewicht 1 Euro-Palette: 56 · 0,015t = 0,84t
x / 30 = 1 / 0,84 >> x = 30 / 0,84 = 35,7 Paletten
also 35 Paletten

Aufgabe 4:

0,75 € / 5t = x / 30 t
(0,75 / 5) · 30 = x
x = 4,5 € / km · 175 km = 787,5 Euro

Aufgabe 5: x = 8/3

Aufgabe 6: x = 17.500

Aufgabe 7: x = 8

Aufgabe 8: 3 / 1 = 4,5 / x <-> 1,5 Packungen Kaffee

Aufgabe 9: 30 · 16 = x · 48 <-> x = 10 Arbeiter

Aufgabe 10: 330 / 1,99 = 500 / x <-> x= 3,02 Euro

2. Prozentrechnung

Aufgabe 1: 0,6 · 0,15 = 0,09 <-> 9 % Erfolg durch Männer

Aufgabe 2: 0,15 / (0,15+0,25) = 0,375 entspricht 37,5 % der gute Ergebnisse durch Männer

Aufgabe 3: 384€ inkl. Rabatt versus 448 € (inkl. Aufschlag) daher 64 € Differenzbetrag

Aufgabe 4: 6 / 5 = 1,2 <-> somit 20% Gewinn

Aufgabe 5: 18,6 Tonnen

3. Zinsrechnung

Aufgabe 1: 15.360 Euro

Aufgabe 2: 2,8% (Jahreszins = 2.800 · 4 = 11.200)

Aufgabe 3: Bank A: 20 %, Bank B: 10 %, Bank C: 15 %

Aufgabe 4: 267 Tage

Aufgabe 5: Empfehlung für Angebot B: 256.000 Euro Zinsen, da dieses günstiger als Angebot A: 264.000 Euro ist.

4. Wechselkurse (gerundete Wechselkurse auf zwei Nachkommastellen)

Aufgabe 1: 21,50 Euro

Aufgabe 2: 255.175 Euro

Aufgabe 3: 5.265.000 Euro (0,26 Euro = 1 Zloty)

Aufgabe 4: Der polnische Standort liegt bei 114.218 Euro und ist damit günstiger als der deutsche Standort.

Aufgabe 5: 23.089.400 Yen

5. Räume und Flächen

Aufgabe 1: $A = a \cdot b$ und $b = 1{,}5\,a$
$A = a \cdot 1{,}5a = 1{,}5a^2$
$216 = 1{,}5a^2$ <-> $a = 12$ und
$b = 18$ <-> Länge = 30 m

Aufgabe 2: $V = 3/1 \cdot 3/2 \cdot 3/4 = 27 / 8\ m^3$
$= 27.000 / 8$ Liter = 3.375 Liter

Aufgabe 3: 3. Wurzel aus 27 / 8 = 3/2 = 1,5 m

Aufgabe 4: 21 kg

Aufgabe 5: 0,52 m^2

Zahlenreihen und Zahlenmatrizen

Lösungen zu "mathematisches Schema erkennen"

Aufgabe 1: – 3; + 10; ± 0

Aufgabe 2: : 2; +20; - 5

Aufgabe 3: – 3; - 3; · 2

Aufgabe 4: · 1; · 2; · 5

Aufgabe 5: + 10; +10; : 2

Lösungen zu "fehlende Zahl ergänzen"

Aufgabe 1: 50 (Zahlen werden immer durch 2 dividiert)

Aufgabe 2: 0 (es wird immer 5 addiert)

Aufgabe 3: 515 (es wird immer 15 subtrahiert)

Aufgabe 4: 24 (Zahlen werden immer mit 2 multipliziert)

Aufgabe 5: 96 (es wird immer 3 addiert)

Wochentage

Aufgabe 1: Sonntag

Aufgabe 2: Dienstag

Aufgabe 3: Sonntag

Aufgabe 4: Samstag

Aufgabe 5: Freitag

Aufgabe 6: heute

Aufgabe 7: Donnerstag

Aufgabe 8: Mittwoch

Aufgabe 9: Donnerstag

Aufgabe 10: Montag

Wort- und Sprachverständnis

1. Gleiche Wortbedeutung

Aufgabe 1: a)

Aufgabe 2: b)

Aufgabe 3: c)

Aufgabe 4: e)

Aufgabe 5: c)

2. Analogien

Aufgabe 1: e)

Aufgabe 2: a)

Aufgabe 3: d)

Aufgabe 4: b)

Aufgabe 5: b)

3. Textanalyse

Aufgabe 1: b)

Aufgabe 2: a)

Aufgabe 3: c)

Flussdiagramme

1. Diagramm:

1) c) flüssig? – 2) b) Geschirrspülmittel? – 3) b) Produkt ist Tabs

2. Diagramm:

1) d) Entsorgung – 2) b) beschädigt? – 3) d) A-Produktion

Interpretation von Grafiken und Tabellen

Problem Solving Test

1 – C, 2 – A, 3 – C, 4 – D, 5 – B, 6 – C,

7 – C, 8 – C, 9 – E, 10 – D, 11 - B

Brainteaser

Aufgabe 1: Kugeln wiegen

Teilen Sie die neun Kugeln Paare zu je drei Kugeln auf. Nehmen Sie nun zwei dieser Paare und wiegen Sie die Kugeln (drei zu drei).

Möglichkeit 1: Die sechs Kugeln sind gleichschwer, also scheiden diese Kugeln aus. Aus den restlichen drei Kugeln kann in einem weiteren Wiegevorgang – eine zur Seite und die beiden anderen wiegen – die schwerste Kugel ermittelt werden.

Möglichkeit 2: Die Waage schlägt in eine Richtung, somit ist die Kugel unter den drei Kugeln auf der schwereren Seite dabei. Unter diesen drei Kugeln kann analog zu oben in einem Schritt die schwerste Kugel ermittelt werden. Somit kann in jedem Fall die schwerste Kugel in zwei Schritten ermittelt werden.

Aufgabe 2: Wassermelone

Die Wassermelone wiegt 2.000 Gramm und hat einen Festgehalt von 1 %, also 20 Gramm. Wenn der Wassergehalt sinkt, dann steigt zwar der Festgehalt in Prozent, absolut betrachtet beträgt der Festgehalt bei der betrachteten Wassermelone jedoch immer noch 20 Gramm. Wenn der Wassergehalt auf 98 % sinkt, dann bedeutet das, dass diese 20 Gramm Festgehalt jetzt 2 % des Gewichts ausmachen. Die Wassermelone wiegt also nach dem Wassergehaltsverlust mit 1.000 Gramm nur noch die Hälfte gemäß der Rechnung: 20 Gramm dividiert durch 2 %.

Aufgabe 3: Schnelles Altern

Heute ist der 1. Januar und Katharina hat am 31. Dezember Geburtstag: Vorgestern war der 30.12. und sie war 20 Jahre alt. Gestern war der 31.12. und Katharina hatte ihren 21. Geburtstag. Am 31.12. dieses Jahres wird Katharina 22 und am 31.12. im nächsten Jahr wird sie ihren 23. Geburtstag feiern.

Aufgabe 4: Ziffernblatt

Die Zeiger überkreuzen sich innerhalb von zwölf Stunden normalerweise elf Mal. Wenn die Zeiger zu Beginn des Zählvorganges jedoch genau übereinander liegen, also zum Beispiel genau um 0:00 Uhr, überkreuzen sie sich nur zehn Mal.

Aufgabe 5: Hirtenkäse

Ein Gleichungssystem ist zwar möglich, aber unnötig kompliziert und aufwändig. Schneller und sicherer erreichen Sie das Ziel mit klarem und ruhigem Kopf. Bei 8 Stücken Käse und 3 Personen isst jeder 8/3 Stück Käse. Der erste Hirte hat 3 Stück Käse, also 9/3, isst davon 8/3 Stück selbst und gibt 1/3 Stück an den Wanderer. Die restlichen 7/3 Stück Käse bekommt der Wanderer demnach vom zweiten Hirten. Der erste Hirte hat also 1 Teil zur Mahlzeit des Wanderers beigetragen, der zweite Hirte 7 Teile, also bekommt der erste Hirte 1 Euro und der zweite Hirte 7 Euro.

Tests zum Allgemeinwissen

Politik und Zeitgeschichte

1) c, 2) d, 3) b+d, 4) d, 5) b, 6) d, 7) b, 8) b, 9) a-d, 10) b

Wirtschaft und Soziales

1) b, 2) a,b,c, 3) a, 4) b, 5) b, 6) c, 7) a+b, 8) b, 9) c, 10) a+d

Kunst und Philosophie

1) a+c, 2) a, 3) b, 4) b+d, 5) c, 6) c+d, 7) b, 8) c, 9) b, 10) a

Naturwissenschaften

1) c, 2) a, 3) b, 4) a,b,c, 5) b, 6) a+b, 7) b, 8) b, 9) a+b, 10) c

Kreativitätstestaufgaben

Aufgabe 1: Spielgerät, Schuhsohlen, Gartenverzierung, Verbrennen, Granulat, Druckplatte, Bodenbelag, Fußmatte, Schwimmreifen, Puffer, Tennisplatzbelag, Blumentöpfe, Eimer, Bein-/Armschoner, Bodenmatten, Sandkasten, Schlitten

Aufgabe 2: Kerzenhalter, Nachfüllflasche, Fenster, Linse, Blumenvase, Mosaiksteinchen, Kleinaquarium, Scherbengericht, Flaschenpost, Bausteine

E. Glossar

AC	Assessment Center
BIP	Bochumer Inventar zur berufsbezogenen Persönlichkeitsbeschreibung
BOMAT	Bochumer Matrizentest
BOWIT	Bochumer Wissenstest
BRIC	Brasilien, Russland, Indien, China
ECR	Efficient Consumer Response
FMCG	Fast Moving Consumer Goods
HPC	Home&Personal Care
KAM	Key Account Management
Mafo	Marktforschung
OPQ	Occupational Personality Questionnaire
POS	Point of Sale
RFID	Radio Frequency Identification
SGE	Strategische Geschäftseinheit
SOM	Share of Market
SOV	Share of Voice
SOW	Share of Wallet
USP	Unique Selling Proposition

Über die Autoren:

Jan-Philipp Büchler

- Studium der BWL mit Schwerpunkt Unternehmensführung, Marketing, Controlling an der Universität zu Köln (Dipl.-Kfm.)
- Master in International Management (CEMS-MIM) an der Escuela Superior de Administración (ESADE) in Barcelona
- Praxiserfahrung in diversen Konsumgüterunternehmen, darunter 3M, Henkel, Procter&Gamble
- Externer Doktorand am Lehrstuhl für Wettbewerbspolitik der Universität zu Köln

Carsten Greiwe (Co-Autor)

- Studium der Rechtswissenschaften und Geschichte an der Universität zu Köln
- Volontariat bei der Neuß-Grevenbroicher-Zeitung und der Rheinischen Post, Düsseldorf
- Tätigkeit als Journalist für verschiedene regionale und überregionale Tageszeitungen in Deutschland, Österreich und Italien

Danksagung

Ich danke allen, die bei der Entstehung dieses Buches tatkräftig mitgewirkt, Ideen beigetragen und mir wertvolle Erfahrungen mitgegeben haben.

Vor allem danke ich meiner Katharina für ihre großartige Unterstützung und Hilfe, Aufgabenkonzeption und Korrekturarbeiten.

Mein Dank gilt außerdem meinen Kollegen, insbesondere Sabine, Nik und Sebastian sowie dem squeaker.net-Team und meinem Co-Autor Carsten für die gute Zusammenarbeit.

Jan-Philipp Büchler

Über squeaker.net

squeaker.net ist ein im Jahr 2000 gegründetes Online-Karriere-Netzwerk → www.squeaker.net, in dem sich Studenten und junge Berufstätige über Karrierethemen austauschen. Dabei stehen Insider-Informationen wie Erfahrungsberichte über Praktika und Bewerbungsgespräche im Vordergrund. Die Community bietet die umfassendste deutschsprachige Erfahrungsberichte-Datenbank zu namhaften Unternehmen und zahlreiche Möglichkeiten, Kontakte zu anderen Mitgliedern und attraktiven Arbeitgebern zu knüpfen.

Das Karriere-Portal → www.consulting-insider.com bietet darüber hinaus speziell angehenden Beratern ausführliche Insider-Informationen und zahlreiche Unternehmensprofile der führenden Unternehmensberatungen. Analog dazu wurde dieses Jahr eine zweite Branchen-Plattform → www.finance-insider.com geschaffen, die sich gezielt an junge Investmentbanker und Finanz-Interessierte richtet.

Weitere Publikationen von squeaker.net:

Das Insider-Dossier: Bewerbung bei Unternehmensberatungen

Im Jahr 2003 wurde das erste Buch des squeaker.net-Verlages veröffentlicht: „Das Insider-Dossier: Bewerbung bei Unternehmensberatungen" bietet auf 240 Seiten mit über 30 Beispielcases, Brainteasern, Erfahrungsberichten und Unternehmensprofilen der Top-Consulter alle Infos, die man für die Bewerbung bei einer Unternehmensberatung braucht. Inzwischen gibt es das erste Insider-Dossier bereits in der dritten – überarbeiteten – Auflage mit zahlreichen aktuellen Cases und Beiträgen von und über Unternehmen wie Bain & Company, Booz Allen Hamilton, Deloitte, McKinsey & Company, Mercer, Monitor, Roland Berger oder The Boston Consulting Group. (Preis: 24,90 EUR, ISBN 3-9809074-4-9)

Das Insider-Dossier: Bewerbung bei Investmentbanken

Speziell für Investmentbanking-Einsteiger haben die Experten von squeaker.net diesen Finance-Guide entwickelt. So werden zunächst die unterschiedlichen Karriere-Wege in dieser berüchtigten und harten Branche beschrieben. Eine Zusammenfassung der für das Interview relevanten Finanztheorie, Übungscases, Personaler-Fragen und Banken-Profile bereiten anschließend optimal auf die Bewerbung bei den Top-Playern vor. Partner des Buches sind u. a. Deutsche Bank, Citygroup, Credit Suisse, Goldman Sachs, JPMorgan, Merrill Lynch und UBS Investmentbank. (Preis: 24,90 EUR, ISBN 3-9809074-3-0)

Das Insider-Dossier: Brainteaser im Bewerbungsgespräch

Seit 4 Jahren sammelt squeaker.net die häufigsten Brainteaser-Aufgaben aus Bewerbungsgesprächen und veröffentlicht diese jetzt erstmals mit ausführlichen Lösungsskizzen. Mit dem Insider-Dossier „Brainteaser im Bewerbungsgespräch" trainieren Bewerber das Lösen von kniffligen Aufgaben im Job-Interview. Für Knobelfreunde ist dieses Buch eine spannende Herausforderung, für die anderen eine einzigartige Möglichkeit, Personaler mit zügigen Antworten auf tückische Fragen überraschen zu können. Auf 130 Seiten trainiert das Buch "Trial and Error"-Lösungsmethoden, "Out-of-the-box"-Denken, Mathematisches und Logisches Denken sowie Schätzverfahren. (Preis: 16,90 EUR, ISBN 3-9809074-2-2)

Alle Insider-Dossiers können jetzt unter → www.squeaker.net/insider versandkostenfrei bestellt werden!

Presse-Stimmen zu den Insider-Dossiers:

„Fazit: Ein kompakter und dennoch ausführlicher Ratgeber zur Vorbereitung auf die Bewerbung, der seine Bezeichnung „Insider-Dossier" zu recht trägt." **WISU-Magazin** über „Bewerbung bei Investmentbanken" (09/2005)

„Das Insider-Dossier „Bewerbung bei Unternehmensberatungen" bietet angehenden Unternehmensberatern bei der Karriereplanung und Bewerbung für Praktikum oder Berufseinstieg bei Consulting-Unternehmen einen entscheidenden Wissensvorsprung." **Hobsons-Verlag** (08/2005)

„Niemand sollte sich bei McKinsey & Co. bewerben, bevor er nicht dieses Buch gelesen hat." **Junge Karriere** (01/2004)

„Ein hilfreiches Werk für alle, die in eine Beratung einsteigen wollen." **e-fellows.net** (04/2004)

Leser-Meinungen:

„Das Buch umfasst einige hochinteressante Brainteaser. Es hat mir einen 9-stündigen Flug in die Staaten wahrlich versüßt - und wenn man einmal durch ist, dann lohnt es sich, über alternative Lösungswege nachzudenken."

„Unerlässlicher Ratgeber für angehende Consultants."

„Ich habe für diesen Sommer mein Praktikum bei einer der Top-IBs in London bekommen - ganz ehrlich, das Buch hat mir mit seinen konkreten Tipps (auch speziell für das europäische Recruiting-Verfahren) wirklich geholfen. Einige der Fragen, die im Buch diskutiert werden, kamen in ähnlicher Form tatsächlich dran."